全国高职高专教育“十三五”规划教材

C语言程序设计

主 编 王建中 马 力 何 东

中国铁道出版社有限公司
CHINA RAILWAY PUBLISHING HOUSE CO., LTD.

内容简介

本书由多所高职院校一线教师和企业一线工程师联合编写，汇集了作者多年教学改革的经验和行业实践，按照学生学历层次及应用范围，知识点由浅入深、逐步推进，使学生能够轻松掌握C语言的语法知识，逐步提高阅读程序、调试程序、编写程序的能力，尤其注重结合实际应用进行能力训练。

本书主要内容包括：C语言程序设计概述、基本语法、输入/输出函数、结构化程序设计、数组、指针、函数、结构体与共用体、C语言应用。为了帮助学生加强实操能力，本书还配有同步训练手册《C语言程序设计实训指导与习题》，供学生按课程阶段进行练习。

本书适合作为高职院校学生“C语言程序设计”课程的教材，也可作为本科、成人教育、社会培训的教材，还可作为C语言自学者的教材或参考书。

图书在版编目（CIP）数据

C语言程序设计/王建中，马力，何东主编. —北京：中国铁道出版社，2016.8（2022.1重印）
全国高职高专教育“十三五”规划教材
ISBN 978-7-113-22069-3

Ⅰ. ①C… Ⅱ. ①王… ②马… ③何… Ⅲ. ①C语言-程序设计-高等职业教育-教材 Ⅳ. ①TP312

中国版本图书馆CIP数据核字（2016）第169824号

书　　名：C语言程序设计
作　　者：王建中　马　力　何　东

策　　划：陈士剑　　　　编辑部电话：（010）63549458
责任编辑：许　璐
封面设计：刘　颖
封面设计：白　雪
责任校对：王　杰
责任印制：樊启鹏

出版发行：中国铁道出版社有限公司（100054，北京市西城区右安门西街8号）
网　　址：http:// www.tdpress.com/51eds/
印　　刷：北京建宏印刷有限公司
版　　次：2016年8月第1版　　2022年1月第5次印刷
开　　本：787 mm×1 092 mm　1/16　印张：16　字数：394千
书　　号：ISBN 978-7-113-22069-3
定　　价：36.00元

前 言

C 语言是一门通用计算机编程语言，既具有高级语言的特点，又具有汇编语言的特点，应用广泛。C 语言的设计目标是提供一种能以简易的方式编译、处理低级存储器、产生少量的机器码以及不需要任何运行环境支持便能运行的编程语言。因此，C 语言具有以下特点：

（1）语句简洁、紧凑，使用方便、灵活。

（2）同时具备高级语言和低级语言的特征。

（3）结构化语言，具有结构化的控制语句。

（4）数据类型丰富。

（5）具有强大的图形功能，支持多种显示器和驱动器；而且计算功能、逻辑判断功能也比较强大，可实现决策目的。

（6）具有良好的跨平台性、可移植性，适用范围广。

（7）生成目标代码质量高，程序执行效率高。

C 语言结构简单、使用灵活，非常适合作为程序设计学习的入门级语言。本书的编写目的是按照程序设计领域对中、低端编程岗位的需求，兼顾高端计算机软件编程参考书籍的需要，按照高职院校计算机相关专业人才培养方向，由多位长期从事高职教育的教师和企业一线具有软件开发经验的高级工程师共同编写。本书针对高职院校学生学习 C 语言的基本知识和行业应用，以企业岗位需求倒推能力培养，由浅入深、逐步推进，让学生能够轻松掌握 C 语言的语法知识，培养学生编写、调试程序的技能，以及一定的应用程序开发能力。教材的基本特点如下：

- 知识点由浅入深，教学应用与企业实际应用结合。
- 程序结构、例程分析详细，注重程序设计思想引导。
- C 语言应用方向突出，解决实际工程常用计算、图形界面、硬件控制、通信等问题。

本书共分为 9 章，内容包括：C 语言程序设计概述、基本语法、输入/输出函数、结构化程序设计、数组、指针、函数、结构体与共用体、C 语言应用，另外包括五个附录：全国计算机等级考试（二级 C 语言程序设计）模拟题、C 语言关键字、C 语言运算符、ASCII 值对照表、C 语言标准库函数。本书配有同步训练手册《C 语言程序设计实训指导与习题》和配套教学资源。

本书适合作为高职院校学生“C 语言程序设计”课程的教材，也可作为高校本科层次、成人教育、社会培训的教材，还可作为C语言自学者的教材或参考书。

本书由重庆青年职业技术学院王建中、马力以及重庆城市职业技术学院何东主编；为了集思广益，吸收了重庆近十所高职院校多位教师共同参与编写：重庆应用技术职业学院范兴亮编写第 1 章，重庆科创职业学院刘振栋编写第 2 章，重庆传媒艺术学院宋超编写第 3 章，重庆城市职业技术学院何东编写第 4 章，重庆航天职业技术学院钟文龙、屈涌杰编写第 5 章，重庆青年职业技术学院马力编写第 6 章，重庆水利电力职业技术学院邓怀勇编写第 7 章，重庆能源职业学院邹勇编写第 8 章，重庆青年职业技术学院王建中编写第 9 章，重庆青年职业技术学院柳惠秋编写附录。同时，参与编写指导和校正的还有重庆奇派电子有限公司黄立军，重庆青年职业技术学院唐中剑、杨璐，重庆电子工程职业学院易国键。在本书的编写和出版过程中还得到了中国铁道出版社编辑的大力支持，在此，表示衷心的感谢！

奉献给读者的这本书虽经反复修改，借鉴了大量工程应用，但由于篇幅较大，问题复杂，编写时间仓促等原因，仍不免会有疏漏、不妥之处，恳请各位专家和读者提出宝贵意见（E-mail:570691790@qq.com）。

编　者

二〇一六年六月定稿于重庆

目　录

第 1 章　C 语言程序设计概述 1

1.1　C 语言的特点 1

1.1.1　C 语言的发展概况 1

1.1.2　C 程序的特点 2

1.2　C 语言程序介绍 2

1.2.1　C 语言程序结构 2

1.2.2　C 语言程序中的字符集 4

1.3　C 程序编译环境、步骤和方法 6

1.3.1　Turbo C 集成开发环境 6

1.3.2　VC6.0 集成开发环境 10

第 2 章　基本语法 15

2.1　C 语言的数据类型 15

2.1.1　C 语言数据类型概述 15

2.1.2　基本的数据类型 16

2.1.3　基本数据类型的修饰 16

2.2　常量和变量 16

2.2.1　常量 16

2.2.2　变量 17

2.3　整型数据 20

2.3.1　整型常量 20

2.3.2　整型变量 21

2.4　实型数据 23

2.4.1　实型常量 23

2.4.2　实型变量 23

2.5　浮点型 25

2.5.1　浮点型数据定义 25

2.5.2　浮点型数据类型 26

2.5.3　浮点型常量 27

2.5.4　浮点型变量 27

2.6　字符型数据 28

2.6.1　字符型常量 28

2.6.2　字符型变量的定义 28

2.6.3　字符型变量的赋值 29

2.6.4 字符串常量及其输出 29
2.7 赋值运算符与赋值表达式 29
2.7.1 C语言的运算符和表达式 29
2.7.2 赋值运算符和赋值表达式 30
2.8 算术运算符与算术表达式 31
2.8.1 基本算术运算符 31
2.8.2 算术表达式 32
第3章 输入/输出函数 33
3.1 数据的格式化输出 33
3.1.1 使用printf()函数格式化输出 33
3.1.2 格式字符 34
3.2 数据的格式化输入 36
3.2.1 scanf函数的一般形式 36
3.2.2 scanf函数中的格式声明 37
3.2.3 使用scanf应注意的问题 38
3.3 字符的输入和输出 38
3.3.1 使用putchar函数输出一个字符 38
3.3.2 用getchar函数输入一个字符 39
3.4 宏定义与宏替换 40
3.4.1 简单的宏定义 40
3.4.2 带参数的宏定义 40
3.4.3 #undef的用法 41
第4章 结构化程序设计 42
4.1 程序算法基础 42
4.1.1 程序设计基本概念 42
4.1.2 算法的特性 43
4.1.3 算法的描述 45
4.1.4 程序设计方法 48
4.2 关系运算符与关系表达式 50
4.2.1 关系运算符及其优先级 50
4.2.2 关系表达式 50
4.3 逻辑运算符与逻辑表达式 51
4.3.1 逻辑运算符及其优先级 51
4.3.2 逻辑表达式 51
4.4 条件运算符和条件表达式 51
4.5 顺序结构程序设计 52
4.6 选择结构程序设计 54
4.6.1 if语句 55

4.6.2 switch 语句 63
4.7 循环结构程序设计 66
4.7.1 goto 语句及其构成的循环 67
4.7.2 while 语句 67
4.7.3 do-while 语句 70
4.7.4 for 语句 72
4.7.5 break 语句和 continue 语句 74
4.7.6 循环嵌套 77
4.7.7 循环结构的综合实例 78
第 5 章 数组 81
5.1 数组的概念 81
5.2 一维数组 81
5.2.1 一维数组的定义 81
5.2.2 一维数组的初始化 82
5.2.3 一维数组的引用 83
5.2.4 一维数组的使用 84
5.3 二维数组 89
5.3.1 二维数组的定义 89
5.3.2 二维数组的初始化 89
5.3.3 二维数组的引用 90
5.3.4 二维数组的使用 91
5.3.5 多维数组 93
5.4 字符数组 94
5.4.1 字符数组的定义 94
5.4.2 字符数组的初始化 94
5.4.3 字符串的输入和输出 95
5.4.4 字符串函数 98
5.4.5 二维字符数组 100
5.4.6 字符数组和字符串的使用 100
第 6 章 指针 104
6.1 地址、指针和指针变量 104
6.1.1 地址与指针 104
6.1.2 指针变量的定义 105
6.1.3 指针变量的引用 105
6.2 指针与函数 109
6.2.1 指针作为函数的参数 109
6.2.2 指向函数的指针 111
6.2.3 函数的返回值是指针（返回指针的函数） 112
6.3 指针与数组 113

6.3.1 指针与一维数组......113
6.3.2 指针与二维数组......120
6.4 指针与字符串......123
6.4.1 字符串的表示与引用......123
6.4.2 字符串指针作函数参数......124
6.5 指针数组......125
6.6 指向指针的指针......127
第 7 章 函数......129
7.1 函数概述......129
7.2 函数声明......130
7.2.1 无参函数的一般形式......130
7.2.2 有参函数的一般形式......130
7.3 函数的参数与函数的返回值......132
7.3.1 形式参数与实际参数......132
7.3.2 函数的返回值......133
7.4 函数调用......134
7.4.1 函数调用的方法......134
7.4.2 函数调用时参数间的传递......135
7.5 函数的嵌套与递归调用......136
7.5.1 函数的嵌套调用......136
7.5.2 函数的递归调用......137
第 8 章 结构体与共用体......140
8.1 结构体类型及变量......140
8.1.1 结构体类型的定义......140
8.1.2 结构体变量的定义......142
8.1.3 结构体变量的初始化......143
8.1.4 结构体变量的引用......143
8.1.5 结构体变量应用举例......145
8.2 结构体数组......146
8.2.1 结构体数组的定义......146
8.2.2 结构体数组的初始化......146
8.2.3 结构体数组的应用......147
8.3 结构体指针......149
8.3.1 指向一个结构体变量的指针......149
8.3.2 指向一个结构体数组的指针......150
8.4 共用体......152
8.4.1 共用体类型的定义......152
8.4.2 共用体变量的定义......152

8.4.3 共用体的特点......153
8.4.4 共用体应用举例......153
8.5 枚举......154
8.5.1 枚举类型的定义......154
8.5.2 枚举变量的定义......154
8.5.3 枚举变量的引用......155
8.5.4 枚举应用......156
8.6 结构体应用实例......157
第 9 章 C 语言应用......160
9.1 常用算法......160
9.1.1 排序算法......160
9.1.2 常用运算......173
9.1.3 矩阵运算......180
9.1.4 其他运算......186
9.2 文件操作......189
9.2.1 文件......189
9.2.2 读写字符......190
9.2.3 文件指针......191
9.3 图形编程......193
9.3.1 屏幕设置......193
9.3.2 学会更多的绘图函数......196
9.3.3 实现简单动画......198
9.3.4 捕获按键——动画的简单控制......201
9.4 键盘操作......209
9.4.1 键盘函数 bioskey......209
9.4.2 键盘函数 kbhit......210
9.5 C 语言常用算法......211
9.5.1 串口通信分类......211
9.5.2 串口通信电气连接......213
9.5.3 串口常用函数......214
9.5.4 串口程序......216
附录 A 全国计算机等级考试（二级 C 语言程序设计）模拟题......225
附录 B C 语言关键字......235
附录 C C 语言运算符......237
附录 D ASCII 值对照表......239
附录 E C 语言标准库函数......242
参考文献......246

第 1 章　C 语言程序设计概述

C 语言是当今社会应用最广泛的计算机语言之一，随着 UNIX 的成功并广泛运用，C 语言也获得了大多数编程者的支持和好评。C 语言既可用于描述系统软件，也可用于开发应用程序。总之，C 语言功能多样、表达力强、应用面广、效率高、可移植性好，既支持结构化程序设计，又能像汇编语言那样对位、字节和地址进行操作。

1.1　C 语言的特点

1.1.1　C 语言的发展概况

随着计算机科学的发展，C 语言的最初研发始于美国电话电报公司（AT&T），C 语言的诞生与 UNIX 操作系统密不可分，原始 UNIX 操作系统的编写基本上都是采用汇编语言。1973 年 UNIX 操作系统的核心内容采用了 C 语言。此后，C 语言开始成为编写操作系统的主要语言。

1967 年，首先由 Martin RiChards 开发出 BCPL 语言(Basic Combined Programming Language)，并将该语言作为软件人员开发系统软件的描述语言，BCPL 语言的突出特点是：

（1）结构化的程序设计；

（2）直接处理与机器本身数据类型相近的数据；

（3）具有与内存地址对应的指针处理方式。

1970 年，美国贝尔实验室的 Ken Thompson 以 BCPL 语言为基础，设计出简单且很接近硬件的 B 语言，继而用 B 语言写出了第一个 UNIX 操作系统。

1972 年，美国贝尔实验室的 D.M.Ritchie 在 B 语言的基础上设计出了一种新的语言，并取 BCPL 的第二个字母作为这种语言的名字，即 C 语言。D.M.Ritchie 用 C 语言写成了第一个在 PDP-11 计算机上实现的 UNIX 操作系统。

随之，C 语言开始被广泛应用，从大型主机到小型微机，同时也衍生了多种不同版本的 C 语言。最具代表性的有：1983 年美国国家标准局（American National Standard Institute,ANSI）成立了一个制定 C 语言标准的委员会；1995 年，WG14 小组发布了 C99 标准；2011 年 4 月，国际标准化组织 ISO（International Organization for Standardization）正式公布了 C 语言新的国际标准草案。提高了对 C++的兼容性，并将新的特性增加到 C 语言中。

很多编程语言都深受 C 语言的影响，比如：C++、C#、Java、PHP、LPC 和 UNIX 的 C Shell。也正是因为 C 语言的影响，大多数掌握了 C 语言的人在学习其他语言时都能快速上手、触类旁通。目前流行的 C 语言有以下几种版本：Microsoft C、Borland C 或 Turbo C、Quick C、Win-TC 等，这些 C 语言版本在实现了 ANSI C 标准版的基础上各自还做了不同程度的扩充，使之更加方便与实用。

1.1.2 C 程序的特点

在学习 C 语言之前，首先介绍 C 语言的特点。

C 语言是一门通用的、模块化、程序化的编程语言，被广泛应用于操作系统和应用软件开发。由于其高效和可移植性，适用于不同硬件和软件平台，深受开发人员的青睐。早期的 C 语言主要是用于 UNIX 系统，由于 C 语言的强大功能和各方面的优点逐渐为人们所知，到了 20 世纪 80 年代，C 语言开始进入其他操作系统，并很快在各类大、中、小和微型计算机上得到广泛应用，成为当代最优秀的程序设计语言之一。其特点如下：

（1）语言简洁，使用方便灵活。C 语言具有结构语言的特点，程序之间很容易实现段的共享。它具有结构化的流程控制语句（如 while 语句、do-while 语句、for 语句、if-else 语句等 9 种控制语句），简化了一些不必要的成分，编程者在书写过程中比较灵活自由，采用这几种控制语句设计出的程序层次结构清晰且便于阅读。

（2）C 程序允许对位、字节和地址等这些计算机功能中的基本成分进行操作。C 语言程序非常容易移植。可移植性主要表现为某种计算机写的软件可以用到另一种机器上去。举例来说，如果为苹果机写的一个程序能够方便地改为可以在 IBM PC 上运行的程序，则称为是可移植的。

（3）C 程序允许几乎所有的类型转换。C 语言数据类型丰富，数据类型有整形、实型、字符型、数组型、指针型、结构类型、共用体类型等，在复杂的编程过程中，C 语言得以灵活地使用数据类型来实现复杂数据结构的运算，例如，字符型和整型数据能够自由地混合在大多数表达式中进行运算。这在强类型高级语言中是不允许的。

（4）C 语言的另一个重要特点是它仅有 32 个关键字，这些关键字就是构成 C 语言的命令。而 IBM PC 的 BASIC 包含的关键字达 159 个之多。程序编译者使用这些简单的方法就可以构造出相当复杂的数据类型和程序结构。

（5）C 语言运算丰富，表达方式灵活。它提供了 34 种运算符，并把赋值、括号、强制类型转换都作为运算符处理。灵活地使用各种运算符可以实现在其他高级语言中难以实现的运算。

（6）C 语言允许访问物理地址来直接操作计算机硬件，可以直接访问片内或片外储存器，还可以进行各种位操作。C 语言的这一特点，使得它成为编制系统软件的基本语言。

1.2 C 语言程序介绍

1.2.1 C 语言程序结构

1．简单 C 语言程序

为了说明 C 语言的程序结构特点，先看一下几个程序。这几个由易到难的程序表现了 C 语言在组成结构上的特点。在这些例子中我们可以很直观地了解到 C 语言程序的各个组成部分。

【例 1-1】显示“hello,world!”。

```
#include<stdio.h> /* include 称为文件包含命令,扩展名为 h 的文件称为头文件*/
main()
{
  printf("hello,world! \n");                    //显示 hello,world! 信息
}
```

程序说明：main 是主函数的函数名，表示这是一个主函数。每一个 C 语言程序都必须有且只能有一个主函数（main 函数）。调用 printf 函数的功能是把要输出的内容在显示器上显示。printf

函数是一个由系统定义的标准函数（即库函数），可在程序中直接调用。

【例 1-2】三个数从小到大排列输出。

```
#include<math.h>
#include<stdio.h>
void main()
{
    int a,b,c,t;                          /*定义三个存数的变量及一个交换用变量 t*/
    scanf("%d,%d,%d",&a,&b,&c);           /*输入 a,b,c 的值*/
    if(a>b)
    {
        t=a;
        a=b;
        b=t;
    }
    if(a>c)
    {
        t=a;
        a=c;
        c=t;
    }
    if(b>c)
    {
        t=b;
        b=c;
        c=t;
    }
    printf("%d,%d;%d\n",a,b,c);        /*由小到大输出三个数*/
}
```

程序说明：从例 1-2 可以看出主函数体分为两部分，一部分为说明部分（可选），另一部分为执行部分。C 语言规定对 scanf 和 printf 这两个函数可以省去对其头文件的包含命令，所以在本例中可以删去第二行的包含命令#include<stdio.h>。

2. C 语言程序结构组成

通过前面的例子，读者可以了解到 C 语言程序的结构：

（1）C 程序由函数构成。一个 C 程序至少要包括一个函数，即 main 函数，也可包含一个 main 函数和若干个其他函数。因此，函数是 C 程序的基本单位。被调用的函数可以是系统提供的函数，如 printf 和 scant 函数，也可以是用户自定义的函数。

（2）每个函数由两个部分组成：函数的说明部分和函数体。函数的一般形式为：

```
函数类型 函数名(参数表)
{
    函数体;
}
```

（3）main 函数是整个 C 程序的执行入口。一个 C 程序总是从 main 函数开始执行的。main 函数可以在程序最前面，也可以在程序最后面，或在一些函数之前、另一些函数之后。

（4）C 程序书写格式自由，一行可以写几个语句，一个语句也可以分开写在多行上。各语句之间用分号间隔。分号是 C 语句的必要组成部分。语句结束标志分号不可缺少，即使是程序的最后一个语句也必须要有分号。

（5）C语言本身没有输入/输出语句。其输入和输出是由库函数 scanf 和 printf 等函数来实现的，即C语言对输入/输出实行“函数化”。

（6）C 语言注释。可以用符号“//”（即双斜杠）或“/*…*/”对 C 程序中的任何部分作注释，以提高程序可读性。

3．编写程序时应遵循的规则

编写程序要注意简明清晰，以便于阅读，便于理解，便于维护，在书写程序时应遵循以下规则：

（1）一个说明或一个语句占一行。

（2）用{}括起来的部分，通常表示了程序某一层次的结构。{}一般与该结构语句的第一个字母对齐，并单独占一行。

（3）低一层次的语句或说明可比高一层次的语句或说明缩进若干格后书写。以便看起来更加清晰，增加程序的可读性。在编程时应力求遵循这些规则，以养成良好的编程风格。

（4）程序中应添加必要的注释，便于程序的阅读与理解。

1.2.2 C语言程序中的字符集

1．C语言中的字符

任何一种计算机系统所使用的字符都是固定、有限的，它们受到硬件设备的限制。要使用某种计算机语言来编写程序，就必须要符合该语言的规定，按照计算机硬件提供的或支持的字符。C 语言和其他语言一样，它的编写是由一系列的英文和汉字及一些能表示图形的符号组成的，主要包括以下四类：

（1）英文字母：大小写字母各 26 个，共 52 个。

（2）阿拉伯数字：0～9，共 10 个。

（3）空白符：空格符、制表符、换行符等统称为空白符。空白符只在字符常量和字符串常量中起作用。在其他地方出现时，只起间隔作用，编译程序会忽略它们。因此在程序中使用空白符与否，对程序的编译不产生影响，但在程序中适当的地方使用空白符将增加程序的清晰度和可读性。

（4）标点和特殊字符（见表 1-1）。

表 1-1 标点和特殊字符表

算术运算	+	-	*	/	%	++	--	=	+=	-=	*=	/=	%=
说明	加	减	乘	除	取余数	加 1	减 1	等于	先相加在等于	先相减在等于	先相乘在等于	先相除在等于	先取余数在等于
比较运算	==	! =	<	>	<=	>=							
说明	说明	等于	不等于	小于	大于	小于等于							
位逻辑运算	&	|	~	^	<<	>>							
说明	AND	OR	NOT	XOR	左移	右移							

续表

逻辑运算	&&	||	!									
说明	AND	OR	NOT									

2．C 语言中的词汇

在 C 语言中使用的词汇分为六类：标识符、关键字、运算符、分隔符、常量、注释符等。

（1）标识符

标识符用来表示函数、类型及变量的名称。标识符可以由大写字母、小写字母、下画线（_）和数字 0～9 组成，但必须是以大写字母、小写字母或下画线（_）开头。在 C 语言程序中，大写字母和小写字母不能混用，比如 Name 和 name 就代表两个不同的标识符。在表 2-1 中，我们给出了几个正确和不正确的标识符实例。

表 1-2　正确和不正确的标识符实例

正　确	不　正　确
Teacher	8teacher（不能以数字开头）
_student	boom?（有非法字符？）
ni_hao	ni.hao（有非法字符.）

标识符的命名规则：

① 所有标识符必须由一个字母（a～z 或 A～Z）或下画线（_）开头；

② 标识符的其他部分可以用字母、下画线或数字（0～9）组成；

③ 大小写字母表示不同意义，即代表不同的标识符，如前面的 cout 和 Cout。

注　意

在定义标识符时，虽然语法上允许用下画线开头，但是，最好避免定义以下画线开头的标识符，因为编译器常常定义一些下画线开头的标识符。

（2）关键字

关键字是由 C 语言规定的具有特定意义的字符串，通常也称为保留字。用户定义的标识符不应与关键字相同。C 语言的关键字有以下 32 个：

auto	break	case	char	const	continue	default	do
double	else	enum	extern	float	for	goto	if
int	long	register	short	signed	sizeof	static	return
struct	switch	typedef	union	unsigned	void	volatile	while

（3）运算符

C 语言中含有相当丰富的运算符。运算符与变量，函数一起组成表达式，表示各种运算功能。运算符由一个或多个字符组成。

（4）分隔符

在 C 语言中采用的分隔符有逗号和空格两种。逗号主要用在类型说明和函数参数表中，分隔各个变量。空格多用于语句各单词之间，作间隔符。在关键字、标识符之间必须要有一个以上的空格符作间隔，否则将会出现语法错误，例如：把“int a;”写成“inta;”，C 编译器会把 inta 当成一个标识符处理，其结果必然出错。

（5）常量

C 语言中使用的常量可分为数字常量、字符常量、字符串常量、符号常量、转义字符等多种，在第 2 章中将专门进行介绍。

（6）注释符

C 语言的注释符是以“/*”开头并以“*/”结尾的串。在“/*”和“*/”之间的即为注释。程序编译时，不对注释作任何处理。注释可出现在程序中的任何位置。注释用来向用户提示或解释程序的意义。在调试程序中对暂不使用的语句也可用注释符括起来，使翻译跳过不作处理，待调试结束后再去掉注释符。

1.3 C程序编译环境、步骤和方法

1.3.1 Turbo C 集成开发环境

1. Turbo C++3.0 简介

Turbo C++ 3.0 软件是 Borland 公司在 1992 年推出的强大的 C 语言程序设计与 C++面向对象程序设计的集成开发工具。它只需要修改一个设置选项，就能够在同一个 IDE 集成开发环境下设计和编译以标准 C 和 C++语法设计的程序文件。

Turbo C++3.0 比 Turbo C 2.0 提供了更加强大的功能，程序设计与调试环境的使用也更加方便。

2. Turbo C++3.0 的安装

首先下载一个 Borland Turbo C++ 3.0 完整官方版，将其解压到硬盘根目录中（例如 D:\），从中找到 INSTALL.EXE 文件，双击进入安装界面，如图 1-1 所示。

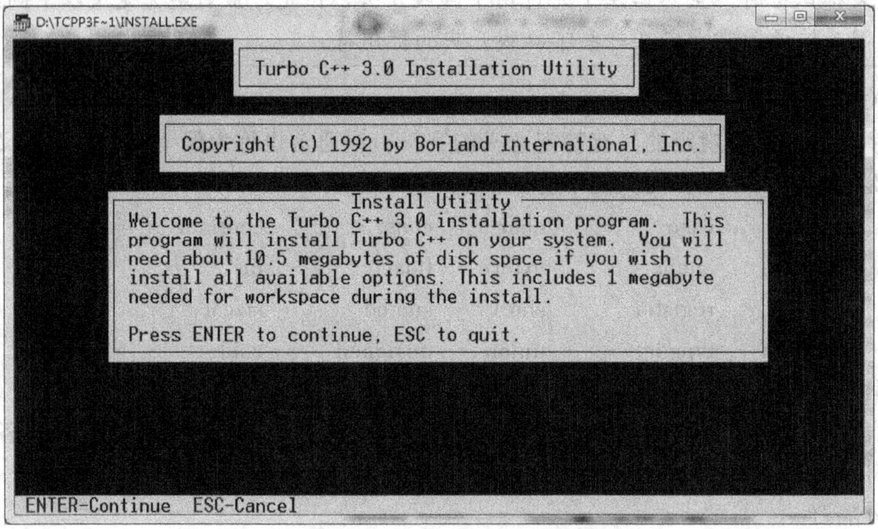

图 1-1 程序启动界面

按【Enter】键进入下一个界面，在此输入解压文件的目录（D），如图 1-2 所示。

继续按【Enter】键进入下一个界面，此界面查找 INSTALL.EXE 的路径，直接按【Enter】键（因上一步中已将路径修改），进入设置安装路径的界面，按【Enter】键设置路径（比如 C:\TC），设置好后，按【F9】键安装，出现如图 1-3 界面，此时提示 tc.exe 在 C:\TC\BIN 目录下。

按任意键，进入安装完成界面，如图 1-4 所示。

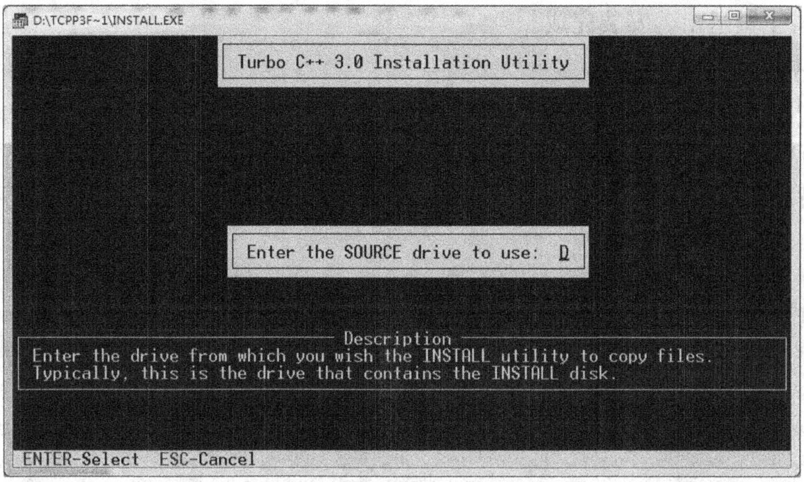

图 1-2　输入安装文件的位置

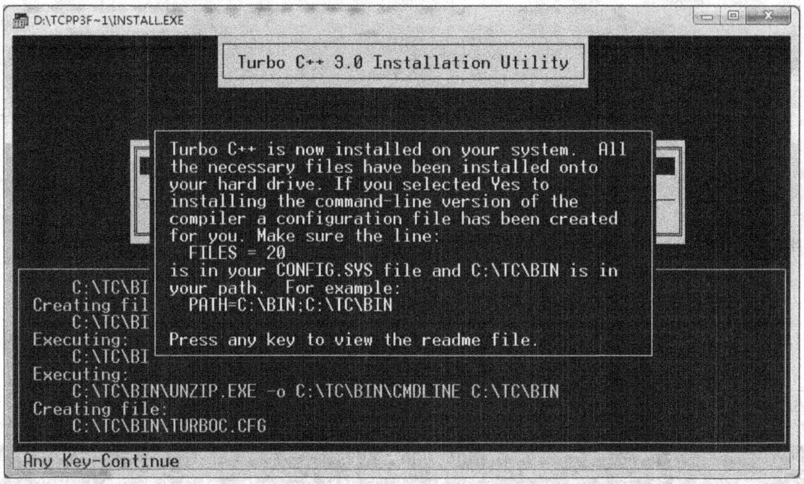

图 1-3　显示安装完成的程序路径

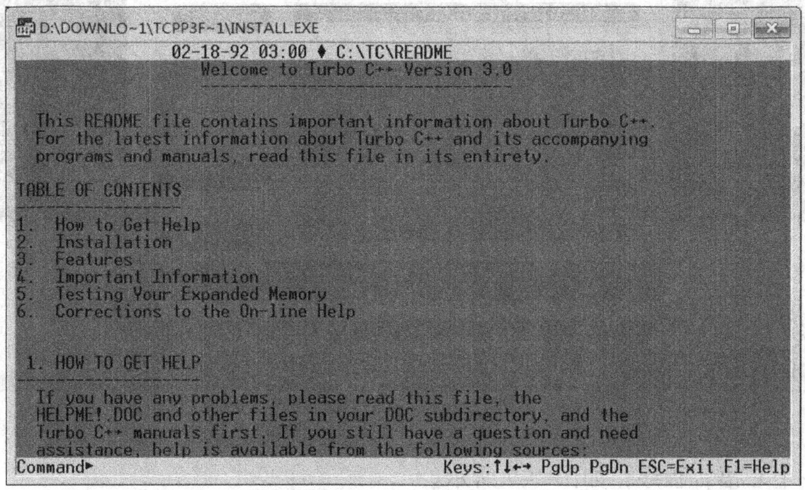

图 1-4　安装完成界面

再按【Esc】键退出，安装完成。

3．Turbo C++3.0 的使用

在现在 Windows 环境下，学习 C 语言的读者很少使用 Turbo C 集成开发环境。因此，本书仅仅用一个简单的 C 语言的例子说明 Turbo C++3.0 使用。

在安装路径（C:\TC\BIN）下找到 tc.exe，双击进入 Turbo C++3.0 集成开发环境窗口，如图 1-5 所示。

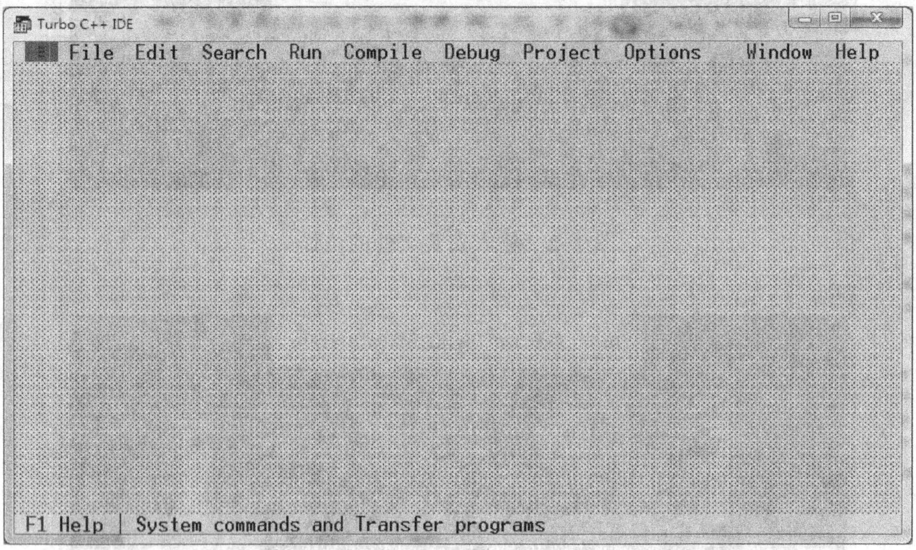

图 1-5 Turbo C++集成环境

选择“File”菜单下的“New”命令，新建文件，按【F2】键保存文件，如图 1-6 所示。

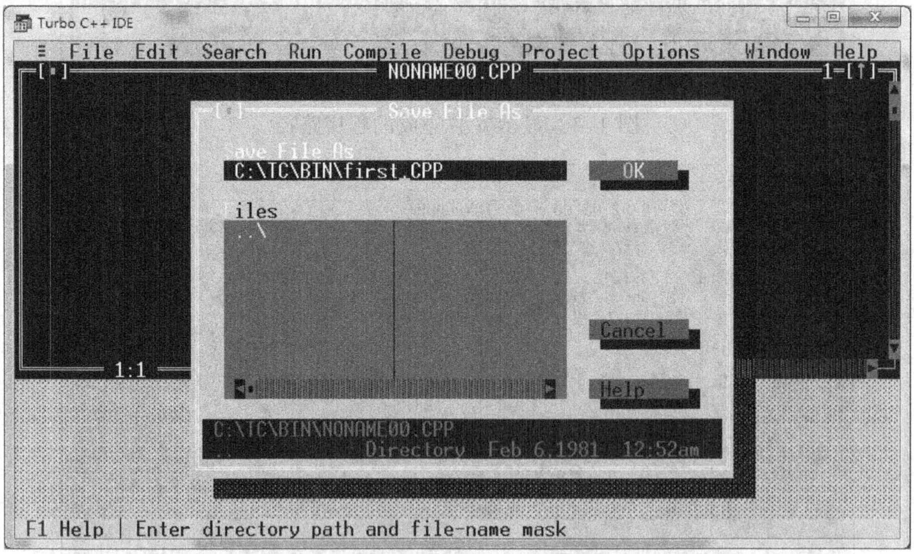

图 1-6 保存文件

输入第一个 C 语言程序，如图 1-7 所示。

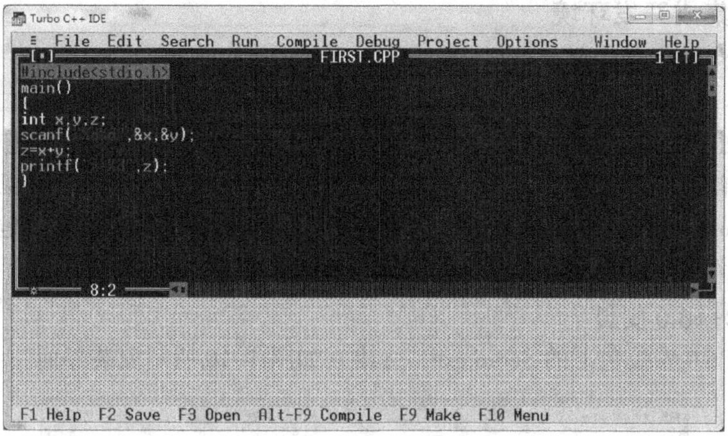

图 1-7　一个简单的 C 程序

选择“Run”→“run”命令，或者按【Ctrl+F9】组合键，运行，输入任意两个数字，如图 1-8 所示。

图 1-8　运行结果（1）

按【Enter】键，再次按【Ctrl+F9】组合键，得到最后运行结果如图 1-9 所示。

图 1-9　运行结果（2）

1.3.2 VC6.0 集成开发环境

1. Visual C++6.0 简介

Microsoft Visual C++ 6.0 简称 VC6.0，是一个功能强大的可视化软件开发工具。自 1993 年 Microsoft 公司推出 Visual C++1.0 后，随着其新版本的不断问世，Visual C++已成为专业程序员进行软件开发的首选工具。Visual C++6.0 是一个基于 Windows 操作系统的可视化集成开发环境（Integrated Development Environment，IDE）。Visual C++6.0 由许多组件组成，包括编辑器、调试器以及程序向导 AppWizard、类向导 Class Wizard 等开发工具。

2. Visual C++6.0 安装

首先执行 VC6.0 安装包下的 Setup.exe，会出现如图 1-10 所示安装界面。

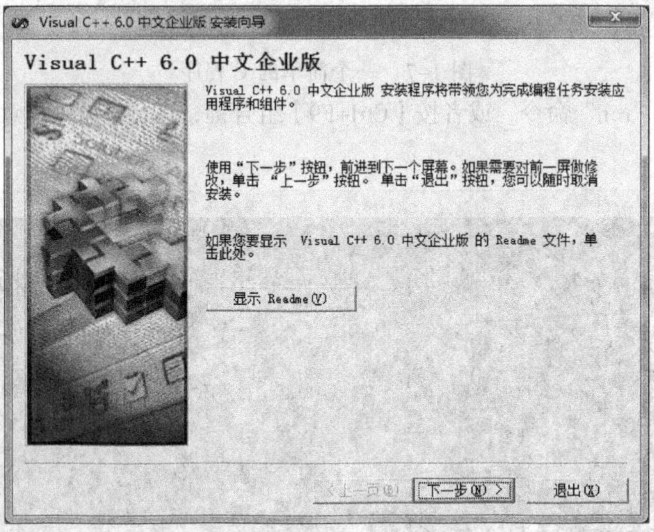

图 1-10　安装程序启动界面

然后单击“下一步”按钮，进入如图 1-11 所示界面。

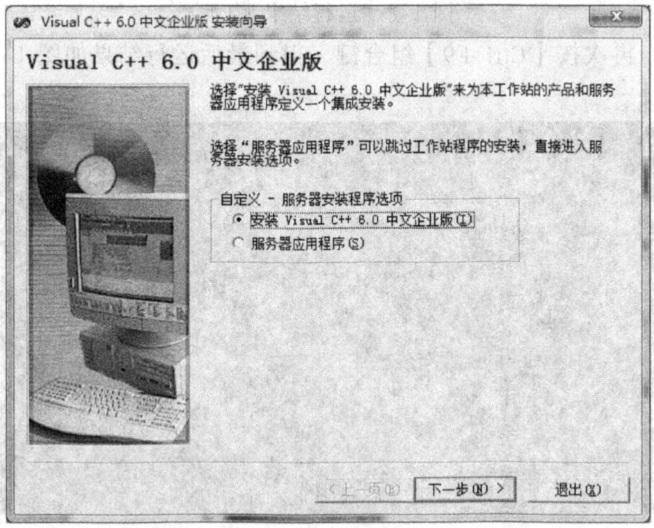

图 1-11　选择安装版本界面

接下来的步骤同安装其他软件一样，根据安装向导单击“下一步”按钮，完成安装即可。需要注意的是，进入如图 1-12 所示的界面时，因为对于 C 语言的编程者来说，很少用到 MSDN，因此在这一步需要取消选择 MSDN，再单击“下一步”按钮。

图 1-12　设置 MSDN 界面

3．Visual C++6.0 的使用

单击“开始”按钮，在所有程序中找到 Microsoft Visual C++ 6.0，单击即可运行。启动后的 VC++ 6.0 初始界面如图 1-13 所示。

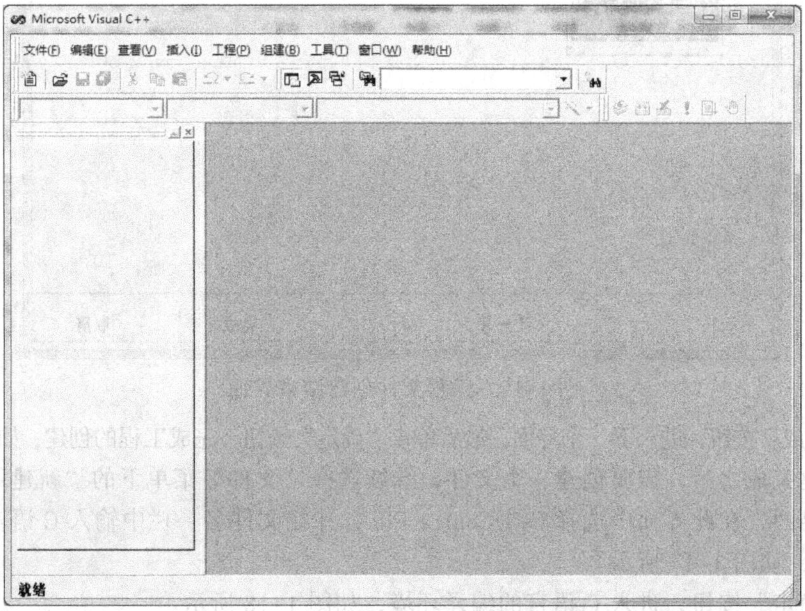

图 1-13　VC++ 6.0 初始界面

首先选择“文件”菜单下的“新建”命令，进入新建工程的界面，选择“Win32 Console Application”，在“位置”文本框中设置存放的位置，最后再输入工程名称，例如 first，如图 1-14 所示。

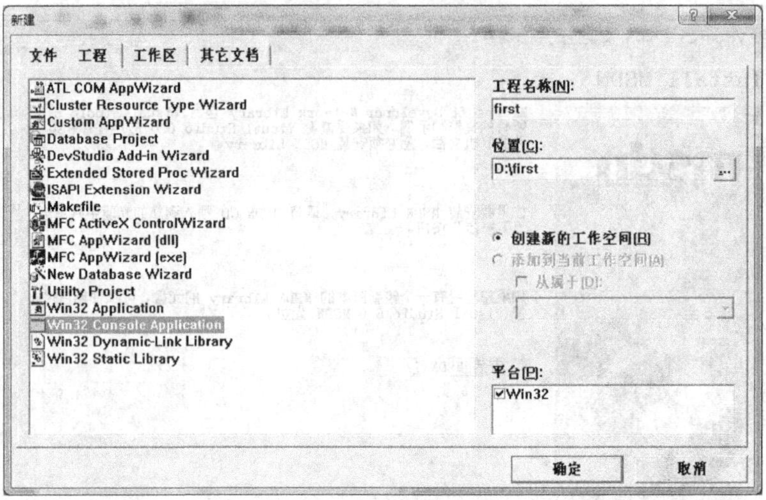

图 1-14　新建工程界面

单击“确定”按钮，进入下一个界面，如图 1-15 所示。

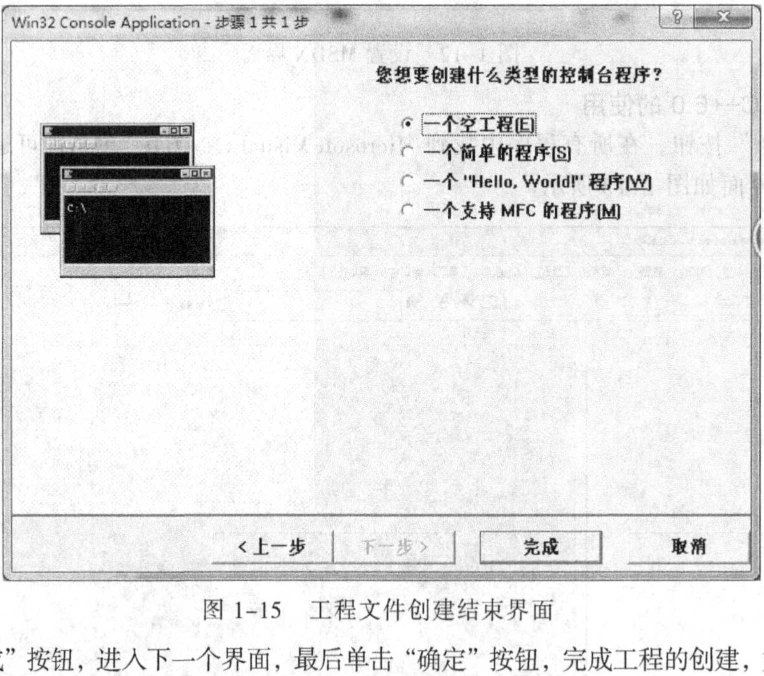

图 1-15　工程文件创建结束界面

单击“完成”按钮，进入下一个界面，最后单击“确定”按钮，完成工程的创建，如图 1-16 所示。

工程创建完成之后，需要创建一个文件，继续选择“文件”菜单下的“新建”命令，进入新建文件的界面，在此界面中选择 C++ Source File，并在文件名一栏中输入 C 语言的文件名，例如 myfirstc，如图 1-17 所示。

单击“确定”按钮，进入 C 语言的编译环境，如图 1-18 所示。

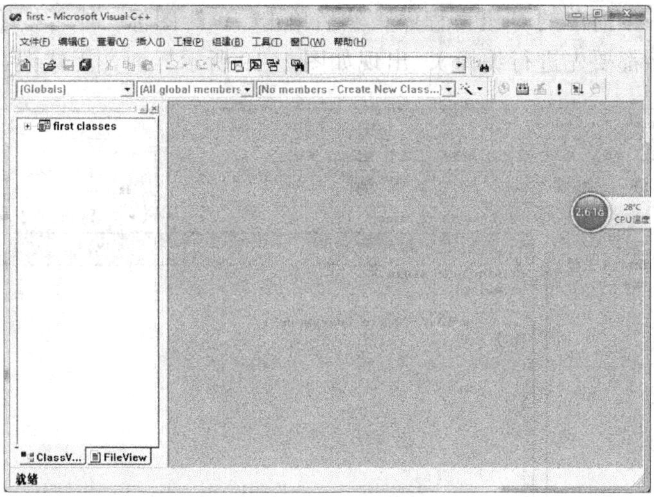

图 1-16　完成工程创建界面

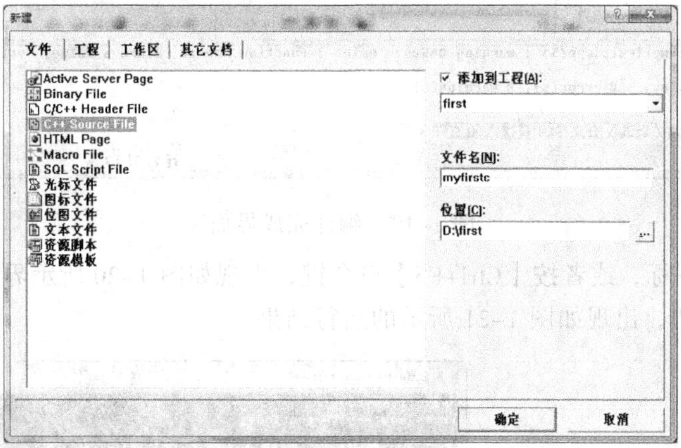

图 1-17　设置文件名界面

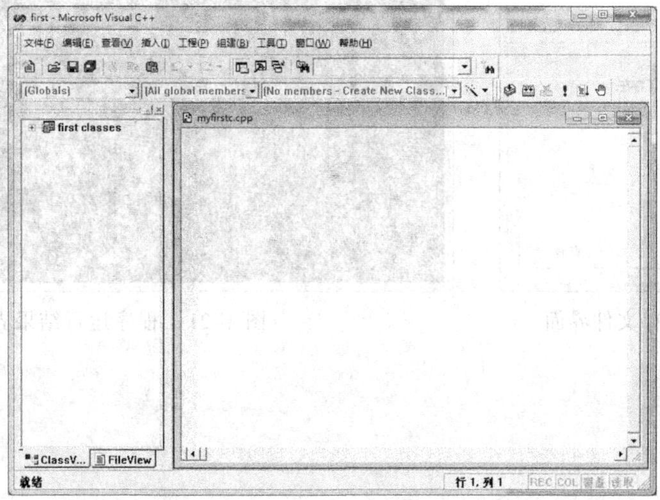

图 1-18　文件创建成功界面

在此我们输入一个简单的C语言程序，然后单击“⊛”图标，或者按【Ctrl+F7】组合键进行编译（所有的程序都要先进行编译），出现如图1-19所示界面，无错误，无警告。

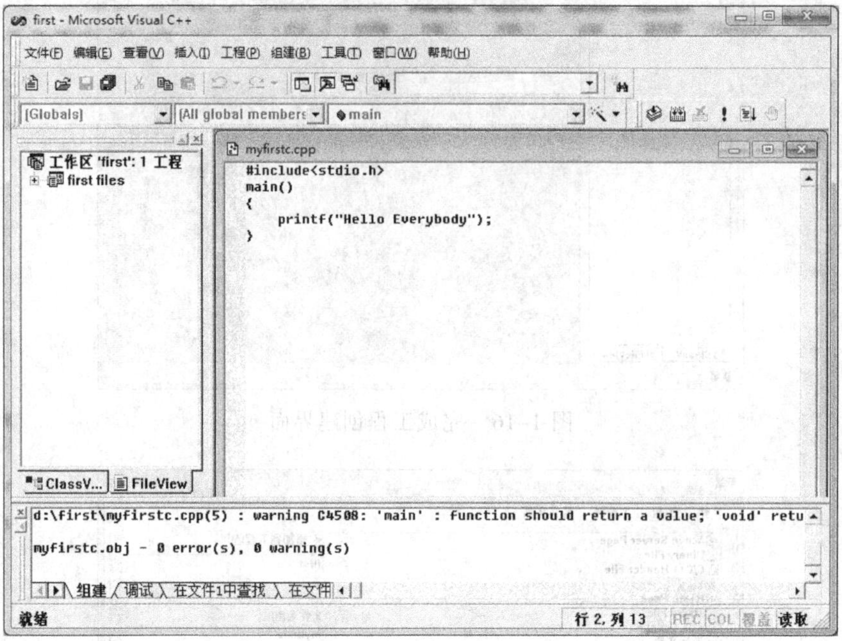

图1-19　编译完成界面

再单击“!”图标，或者按【Ctrl+F5】组合键，出现如图1-20所示界面。

单击“是”按钮，出现如图1-21所示的运行结果。

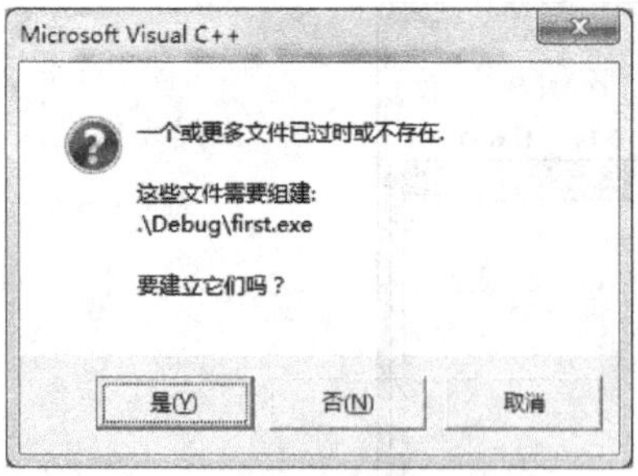

图1-20　默认保存文件界面

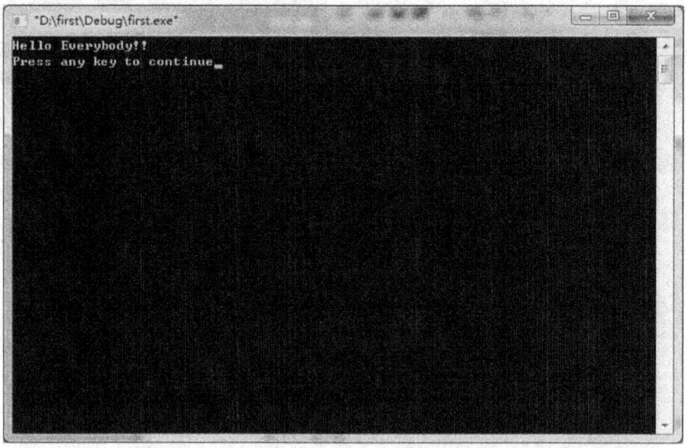

图1-21　程序运行结果界面

第2章 基本语法

著名计算机科学家沃思1971年首次提出了“结构化程序设计”（structured programming）的概念，在程序设计领域引发了一场革命。程序设计要包括以下两方面的内容：数据结构和算法，即程序=数据结构+算法。

本章将介绍C语言描述数据的形式以及对数据的基本操作，包括字符、字符串、整数、浮点数、常量等，以及常用运算。本章内容是C语言的基础，只有打好基础才能更好地学习C语言程序设计。

2.1 C语言的数据类型

2.1.1 C语言数据类型概述

数据类型是指数据的内在表现形式。不同的数据类型在内存中的存储方式不同，在内存中所占的字节数也不相同。

通俗地说，数据在加工计算中的特征就是数据类型。例如，学生的年龄、学科成绩等都可以进行加减等算术运算，具有一般数据的特点，在C语言中称为数值型。其中年龄是整数，所以称为整型；成绩一般为实数，所以称为实型。又如学生的姓名和性别，是不能进行加减运算的，这种数据具有文字的特性，姓名是由多个字符组成的，在C语言中称为字符串，性别可以用单个字符表示，这在C语言中称为字符型。例如：用T表示男性，F表示女性。

C语言提供的数据类型如下：

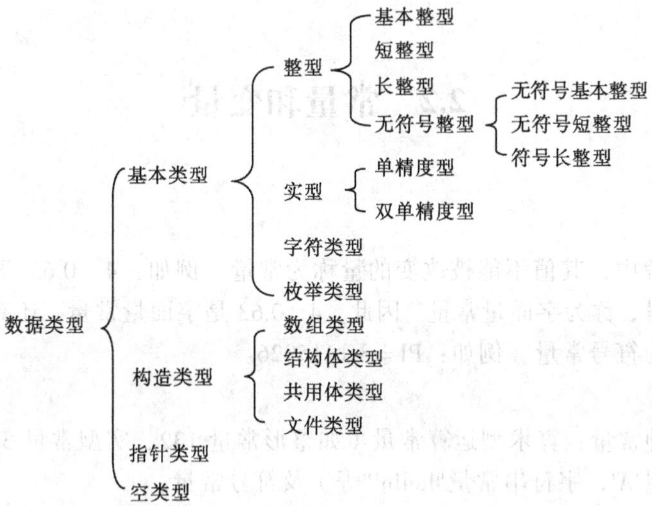

2.1.2 基本的数据类型

基本数据类型是不可再分的最基本的数据类型，是构造其他数据类型的基础。C 语言提供的一种基本的数据类型及其对应的关键字见表 2-1。

表 2-1 中的字符型用来描述单个的字符；整型用来描述在计算机中可以准确表示的整数；浮点型和双精度型用来描述在计算机中近似表示的实数，其中双精度比浮点型表示的精度高；无值类型用来描述无形式参数的 C 函数、无返回值的 C 函数或无定向指针等。

不同类型的数据由于在计算机中的存储方式不同，其在内存中所占的二进制位（bit）大多不相同，即使相同数据类型的数据在不同种类的计算机中所占位数也不完全相同，见表 2-2。

表 2-1 C 语言基本的数据类型及其对应的关键字

数 据 类 型	关 键 字
字符型	char
整型	int
浮点（单精度）型	float
双精度型	double
无值型	void

表 2-2 基本数据在不同计算机所占的二进制位数

长度 机型 / 类型	IBM370（单位：bit）	IBM-PC（单位：bit）
char	8	8
int	32	16
float	32	32
double	64	64

2.1.3 基本数据类型的修饰

C 语言规定，可以在基本数据类型关键字前面加上类型修饰符“signed、unsigned、short、long”，从而扩展数据类型的数值范围或提高基本数据类型的精度。

Turbo C 编译系统中的基本数据类型修饰有如下规定：

（1）char 型数据可以用 signed、unsigned 加以修饰，即可以有 char、signed char、unsigned char 三种形式。

（2）int 型数据可以用 signed、unsigned、short、long 加以修饰，即可以有 int、signed int、unsigned int、short int、long int、signed long int、unsigned long int 等形式。对于 int 而言，当使用类型修饰后，关键字 int 可省略不写，例如 signed long int 可以写成 long，unsigned long int 可以写成 unsigned long。

（3）C 语言的 ANSI C 标准指出：各种变量的取值范围应在标题文件 limits.h 和 float.h 中作出定义。

2.2 常量和变量

2.2.1 常量

1. 常量的定义

在程序运行过程中，其值不能被改变的量称为常量。例如：4、0.63 等都是常量，直接以值的形式出现的常量，称为字面量常量。因此，4、0.63 是字面量常量。还有一种常量是用标识符命名的常量，称为符号常量。例如：PI = 3.1415926。

2. 常量的类型

C 语言中有 3 种常量：算术型运算常量（如整形常量 132、实型常量 3.1415926 等）、字符型常量（如字符常量'A'，字符串常量"hello!"等）及符号常量。

3．举例

下面看一个符号常量的例子。

【例 2-1】定义一个符号常量 PI，表示圆周率。然后使用符号常量 PI 计算圆的面积。

```
#include "stdio.h"
#define PI 3.1415926            //定义符号常量 PI,其值为 3.1415926
main()
{
    float radius;               // radius 为圆的半径
    float area;                 //area 为圆的面积
    printf("Please input radius: ");
    scanf("%f",&radius);        //输入圆的半径
    area=PI*radius*radius;      //计算圆的面积
    printf("area=%f",area);
}
```

从例 2-1 可以看出，程序用#define 命令行定义 PI 代表常量 3.1415926，程序在编译时将用 3.1415926 替代 PI。

4．说明

（1）为使之比较醒目，符号常量通常用大写字母表示。

（2）用 define 进行定义时，必须用 # 号作为一行的开头。

（3）用 define 进行定义时，标识符和常量之间不得有等号。例如：写成"#define PI= 3.1415926"是不正确的。

（4）在 # define 命令行的最后不得加分号，因为它不是语句。

（5）程序中用 # define 命令行定义 PI 代表一串字符 3.1415926，在对程序进行编译时，凡本程序中出现 PI 的地方，编译程序均用 3.1415926 这一串字符来替换，本程序中，可以把 PI 视为 3.1415926 的替身。有关#define 命令行的作用，将在后续章节中介绍，在此可以先按上述方法简单地使用。

2.2.2 变量

1．变量的定义

变量是在程序运行过程中其值可以发生变化的量。变量实质上是一个存储空间，用来存储程序运行过程中所需要的已知条件（初始值）、中间结果、答案（输出结果），以备用户调用和查看。不同的变量类型所占用的存储空间大小不同。为了今后能很好地使用它，在使用之前要先规范其类型和名字。因此，就有了这样的结论：在 C 语言中，所有的变量必须先定义，后使用。

2．C 语言定义变量的形式

C 语言定义变量的形式可表示为：

数据类型　变量名 1,变量名 2,变量名 3…;

3．变量赋初值

变量赋初值即变量初始化。

方法一：定义变量同时初始化

C 语言允许在定义变量的同时使变量初始化（对变量预先设置初值）。例如：int a=9;指定 a 为整型变量，初值为 9。float h=5.16;指定 h 为实型变量，初值为 5.16。

也可以为定义的部分变量赋初值。例如：int m,n,p=85;指定 m，n，p 为整型变量，只对 p

赋初值，其值为 85。

方法二：先定义变量后赋初值

第二种方法是先定义变量，再赋初值。例如：int m,n,p;p=85;

注 意

若对几个变量赋同一个值，不能写成 int a=b=c=5;，而应写成 int a=5，b=5，c=5;。

4. 举例

【例 2-2】用 price 代表商品单价，num 代表商品数量，然后计算商品的总价 total。

```
#include "stdio.h"
main()
{
    int total;              //商品的总价格
    num=5;                  //num没有先定义,编译时会出错
    price=3;                //price没有先定义,编译时会出错
    total=price*num;
    printf("total=%d",total);
}
```

注 意

因 num、price 两个变量没有定义，以上程序在编译过程中会出现错误。因此，对变量使用前必须先定义，这样可以保证变量在使用中的正确性。

5. 变量命名规则

变量的命名规则遵循标识符的命名规则。标识符的命名规则如下：

（1）由字母、数字和下画线组成，且第一个字符必须为字母或下画线，例如，a1、yy、d_1 是合法的标识符。

（2）严格区分大小写。例如，sum、Sum、SUM 是完全不同的变量名。

（3）可由多个字符组成。

（4）变量名不能与 C 语言预先定义的关键字相同，否则在编译时会被当作关键字进行处理，从而产生错误。C 语言的关键字有 32 个，详细内容见附录 B。例如，“int　int;”的目的是定义一个名为 int 的整型变量，但由于 int 与系统关键字相同，所以是错误的定义。

6. 变量的存储类型

按变量的有效作用范围可以将其划分为局部变量和全局变量；还可以按变量的存储方式为其划分存储种类。在 C 语言中变量有四种存储种类，即自动（auto）、外部（extern）、静态（static）和寄存器（register）。这四种存储种类与全局变量和局部变量之间的关系如图 2-1 所示。

（1）自动变量（auto）

定义一个变量时，在变量名前面加上存储种类说明符“auto”，即将该变量定义为自动变量。自动变量是 C 语言中使用最为广泛的一类变量。

```
auto int high;
int high;
```

自动变量的作用范围在定义它的函数体或复合语句内部，只有在定义它的函数内被调用，或是定义它的复合语句被执行时，编译器才为其分配内存空间，开始其生存期。当函数调用结束返回，或复合语句执行结束时，自动变量所占用的内存空间就被释放，变量的值当然也就不复存在，其生存期结束。

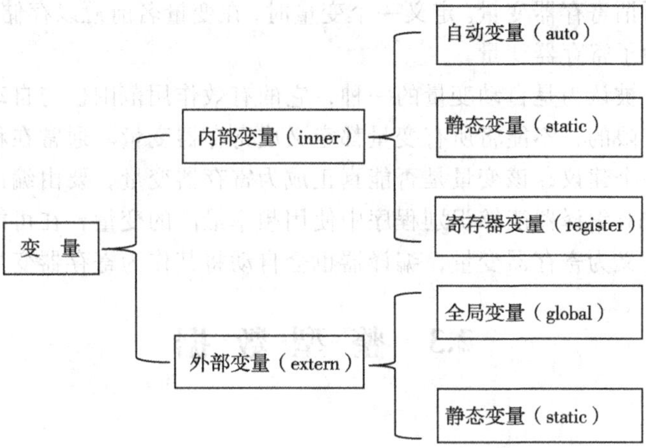

图 2-1 自动、外部、静态和寄存器存储类型关系图

当函数被再次调用或复合语句被再次执行时，编译器又会为它们内部的自动变量重新分配内存空间，但它不会保留上次运行时的值，而必须被重新赋值。因此自动变量始终是相对于函数或复合语句的局部变量。

（2）外部变量（extern）

使用存储种类说明符"extern"定义的变量称为外部变量。

按照缺省规则，凡是在所有函数之前，在函数外部定义的变量都是外部变量，定义时可以不写 extern 说明符。

在一个函数体内说明一个已在该函数体外或别的程序模块文件中定义过的外部变量时，则必须要使用 extern 说明符。

外部变量被定义之后，它就被分配了固定的内存空间。外部变量的生存期为程序的整个执行时间，即在程序的执行期间，外部变量可被随意使用，当一条复合语句执行完毕或是从某一个函数返回时，外部变量的存储空间并未被释放，其值也仍然保留。因此外部变量属于全局变量。

（3）静态变量（static）

使用存储种类说明符"static"定义的变量称为静态变量。在例 4-2 的模块 2 程序文件中使用了一个静态变量：static int a = 5；由于这个变量是在函数 funl()内部定义的，因此称为内部静态变量或局部静态变量。局部静态变量不像自动变量那样只有当被函数调用时才存在，退出函数后就消失。局部静态变量始终都是存在的，但只能在定义它的函数内部进行访问，退出函数之后，变量的值仍然保持，但不能进行访问。还有一种全局静态变量，它是在函数外部被定义的，作用范围从它的定义点开始，一直到程序结束。

当一个 C 语言程序由若干个模块文件组成时，全局静态变量始终存在，但它仅能在被定义的模块文件中访问，其数据值可为该文件内的所有函数共享，退出该文件后，虽然变量的值仍然保持着，但不能被其他模块文件访问。局部静态变量是一种在两次函数调用之间仍能保持其值的局部变量。有些程序需要在多次调用之间仍然保持变量的值，使用自动变量无法实现这一点，使用全局变量有时又会带来意外的副作用，这时就可采用局部静态变量。

（4）寄存器变量(register)

为了提高程序的执行效率，C 语言允许将一些使用频率最高的那些变量，定义为能够直接使用硬件寄存器的所谓寄存器变量。定义一个变量时，在变量名前冠以存储种类符号“register”，即将该变量定义成为了寄存器变量。

寄存器变量可以被认为是自动变量的一种，它的有效作用范围也与自动变量相同。由于计算机中的寄存器是有限的，不能将所有变量都定义成寄存器变量。通常在程序中定义的寄存器变量只是给编译器一个建议，该变量是否能真正成为寄存器变量，要由编译器根据实际情况来确定。另一方面，C51 编译器能够识别程序中使用频率最高的变量，在可能的情况下，即使程序中并未将该变量定义为寄存器变量，编译器也会自动将其作为寄存器变量处理。

2.3 整型数据

2.3.1 整型常量

整型常量即整常数。在 C 语言中，整型常量可以用十进制、八进制、十六进制 3 种形式表示。

1. 十进制整数

由 0～9 共 10 个数码组成。如 5234，-78，0 等。注意：5234 不能写成 5,234。

2. 八进制整数

八进制整数必须以数字 0 开头，组成八进制的数码为 0～7。如 0123，0101，0645，0763 等。0123 等于十进制数 83，0101 等于十进制数 65，0645 等于十进制数 421，0763 等于十进制数 499（请思考这是为什么？）。

326、0892、05B2 都不是合法的八进制数。因为 326 前面无 0、0892 包含了非八进制数码、05B2 包含了非八进制数码。

3. 十六进制整数

十六进制整数以 0x 或 0X 开头(0 为数字)，组成十六进制的数码为 0～9，A～F(a～f)。如 0x99A，0X97C，0x59ff 等。

91C、0x97G 都不是合法的十六进制数。91C 前面无 0x 或 0X，0x97G 含有非十六进制数码。

注 意

八进制整数与十六进制整数通常是无符号数。

十进制数与二进制数、八进制数、十六进制数的转换见表 2-3。

表 2-3 数据转换表

十进制数	二进制数	八进制数	十六进制数
1	0001	1	1
2	0010	2	2
3	0011	3	3
4	0100	4	4
5	0101	5	5
6	0110	6	6
7	0111	7	7
8	1000	10	8

续表

十进制数	二进制数	八进制数	十六进制数
9	1001	11	9
10	1010	12	A（a）
11	1011	13	B（b）
12	1100	14	C（c）
13	1101	15	D（d）
14	1110	16	E（e）
15	1111	17	F（f）

另外，整型常量如果是长整型常量，后面还要加上 l（小写字母）或 L（大写字母），例如 2345L，38L；整型常量如果是无符号整型常量，后面还要加上 u（小写字母）或 U（大写字母），例如：2345u，38U，38Lu。

在十六位字长的机器中，一旦把一个常数表示成长整数，系统便将其存储空间扩充为 4 个字节。从值的大小上看，2345L 与 2345 没有区别，但它们占用的存储空间是不相同的。

整型常量类型的确定方法：

（1）根据其值所在范围确定其数据类型。例如：在−32768～+32767 范围内的值被认为是基本整型或短整型；在除−32768～+32767 之外的−2147483648～2147483647 范围内的值被认为是长整型。

（2）加 L 和 l 表示该整型常量为长整型常量，例如：432L，86732L。

（3）加 U 和 u 表示该整型常量为无符号整型常量，例如：432U，65530u。

2.3.2 整型变量

1. 整型变量的分类

整型变量分为以下 4 种类型：

（1）基本型，以 int 表示。

（2）短整型，以 short int 表示，或以 short 表示。

（3）长整型，以 long int 表示，或以 long 表示。

（4）无符号整型，以 unsigned 表示。

无符号型又可与上述 3 种类型匹配而构成：

（1）无符号基本型类型说明符（unsigned int 或 unsigned）。

（2）无符号短整型类型说明符（unsigned short）。

（3）无符号长整型类型说明符（unsigned long）。

各种无符号类型量所占的内存空间字节数与相应的符号类型量相同，但由于省去了符号位，故不能表示负数。

2. 整型数据在内存中的存放形式

有符号整形数据在内存中是以二进制补码形式存放的，关于补码的有关知识在这里只作简单介绍。

正数的补码是它本身，负数的补码等于原码的符号位不变，而其他位取反加 1。例如，整数 10 在内存中的存放情况如图 2-2（a）所示，整数-10 在内存中的存放情况如图 2-2（b）所示。

D15	D14	D13	D12	D11	D10	D9	D8	D7	D6	D5	D4	D3	D2	D1	D0
0	0	0	0	0	0	0	0	0	0	0	0	1	0	1	0

（a）

D15	D14	D13	D12	D11	D10	D9	D8	D7	D6	D5	D4	D3	D2	D1	D0
1	1	1	1	1	1	1	1	1	1	1	1	0	1	1	0

（b）

图 2-2　整数 10 在内存中的存放情况

如果一个整型变量不指定为 unsigned 类型，在存储单元中最高位代表符号（0 为正，1 为负）。如果指定为 unsigned 类型，为无符号型，存储单元中全部二进制位用来存放数本身，而不包括符号。无符号整型变量只能存放不带符号的整数，如 456、789 等，而不能存放负数。

ANSI C 规定了每一种整数类型数据所占用的内存字节数，从而确定了此类型数据的取值范围，见表 2-4。

表 2-4　ANSI 标准定义的数据类型

类　型	占用的字节数	数 值 范 围
int	2	$-32768\ (-2^{15}) \sim 32767\ (2^{15}-1)$
short	2	$-32768\ (-2^{15}) \sim 32767\ (2^{15}-1)$
long int	4	$-2147483648\ (-2^{31}) \sim 2147483647\ (-2^{31}-1)$
unsigned int	2	$0 \sim 65535\ (2^{16}-1)$
unsigned short	2	$0 \sim 65535\ (2^{16}-1)$
unsigned long	4	$0 \sim 4294967295\ (2^{32}-1)$

3. 整型变量的定义

整型变量的定义的格式如下：

```
类型标识 变量名1,变量名2,变量名3…
```

类型标识符可以是 int、short、long、unsigned，或是它们的组合，例如：

```
int x,y;                    //指定变量x,y为整型变量
long c,d;                   //指定变量c,d为长整型变量
unsigned age,hight;         //指定变量age,hight为无符号整型变量
```

变量的定义，一般放在一个函数开头的声明部分。

4. 整型变量的赋值

可以将一个整型常量或整型变量赋值给整型变量，例如：

```
int x=456;
```

注 意

任何一个整型变量占用一定的存储空间，因此其存储的数据取值范围也就是一定的，详见表 2-4。如果将一个大于 32767 或小于-32768 的数据赋值给一个 int 型变量，就会产生溢出，如例 2-3 所示。

【例 2-3】整型数据的溢出。

```
#include "stdio.h"
main()
{
    int x,y;
    x=32768;          //定义的变量 x 大于 32767
    y=32769;          //定义的变量 y 大于 32767
    printf("x=%d,y=%d",x,y);
}
```

运行结果是：

```
x=-32768,y=-32767
```

产生的结果和我们想象的不同，原因是 32768 被接收为 1000000000000000，它是-32768 的补码；32769 接收为 10000000000000001，它是-32767 的补码。

整型数据的溢出在编译时不会出错，但在程序运行中会出现错误，因此应该避免。平时应注意不同类型数据的取值范围，如果整型变量不能处理的问题可以考虑用长整型变量。

2.4 实 型 数 据

2.4.1 实型常量

在 C 语言中，实型表示实数的集合，实型常量又称为实数。实型常量只能用十进制形式表示，不能用八进制或十六进制形式表示。实型常量有两种表示形式：十进制小数形式、十进制指数形式。

1. 十进制小数形式

十进制小数形式由数码 0～9 和小数点组成。如 0.123，.123，0.0，0.1，-267.8230，0.，.0 等。

2. 十进制指数形式

由十进制数码，“e” 或 “E”（代表 $\times 10$）组成。如 1e5，139.5E2，-1.99e-3（代表 1×10^5，139.5×10^2，-1.99×10^{-3}）等。格式如下：

小数或整数 e（或 E）+（或 -）整数

注 意

在字母 e（或 E）的前后以及数字之间不得插入空格；字母 e（或 E）之前要有数字，且字母 e（或 E）之后必须为整数（正负皆可）。如 e2，.5e3.9，.e5，e 都不是合法的十进制指数形式。

实型常量类型的确定方法：

（1）默认为 double 型。例如：认为 3.14，-1.234e-3，-0.1 为 double 型。

（2）如果数字后面加字母 f 或 F，则认为它是 float 型。例如：认为 1.0579F，1.0579f，1.0579e15f，1.0579e15F 是 float 型。

2.4.2 实型变量

1. 实型变量的分类

实型变量分为以下 3 种类型：

（1）单精度型，以 float 表示；

（2）双精度型，以 double 表示；

（3）长双精度型，以 long double 表示。

2．实型数据在内存中的存放形式

与整型数据的存储形式不同，实型数据是以指数形式存放的。一般情况下，系统将实型数据分为小数部分和指数部分，分别存放。指数部分采用规范化的指数形式，具体存放结构如图 2–3 所示。

数符	小数部分	指数部分

图 2–3　实型数据在内存中的存放形式

数符占一位，用来表示数据的符号。小数部分占用的位越多，数的有效数字越多。指数部分占用的位越多，数值范围越大。实型数据所占用的字节数、有效数字位数、数值的范围见表 2–5。

表 2–5　实 型 数 据

类　　型	占用字节数	有 效 数 字	数 值 范 围
float	4	6～7	10^{-37}～10^{38}
double	8	15～16	10^{-307}～10^{308}
long double	16	18～19	10^{-4931}～10^{4932}

3．实型变量的定义

实型变量定义的格式如下：

类型标识符　变量名 1,变量名 2,变量名 3…;

类型标识符可以是 float、double、long double 等，例如：

```
float x,y;                 //指定变量 x,y 为单精度实型变量
long double c,d;           //指定变量 c,d 为双精度实型变量
double length,high;        //指定变量 length,high 为双精度实型变量
```

4．实型变量的赋值

可以将实型常量或实型变量赋值。注意，单精度实型数据的有效位数是 6～7 位，在进行赋值和计算时会产生误差，在双精度数据和长双精度实型数据中也同样存在此问题。例 2–4 说明实型数据的确存在误差。

【例 2–4】将一个有效数字位超过 7 位的数赋值给实型变量，然后输出实型变量的值，实型变量产生误差。

```
#include "stdio.h"
main()
{
    float x=123456789;
    double y=123456789;
    printf("\nx=%f, y=%f",x,y);
}
```

程序运行结果：

```
x=123456792.000000, y=123456789.000000
```

从运行结果可以看出单精度实型变量 x 只接收了前面 7 位，从第 8 位开始数据不准确。所

以在使用实型数据时一定要注意可能产生的误差。应当避免将一个很大的数值和一个很小的数值直接进行运算，否则将“丢失”这个很小的数。

许多C编译系统将实型常量作为双精度来处理，这样保证计算结果更精确，但是运算速度会降低。可以在数的后面加字母F或f（例如：1.23f），这样系统就会按单精度来进行运算，可以提高运行速度，但会降低运算的精度。

2.5 浮点型

在计算机系统的发展过程中，曾经提出过多种方法表示实数，但是到目前为止使用最广泛的是浮点表示法。相对于定点数而言，浮点数利用指数使小数点的位置可以根据需要而上下浮动，从而可以灵活地表达更大范围的实数。

2.5.1 浮点型数据定义

浮点数是一串0和1构成的位序列（bit sequence），从逻辑上用三元组{S,E,M}表示一个数N，如图2-4所示。

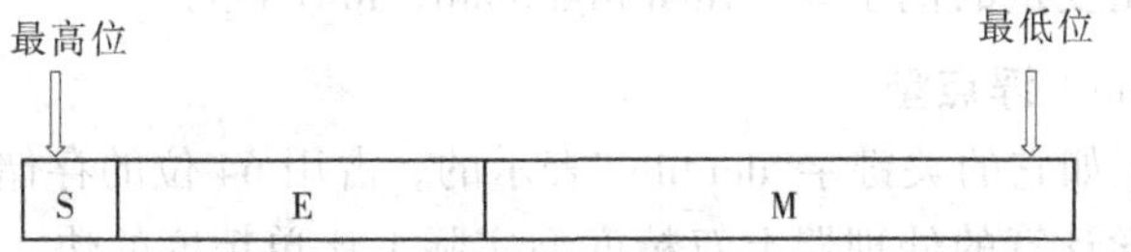

图2-4 浮点数表示

浮点数表示公式：

N的实际值n由右边的式子表示：

其中：

（1）n，s，e，m分别为N，S，E，M对应的实际数值，而N，S，E，M仅仅是一串二进制位。

（2）S（sign）表示N的符号位。对应值s满足：n>0时，s=0；n<0时，s=1。

（3）E（exponent）表示N的指数位，位于S和M之间的若干位。对应值e值也可正可负。

（4）M（mantissa）表示N的尾数位，恰好，它位于N末尾。M也称为有效数字位（significand）、系数位（coefficient），甚至被称作小数。

浮点数表示法利用科学计数法来表达实数（real），当计算的表达式有精度要求时被使用。例如，计算平方根，或超出人类经验的计算如（正弦和余弦），其计算结果的精度要求使用浮点型。

C标准规定的浮点型有float、double、long double，和整型一样，既没有规定每种类型占多少字节，也没有规定采用哪种表示形式。浮点数的实现在各种平台上差异很大，有的处理器有浮点运算单元（Floating Point Unit，FPU），称为硬浮点（Hard-float）实现；有的处理器没有浮点运算单元，只能做整数运算，需要用整数运算来模拟浮点运算，称为软浮点（Soft-float）实现。

以前我们只用到最简单的浮点数常量，例如：3.14。由于浮点数在计算机中的表示是基于科学计数法的，所以浮点数常量也可以写成科学计数法的形式，尾数和指数之间用e或E隔开，例如：314e-2表示314×10^{-2}，注意这种表示形式基数是10，如果尾数的小数点左边或右边没有数字，则表示这一部分为零，例如：3.e-1，.987，等等。浮点数也可以加一个后缀，例如：3.14f、.01L，浮点数的后缀和类型之间的对应关系比较简单，没有后缀的浮点数常量是 double 型的，有后缀 f 或 F 的浮点数常量是 float 型的，有后缀 l 或 L 的浮点数常量是 long double 型的。

2.5.2 浮点型数据类型

浮点型数据类型包括两种数据类型，见表 2-6。

表 2-6 浮点型数据类型

名　　称	位　　数	数 的 范 围
double	64	1.7E-308～1.7E+308
float	32	3.4E-38～3.4E+38

1. 单精度浮点型（float）

单精度浮点型（float）专指占用 32 位存储空间的单精度（single-precision）值。单精度在一些处理器上比双精度更快而且只占用双精度一半的空间，但是当值很大或很小的时候，它将变得不精确。当你需要小数部分并且对精度的要求不高时，单精度浮点型的变量是有用的。例如，当表示美元和美分时，单精度浮点型是有用的。

声明单精度浮点型变量的例子如：float hightemp，lowtemp。

2. 双精度（double）浮点型

双精度浮点型，正如它的关键字"double "表示的，占用 64 位的存储空间。在一些现代的被优化用来进行高速数学计算的处理器上双精度型实际上比单精度的快。所有超出人类经验的数学函数，如 sin( )，cos( ) ，tan()和 sqrt( )均返回双精度的值。当你需要保持多次反复迭代的计算精确性时，或在操作值很大的数字时，双精度型是最好的选择。

具体有三种形式，浮点数的格式参数：类型、存储位数及偏移值。浮点数的数据长度见表 2-7。

表 2-7 浮点数数据长度

类　　型	数符（s）	阶码（E）	尾数（M）	总　位　数	十 六 进 制
短实数（single，float）	1 位	8 位	23 位	32 位	0x7FH +127
长实数（double）	1 位	11 位	52 位	64 位	0x3FFH +1023
临时实数	1 位	15 位	64 位	80 位	0x3FFFH +16383

对于阶码为 0 或为 255（2047）的情况，有特殊的规定：

（1）如果 E 是0 并且 M 是0，这个数是±0（和符号位相关）；

（2）如果 E = 2 − 1 并且 M 是 0，这个数是±无穷大（同样和符号位相关）；

（3）如果 E = 2 − 1 并且 M 非 0，这个数表示为不是一个数（NaN）。

标准浮点数的存储在尾数中隐含存储着一个1,因此在计算尾数的真值时比一般形式要多一个整数 1。对于阶码 E 的存储形式，因为是 127 的偏移，所以在计算其移码时与人们熟悉的 128 偏移不一样，正数的值比用 128 偏移求得的少 1，负数的值多 1，为避免计算错误，方便理解，常将 E 当成二进制真值进行存储。例如：将数值-0.5 按 IEEE 754 单精度格式存储，先将-0.5 换成二进制并写成标准形式：$(-0.5)_{10}=-(0.1)_2=(-1.0\times2^{-1})_2$，这里，S=1，M 为全 0，E−127=−1，$E=(126)_{10}=(01111110)_2$，则存储形式为：

$$1\ 0111111\ 0\ 000000=(BE000000)_{16}$$

这里不同的下标代表不同的进制。

2.5.3 浮点型常量

浮点型常量有两种表示方法：

（1）十进制数形式，由数字和小数点组成，且必须有小数点，如 0.256、.345、256.、256.0 等。

（2）科学记数法形式，如 256e3、256e–3，它们分别表示 256×10^3 和 256×10^{-3}。e 之前必须有数字，e 后面的指数必须为整数。

注 意

浮点型常量默认的类型是 double 型数据。如果表示 float 型常量数据，必须在后面加上 F 或 f，double 型数据也可加 D 或 d。

思考下面的结果：

```
#include <stdio.h>
int main(void)
{
    float a;
    double b;
    a=33333.33333;
    b=33333.33333333333333;
    printf("a=%f\nb=%f\n",a,b);
    return 0;
}
```

从本例可以看出：

（1）由于 a 是单精度浮点型，有效位数只有七位。而整数已占五位，故小数二位之后均为无效数字。

（2）b 是双精度型，有效位为十六位。但 VC6.0 规定小数后最多保留六位，其余部分四舍五入。

2.5.4 浮点型变量

浮点型变量的定义使用 float 和 double 关键字，如下面两行分别声明了两个浮点型变量 f 和 d：

```
float  f;
double  d;
```

下面的程序用双精度的浮点型变量计算一个圆的面积：

```
#include <stdio.h>
int main(void)
{
    double pi, r, a;
    pi=3.1416;
    r=10.8;
    a=pi*r*r;
    printf("Area of circle is:" ,a);
 }
```

思考：如果在程序中将变量声明为 float 型的，该程序会发生编译错误，为什么？

2.6 字符型数据

在C语言中，有时需要有描述性的语言和符号，那么就需要有相应的数据来满足这个需要，由此引进字符型数据。字符型数据也可分为字符型常量和字符型变量两大类。

2.6.1 字符型常量

（1）字符型常量是用单引号引起来的单个字符，如'a'、'0'、'#'。

（2）字符型常量有可显示字符和不可显示字符两种，可显示字符有大小写字母、数字及标点符号等；不可显示字符有换行符、回车符及换页符等。

（3）在字符常量中，还有一些特殊的字符型常量，称为转义字符，其表示方法是以“\”开头。转义字符及其含义见表2-8。

表2-8 转义字符及其含义

字符形式	含义	ASCII码
\n	换行，将当前位置移到下一行开头	10
\t	水平制表（跳到下一个Tab位置）（一般为8位）	9
\b	退格，将当前位置移到前一列	8
\r	将当前位置移到本行开头	13
\f	换页，将当前位置移到下页开头	12
\\	反斜杠字符“\”	92
\'	单引号（撇号）字符	39
\"	双引号字符	34
\ddd	1～3位八进制数所代表的字符	—
\xhh	1～2位十六进制数所代表的字符	—

其中，'\n'中的“n”不代表字母n而是作为换行符。'\101'表示ASCII码（十进制数）为65的字符'A'。字符与ASCII码之间的对应关系可以参考附录D。

2.6.2 字符型变量的定义

字符型变量用来存放字符常量。它只能存放一个字符。

字符变量的定义形式如下：

字符型类型说明符␣变量名表;

字符型变量的类型、字节长度和取值范围见表2-9。

表2-9 字符型变量的类型、字节长度和取值范围

数据类型	字节长度	取值范围
char	1	-128～127
unsigned char	1	0～255

例如：

```
unsigned char  c1;
char  a,b,c;
```

2.6.3 字符型变量的赋值

1. 赋值语句的一般格式

赋值语句的一般格式如下：

```
变量名=表达式;
```

它的所有含义和注意事项都和整型、实型变量的赋值要求一样。例如：

```
c1='a';
c2='#';
```

2. 字符型变量的初始化

变量除了用赋值表达式和赋值语句来赋值之外，也可以在定义时赋值。

定义格式如下：

```
字符类型说明符␣变量名=表达式;
```

例如：

```
char  ch1,ch2='A';   /*定义两个字符型变量ch1,ch2,并给ch2赋初值字符A*/
char  a=65,b=66;     /*定义两个字符型变量a,b,并给a赋初值65,b赋初值66*/
```

2.6.4 字符串常量及其输出

在使用字符型数据时，经常遇到的不是单个字符，而是字符串，即多个字符。在C语言中，字符串常量用双引号括起来，并且是有序的。例如："hello"、"a"、"a+b"。

字符串常量和字符常量是不同的常量，它们之间有以下区别：

（1）在表示方法上，字符常量由单引号括起来，字符串常量由双引号括起来。

（2）字符常量只能是单个字符（包括一些特殊字符常量），字符串常量可以是一个或多个字符。

（3）在赋值时，把一个字符常量赋予一个字符变量（如char a='c';）是合法的，而把一个字符串常量赋予一个字符变量（如char a="abc";）是非法的。字符串常量的存储可以用一个字符数组来存放，具体内容将在后面章节数组中介绍。

（4）字符常量占1字节的内存空间。而字符串常量占的内存字节数等于字符串中实际字符数加1，增加的1字节用来在字符串的最后存放'\0'，以作为字符串结束的标志。

如果有一个字符串"HELLO"，它在内存中的存储形式如图2-5所示。

H	E	L	L	O	\0

图2-5 "HELLO"在内存中的存储形式

2.7 赋值运算符与赋值表达式

2.7.1 C语言的运算符和表达式

C语言的运算符种类很多，按其在表达式中的作用，可分为：

（1）算术运算符，有+、-、*、/、%。

（2）赋值运算符，有简单赋值运算符（=），复合算术赋值运算符(+=、-=、*=、/=、%=)和复合位运算赋值运算符(&=，|=，^=，>>=，<<=)。

（3）逗号运算符，即逗号（,）。

（4）关系运算符，有>、<、==、<=、>=、!=。

（5）逻辑运算符，有!、&&、||。

（6）条件运算符，这是个三目运算符，为?:。

（7）指针运算符，有*、&。

（8）下标运算符，为[]。

（9）其他

本节只介绍前三种运算符，其他运算符在以后章节介绍。

有些运算符只需一个运算对象（也称操作数），有些运算符需要两个运算对象，甚至还有的需要三个运算对象。

用运算符将运算对象连接起来，就构成表达式。表达式的种类也很多，例如：算术表达式、赋值表达式、关系表达式、逻辑表达式,等。表达式总是有值的。

2.7.2 赋值运算符和赋值表达式

在C语言中，“=”符号称为赋值运算符，由赋值运算符组成的表达式称为赋值表达式。它的形式如下：

```
变量名=表达式
```

赋值号的左边是一个代表某一存储单元的变量名，赋值号的右边必须是C语言中合法的表达式。

赋值运算的功能是先求出右边表达式的值然后把此值赋给等号左边的变量，确切地讲，就是把数据放入以该变量为标识的存储单元中去。例如，若a和b都被定义为int类型变量，

```
a=10  /* 把常量10赋给变量a*/
b=a  /* 把a中的值赋给变量b,a中的值不变 */
```

在赋值表达式的末尾加上一个分号，就构成了一个语句。例如：“a=10;”。

在程序中可以多次给一个变量赋值，该变量相应存储单元中的数据是以新代旧。例如，若a定义为float类型变量。

```
a=10.0;
a=15.0;
a=20.0;
```

则内存中a当前的数值是20.0。

说明：

（1）赋值运算符的优先级只高于逗号运算符，比其他任何运算符的优先级都低，且具有自右向左的结合性。

（2）赋值运算符的左侧只能是变量不能是常量或表达式。

例如：a+b=c是不合法的赋值表达式。

（3）赋值表达式的值等于右边表达式的值，而结果的类型由左边变量的类型决定。

这样一来，如果右边的值的类型与左边变量的类型不一致，就把右边值的类型转换成左边变量的类型。例如：

```
int a=99,b=5,result;
float f1=3.14;
result=a/f1+b;
```

在这个赋值语句中，右边表达式的值的类型是double（因为运算之前float量和其他量都提升为double型），而result是int型，所以赋值执行后结果的类型是int，即对double型的值截去小数部分之后的整数值。

从而也可以看出，C语言中的赋值号代表一种操作，不是数学公式中的相等概念。

（4）赋值运算可连续进行。

例如：a=b=7+1，按照运算的优先级，先算出7+1=8，按照赋值运算符自右向左的结合性，将先把8赋给变量b，然后再把变量b的值赋给变量a。

2.8 算术运算符与算术表达式

2.8.1 基本算术运算符

1. 双目算术运算符

双目运算符是：+、–、*、/、%。

它们分别为加、减、乘、除、求余运算符。这些运算符需要两个运算对象，因此称为双目运算符。

除求余运算符（%）外，运算对象可以是整型，也可以是实型。如1+2、1.2*3。

求余运算符的运算对象只能是整型。在“%”运算符左侧的运算数为被除数，右侧的运算数为除数，运算结果是两数相除后所得的余数，而不管商的值是多少。例如：

15%5其结果为0，3%5其结果为3。

当运算量为负数时，所得结果的符号随机器而不同，在Turbo C中，符号与被除数相同。例如：17%–3的结果为2，–17%3的结果为–2。

这几个运算符的优先级为：*、/、%优先级相同，+、–优先级相同但低于*、/、%。它们的结合方向均为“自左至右”（“左结合性”，所谓结合性，是指当一个运算对象两侧的运算符的优先级相同时，运算对象进行运算的结合方向），例如：x*y/z，运算对象先与左边的运算符结合，y先与乘号结合，进行x*y的运算，再进行除以z的运算。数学上理解为：x*y/z有乘有除，乘和除优先级相同，从左到右顺序进行，先乘后除。

说明：

（1）当双目运算符两边运算数的类型一致时，所得结果的类型与运算数的类型一致。例如：1.0/2.0，其运算结果为0.5；1/2，其运算结果为0。

（2）当双目运算符两边的运算数的类型不一致时，如一边是整型数，一边是实型数时，系统将自动把整型数转换为实型数，使运算符两边的类型达到一致后，再进行运算。双目运算中，两边运算数的类型不一致时，类型转换规律见2.4节。

（3）在C语言中，所有实型数的运算均以双精度方式进行。若是单精度数，则在尾数部分补0，使之转化为双精度数。

2. 自增、自减运算符

自增、自减运算符的作用对象是变量，不能是常量或表达式，如果写成5++、++5或（a+b）++都是非法的。它们用于使变量增1或减1，注意下面两种情况的不同：

（1）`i++, i--;`

（2）++i，--i。

第（1）种情况是使用i之后，i的值加（减），即先取值，后自加（减）。而第（2）种情况是首先使i加（减）1，然后使用i，即先自加（减），再取值。请看下面的例题。

【例 2-5】输出自加运算的结果。

```
main( )
{ int i=4;
  printf("%d\n",i++);     /*1*/
  printf("%d\n",++i);     /*2*/
}
```

输出结果为：

```
4
6
```

分析：

本例中共有两条输出语句，执行第 1 条语句，输出 i 的值 4 之后，i 加 1，此时 i 的值是 5；执行第 2 条语句，首先要对 i 当前的值 5 加 1（等于 6），然后再输出 i 的值。通过本例题，大家可以理解自增（自减）运算符在变量前与变量后的区别了。

（3）正负号运算符

正负号运算符为+（正号）和-（负号），它们是一元运算符。例如：-5 和+6.5。它们的优先级高于*、/、%运算符。例如：-a*b 先使 a 变符号再乘以 b。它们的结合方向为自右至左。

2.8.2 算术表达式

用算术运算符将运算对象连接起来的，符合 C 语言语法规则的表达式称为算术表达式。

运算对象可以是常量、变量和函数等。例如：2+sqrt(c*b)。

在计算机语言中，算术表达式求值规律与数学中的四则运算的规律类似，其运算规则和要求如下：

在算术表达式中，可使用多层圆括号，但左右括号必须配对。运算时从内层圆括号开始，由内向外依次计算表达式的值。

在算术表达式中，若包含不同优先级的运算符，则按运算符的优先级由高到低进行，若表达式中运算符的优先级相同，则按运算符的结合方向进行。例如表达式 a+b-c，加号和减号的优先级相同，它们的结合性为从左到右，因此先计算 a+b，然后从所得结果中减去 c。

第 3 章 输入/输出函数

与大多数现代编程语言一样，C 语言本身不提供输入输出语句，所有这类操作都由 C 标准函数库中的函数来实现。

C 语言函数库中有专门提供标准输入输出的函数，它以标准的输入输出设备（一般为终端设备）为输入输出对象，其中有：putchar()、getchar()、printf()、scanf()、puts()和 gets()函数。本章将主要介绍前面 4 个基本输入/输出函数。

3.1 数据的格式化输出

3.1.1 使用 printf()函数格式化输出

printf()函数的一般格式为：printf(格式控制，输出列表)。例如：

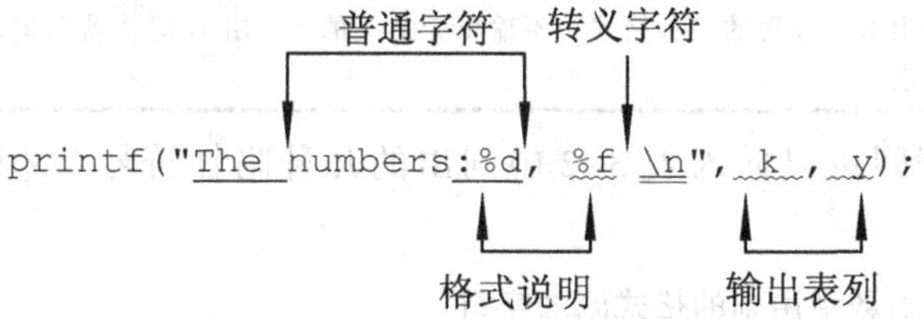

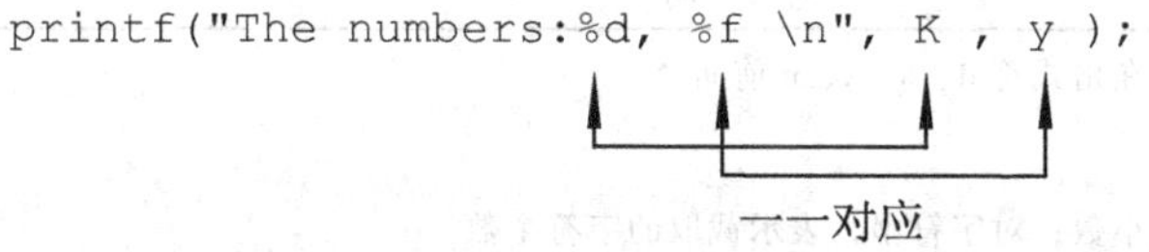

格式控制是用英文状态下的双引号引起来的一个字符串，称“转换控制字符串”，简称“格式字符串”。它包含格式声明、普通字符两个信息。

1. 格式声明

格式声明由“%”和格式字符组成，如“%d”。它的作用是将输出的数据转换成指定的格式然后输出。

2. 普通字符

普通字符即要原样输出的字符。例如上面函数中的空格、逗号和换行字符，也可以包括其他字符。

输出列表是程序需要输出的一些数据，可以是常量、变量或表达式。

【例 3-1】当 a 和 b 的值分别为 3 和 4，函数 printf("a=%d b=%d\n",a,b)将输出什么？

在 printf 函数中双引号内的字符，除了两个"%d"以外，还有非格式声明的普通字符（如 a=，b=和/n），它们全部按原样输出。当 a 和 b 的值分别为 3 和 4，则输出为 a=3 b=4。执行"\n"使输出控制移动到下一行的开头，从显示屏幕可以看到光标已经移动到下一行的开头。

3.1.2 格式字符

为了让同学们有一个更直观全面的印象，表 3-1 中列举了 printf 函数中用到的格式字符和附加字符。

表 3-1 printf 函数中用到的格式字符

格式符	说明
d、i	以带符号的十进制形式输出整数（正数不输出符号）
o	以八进制无符号形式输出整数（不输出前导符 0）
x、X	以十六进制无符号形式输出整数（不输出前导符 0x），用 x 则输出十六进制数的 a～f 时以小写的形式输出。用 X 时则以大写 A～F 输出
u	以无符号十进制形式输出整数
c	以字符形式输出，只输出一个字符
s	输出字符串
f	以小数形式输出单、双精度数，隐含输出 6 位小数
e、E	以指数形式输出实数，用 e 时指数以"e"表示（如 2.3e+02），用 E 时指数以"E"表示
g、G	选用%f 或%e 格式中输出宽度较短的一种格式，不输出无意义的 0。用 G 时，若以指数形式输出，则指数以大写表示

在格式声明中，在%和上述格式字符间可以插入表 3-2 中列出的几种附加符号（又称修饰符）。

表 3-2 printf 函数中用到的格式附加字符

字符	说明
l	用于长整型整数，可加在格式符 d、o、x、u 前面
m	数据最小宽度
n	对实数，表示输出 n 位小数；对字符串，表示截取的字符个数
-	输出的数字或字符在域内向左靠

在格式声明中除了上述字符还有一种空白字符使用较多。空白字符包括换行符、回车符、换页符、空格和制表符。它们用以"\"开头的转义序列表示。表 3-3 列举了一些最常见的转义序列。

表 3-3 空白字符的转义序列

转义序列	说明
\b	退格
\f	换页
\n	换行
\r	回车（用于打印机），在屏幕输出中，就是移动到当前行的开头
\t	水平制表符

下面对常用的几种格式符进行说明。

1. d 格式符

用来输出一个有符号的的十进制整数。在输出时，按十进制整数的实际长度输出，正数的符号不输出。

也可在格式声明中指定输出数据的域宽（即所占的列数），如“%3d”，指定输出数据占 3 列。如：

```
printf("%5d\n%5d\n",23,-123);
```

运行时输出

□□□23（□为空格）

□-123

若输出长整型，则在格式符前加小写字母 l（代表 long），如“%ld”。

2. c 格式符

用来输出一个字符，也可以指定域宽。如:

```
printf("%5c",'a');
```

运行时输出

□□□□a

一个整数如果在 0 至 127 范围内，也可以使用“%c”使之按字符形式输出。在输出前，系统会将该整数作为 ASCII 码转换成相应的字符。

3. s 格式符

用来输出一个字符串。如：

```
printf("%s","hello");
```

运行时输出

hello

4. f 格式符

用来输出实数（包括单精度型、双精度型、长双精度型），以小数形式输出。如果不指定输出数据的长度，由系统根据数据实际情况决定数据所占的列数。系统一般处理的方法是：实数中的整数部分全部输出，小数部分输出 6 位。如：

```
printf("%f",3.1415926);
```

运行时输出

3.141592

当然也可以指定数据宽度和小数位数，用“%m.nf”。如用“%7.2f”格式指定了输出的数据占 7 列，其中包括 2 位小数。对其后一位采取四舍五入方法处理，即向上或向下取近似值。如果把小数部分指定为 0，则不仅不输出小数，而且小数点也不输出。

注 意

在用“%f”输出时要注意数据本身提供的有效数字，如 float 型数据的存储单元只能保证 6 位有效数字。double 型数据能保证 15 位有效数字。

（1）e 格式符。用来指定以指数形式输出实数。如果不指定输出数据所占的宽度和数字部分的小数位数，许多 C 编译系统会自动将输出数字部分中小数位数定为 6 位，指数部分占 5 位（如 e+002，其中“e”占 1 位，指数符号“+”占一位，指数占 3 位）。数值按标准化指数形式输出。如：

```
printf("%e",123.456);
```

运行时输出

```
1.234560e+002
```

也可以用“%m.ne”形式的格式声明。如：

```
printf("%13.2e",123.456);
```

运行时输出

```
□□□□1.23e+002
```

C语言还提供以下几种输出格式，由于初学者用得不多，不作详细介绍。

i格式符。作用与d格式符相同，按十进制整数的实际长度输出。一般习惯用%d而少用%i。

（2）o格式符。以八进制整数型输出。将内存单元中各位的值（0或1）按八进制形式输出，因此输出的数值不带符号，即将符号位也一起作为八进制数的一部分输出。如：

```
int a=-1;
printf("%d\t%o\n",a,a);
```

运行时输出

```
-1  37777777777
```

（3）x格式符。以十六进制形式输出整数。如：

```
int a=-1;
printf("%d\t%o\t%x\n",a,a,a);
```

运行时输出

```
-1  37777777777 ffffffff
```

（4）u格式符。用来输出无符号（unsigned）型数据，以十进制整数形式输出。

（5）g格式符。用来输出浮点数，系统自动选f格式或e格式输出，选择其中长度较短的格式，不输出无意义的0。

注 意

（1）printf函数输出时，务必注意输出对象的类型应与上述格式说明匹配，否则将会出现错误。

（2）除了X，E，G外，其他格式符必须要用小写字母，如%d不能写成%D。

（3）可以在printf函数中的“格式控制字符串”内包含转义字符，如“\n”，“\t”，“\b”，“\r”，“\f”和“377”等。

（4）表3-1列出的所有字母d，o，x，u，c，s，f，e，g，X，E和G等，如用在“格式声明”中就作为格式字符。一个格式声明以%开头，以上12个格式字符之一为结束，中间可以插入附加格式字符（也称修饰符）。如：

```
printf("c=%cf=%fs=%s\n",c,f,s);
```

第一个格式声明为“%c”不包括其后字母f；第二个格式声明为“%f”，不包括其后字母s；第三个格式声明为“%s”。其他字符都是在输出时按原样输出的普通字符。

（5）如果想输出字符“%”，应该在“格式控制字符串”中连续用两个“%”表示。

3.2 数据的格式化输入

3.2.1 scanf函数的一般形式

scanf函数主要有格式控制、地址表列两种含义。格式控制的含义同printf函数。地址表列是由若干地址组成的列表，可以是变量的地址，或是字符串的首地址。

说明：

（1）格式控制字符串必须用双引号括起来。

（2）格式控制字符串，由二类不同的内容组成。

第一类是普通字符。输入数据时，必须在对应位置上原样输入。

第二类是格式说明。scanf 函数中的格式说明与 printf 函数类似，由“%”和格式字符组成（也可以在其中间加入修饰符），如%d 等。它指定要输入的数据的格式。

（3）地址表列是接收输入数据的变量的存储单元地址，或字符串的首地址。变量的地址由“&”加变量名组成，如上例中的&a 和&b，这里 scanf 函数的作用是将从键盘输入的数据存入变量地址中。地址表列中地址的个数超过一个时用逗号分隔。地址表列和格式说明在个数和类型上要一一对应匹配。

下面是一个输入的例子：

对于 `scanf("%d,%f",&a, &b);`

若从键盘上输入 18,22.567↙

则 18 存入变量 a 的地址中（a 得到 18），22.567 存入变量 b 的地址中（b 得到 22.567）。

3.2.2　scanf 函数中的格式声明

scanf 函数中的格式声明与 printf 函数中的格式声明相似，以“%”开头，以一个格式字符串结束，中间可以插入附加的字符。如：

```
scan("a=%d,b=%f,c=%s",&a,&b,&c);
```

scanf 函数所用的格式附加符与 printf 函数中的用法差不多，scanf 函数中的格式字符见表 3-4。scanf 函数的附加格式说明字符（修饰符）见表 3-5。

表 3-4　scanf 格式字符

格式字符	说明
d、i	输入带符号的十进制整数
o	输入无符号的八进制整数(可以带前缀 0，也可以不带)
u	输入无符号的十进制整数
x、X	输入无符号的十六进制整数(可以带前缀 0x 或 0X，也可以不带)，大小写作用相同
c	输入一个字符
s	输入一个字符串，将字符串送到一个字符数组中。输入时以非空白字符开始，以第一个空白字符结束。字符串以串结束标志'\0'作为其最后一个字符
f	以小数形式或指数形式输入实数
e、E、g、G	与 f 作用相同，e 与 f，g 可以互相替换(大小写作用相同)

表 3-5　scanf 附加格式说明字符（修饰符）

字符	说明
字母 l	用于输入长整型数据(可用%ld，%lo，%lx，%lu)以及 double 型数据(可用%lf 或%le)
h	用于输入短整型数据(可用%hd，%ho，%hx)
域宽 m(代表一个正整数)	指定输入数据所占的宽度(列数)
*	表示本输入项在读入后不赋给相应的变量

3.2.3 使用 scanf 应注意的问题

scanf 函数中的“格式控制”后面应当是变量地址，而不是变量名。如：

```
scan("a=%d,b=%f,c=%s",&a,&b,&c);
```

初学者容易将“&a,&b,&c”写成“a,b,c”。

（1）如果在“格式控制字符串”中除了格式声明以外还有其他字符，则在输入数据时应在对应的位置上输入与这些字符相同的字符。如有

```
scan("a=%d,b=%d,c=%d",&a,&b,&c);
```

在输入数据时，应在对应的位置上输入相同的字符。即输入

```
a=1,b=2,c=3
```

如果输入

```
1,2,3
```

就错了。

（2）在用“%c”格式声明输入字符时，空格字符和“转义字符”中的字符都作为有效字符输入，例如：

```
scan("%c%c%c",&a,&b,&c);
```

在执行该函数时应连续输入 3 个字符，中间不要空格，如“abc”。若在两个字符间插入空格就错了。

（3）在输入数值数据时，如果要输入空格、回车、【Tab】键或遇到非法字符，则认为该数据输入结束。例如：

```
scanf("%d%c%f",&a,&b,&c);
```

若输入：

```
5678p345o.79↙      (o是字母，不是数字0)
```

则变量 a 得到 5678，变量 b 得到字符 p，变量 c 得到 345（没有得到应该得到的 3450.79）。字母 o 在这里非法。

3.3 字符的输入和输出

除了可以用 printf 函数和 scanf 函数输出和输入字符外，C 函数库还提供了一些专门用于输入和输出字符的函数。

3.3.1 使用 putchar 函数输出一个字符

putchar 函数的一般形式为：

```
putchar(c);
```

putchar(c)的作用是输出字符变量 c 的值。如：

```
char a='A';
putchar(a);
```

运行时输出

```
A
```

说明：putchar(c)中的 c 可以是字符常量、整型常量、字符变量或整型变量（其值在字符的 ASCII 码范围内）。

也可以用 putchar 函数输出转义字符，如：

```
putchar('\101');     //输出字符 A
putchar('\'');       //输出单引号'
```

3.3.2　用 getchar 函数输入一个字符

为了向计算机输入一个字符，可以调用系统函数库中的 getchar 函数。getchar 函数的一般形式为

```
getchar ( )
```

getchar 是 get character 的缩写，getchar 函数没有参数，它的作用是从计算机终端（一般是键盘）输入一个字符，即计算机获得一个字符。getchar 函数的值就是从输入设备得到的字符。getchar 函数只能接收一个字符。如果想要输入多个字符就要用多个 getchar 函数。

【例 3-2】从键盘输入 ABC 三个字符，然后把它们输出到屏幕。

解题思路：用 3 个 getchar 函数先后从键盘向计算机输入 ABC 三个字符，然后用 putchar 函数输出。

```
#include<stdio.h>
int main()
{
    char a, b, c;
    a=getchar();
    b=getchar();
    c=getchar();
    putchar(a);
    putchar(b);
    putchar(c);
    putchar('/n');
    return 0;
}
```

运行结果

```
ABC
ABC
```

注 意

在连续输入 ABC 后按【Enter】键，字符才送到计算机中，然后输出 ABC 三个字符。

在用键盘输入信息时，并不是在键盘上敲一个字符，该字符就立即输入到计算机中。这些字符先暂存在键盘的缓冲器中，只有按了【Enter】键才把这些字符一起输入到计算机中，然后按先后顺序分别赋给相应的变量。

假如在程序运行时，输入字符 A 后按【Enter】键，再输入字符 B 按【Enter】键，将会输出什么？请思考原因。

用 getchar 函数得到的结果可以赋给一个字符或整型变量，也可以不赋给任何变量，而作为表达式的一部分，在表达式中利用它的值。例 3-2 中的程序可以改写如下：

```
#include<stdio.h>
int main()
{
    putchar(getchar());
    putchar(getchar());
```

```
    putchar(getchar());
    putchar('\n');
    return 0;
}
```

3.4 宏定义与宏替换

3.4.1 简单的宏定义

宏定义是C提供的三种预处理（宏定义、文件包含、条件编译）之一，其主要目的是为程序员在编程时提供一定的方便，并能在一定程度上提高程序的运行效率。在C语言中允许用一个标识符来表示一个字符串，称为宏；该字符串可以是常数、表达式、格式串等。在编译预处理时，对程序中所有出现的“宏名”，都用宏定义中的字符串去代换，这称为“宏代换”或“宏展开”。宏定义是由源程序中的宏定义命令完成的。C语言中提供的宏定义命令是#define，该命令有两种格式：一种是简单的宏定义，另一种是带参数的宏定义。

宏定义的一般格式为

```
#define <标识符>   <字符串>
```

其中的标识符就是所谓的符号常量，也称为“宏名”。

预处理（预编译）工作也叫做宏展开：将宏名替换为字符串。掌握"宏"概念的关键是“换”。一切以换为前提、做任何事情之前先要换，准确理解之前就要“换”。即在对相关命令或语句的含义和功能作具体分析之前就要换。如：

```
#define PI 3.1415926;
```

在程序编译阶段将程序中所有PI替换成3.1415926。

说明：

（1）宏名一般用大写；

（2）使用宏可提高程序的通用性和易读性，减少不一致性，减少输入错误，便于修改。例如：数组大小常用宏定义；

（3）预处理是在编译之前的处理，而编译工作的任务之一就是语法检查，预处理不做语法检查；

（4）宏定义末尾不加分号；

（5）宏定义写在函数的花括号外边，作用域为其后的程序，通常在文件的最开头；

（6）可以用#undef命令终止宏定义的作用域；

（7）宏定义可以嵌套；

（8）字符串" "中永远不包含宏；

（9）宏定义不分配内存，变量定义分配内存。

3.4.2 带参数的宏定义

除了一般的字符串替换，还要做参数代换。一般格式为：

```
#define 宏名（参数表） 字符串
```

例如：

```
#define S(a,b) a*b;
area=S(3,2);
```

程序执行第一步被换为 area=a*b;，第二步被换为 area=3*2;。

说明：

（1）实参如果是表达式容易出问题：

```
#define S(r) r*r
```

area=S(a+b);第一步换为 area=r*r;，第二步被换为 area=a+b*a+b;。

正确的宏定义是#define S(r) ((r)*(r))。

（2）宏名和参数的括号间不能有空格。

（3）宏替换只作替换，不做计算，不做表达式求解。

（4）函数调用在编译后程序运行时进行，并且分配内存。宏替换在编译前进行，不分配内存。

（5）宏的哑实结合不存在类型，也没有类型转换。

（6）函数只有一个返回值，利用宏则可以设法得到多个值。

（7）宏展开会使源程序变长，函数调用则不会。

（8）宏展开不占运行时间，只占编译时间，函数调用占运行时间（分配内存、保留现场、值传递、返回值）。

3.4.3 #undef 的用法

#undef 是用来撤销宏定义的，用法如下：

```
#define PI 3.141592654;
// code
#undef PI;
```

下面的代码就不能用 PI 了，它已经被撤销了宏定义。也就是说宏的生命周期从#define 开始到#undef 结束。

第 4 章 结构化程序设计

本章首先介绍程序设计的基本步骤和算法的概念，通过一些典型算法例题，让读者更加容易理解如何进行算法设计，然后再通过具体的程序设计例题分析如何用 C 语言来实现算法从而完成程序设计。

程序设计可以分为三种基本结构，即顺序结构、分支结构和循环结构。这三种基本结构可以实现所有的各种复杂程序。C 语言提供了多种语句来实现这些程序结构。

C 语言程序结构控制语句包括普通语句、goto 语句、if 语句、switch 语句、for 语句，while 语句、do-while 语句、break 语句、continue 语句。

4.1 程序算法基础

4.1.1 程序设计基本概念

1. 程序的构成

大家都知道做任何事情都有一定的方法和程序，如开会的议程、老师上课的教案、春节联欢晚会的节目单等。在程序的指导下，可以有秩序地、有效地完成每一项工作。随着计算机的问世和普及，“程序”逐渐被专业化，通常特指为让计算机完成特定任务（如解决某一问题或控制某一过程）而设计的指令序列。

从程序设计的角度来看，每个问题都涉及两个方面的内容——数据和操作。所谓“数据”泛指计算机要处理的对象，包括数据的类型、数据的组织形式和数据之间的相互关系，这些又被称为“数据结构”(data structure);所谓“操作”是指处理的方法和步骤,也就是算法(algorithm)。而编写程序所用的计算机语言称为程序设计语言。

一个程序应包括以下两方面内容：

（1）对数据的描述。在程序中要指定数据的类型和数据的组织形式，即数据结构（data structure）。

（2）对操作的描述。即操作步骤，也就是算法（algorithm）。算法是为解决一个问题而采取的方法和步骤。

算法反映了计算机的执行过程，是对解决特定问题操作步骤的一种描述。数据结构是对参与运算的数据及它们之间关系所进行的描述，算法和数据结构是程序的两个重要方面。因此著名的计算机科学家沃斯（Niklaus Wirth）提出一个著名公式来表达程序设计的实质：

程序=算法+数据结构

也就是说，程序是在数据的特定表示方式和基础上，对抽象算法的具体描述。显然，在程序设计当中，算法是灵魂，数据结构是加工对象，算法解决的是“做什么”和“怎么做”的问题。程序中的操作语句就是对算法的具体体现。

实际上，一个程序除了以上两个要素之外，还应当采用结构化程序设计方法进行程序设计，并用某一种程序设计语言来表示。因此，上述公式可以表示为：

程序=算法+数据结构+程序设计方法+语言工具和环境

2．算法

读者大都听说过数学家高斯小时候的一则故事：老师让大家计算 1+2+3+4+…+100 的值当大部分小朋友还在纸上 1+2，然后再加 3，再加 4，……计算时，高斯已经得出了答案 5050，他采用了（1+100）+（2+99）+…+（49+52）+（50+51）=101×50=5050 方法，快速计算出来正确答案，获得了老师的表扬。对于这个问题，高斯和小朋友们采用了不同的解决问题方法，这种方法在程序设计中被称为算法。

解决同一问题可能有多种算法，“好”的算法可以提高处理问题的效率，减少对系统资源的占用。相反，“不好”的算法会降低处理效率，占用大量的系统资源,而错误的算法则会导致错误的处理结果。

不是只有计算问题才有算法。例如，加工一张办公桌，其加工顺序是：桌腿、桌面、抽屉、组装，这就是加工办公桌的算法。当然，如果是按抽屉、桌面、桌腿、组装这样的顺序加工，那就是另一种算法，这其中就没有计算问题。

计算机算法分为两大类别：数值运算算法和非数值运算算法。数值运算的目的是求数值解，例如求方程的根和求一个函数的定积分等，都属于数值运算范围。非数值运算包括的面就十分广泛，最常见的是用于事务管理领域，例如图书检索、人事管理、工作流程管理等。

3．数据结构

计算机处理的对象是数据，数据是描述客观事物的数、字符以及计算机能够接收和处理的信息符号的总称。数据结构是指数据的类型和数据的组织形式。数据类型体现了数据的取值范围和合法运算，数据的组织形式体现了相关数据之间的关系。

数据结构与算法有着密切的关系，只有明确了问题的算法，才能更好地构造数据结构，但是选择好的算法，又常常依赖于好的数据结构。所以说数据结构和算法是互相紧密配合的，事实上，程序就是在数据的某些特定的表示方式和结构的基础上对抽象算法的具体描述。因此，编写一个好的程序关键就是合理地组织数据和合理地设计算法。

4.1.2　算法的特性

【例 4-1】用计算机来计算 1+2+3+4+5+…+100 的值。

算法 1：累加算法。

（1）用第一项 1 加上第二项 2 求得结果 3；

（2）用步骤（1）求得的结果 3 再加上第三项 3 求得结果 6；

（3）用步骤（2）求得的结果 6 再加上第四项 4 求得结果 10；

（4）用步骤（3）求得的结果 10 再加上第四项 5 求得结果 15。

……

依此类推，重复书写 99 个步骤，相加后显示最后求得的结果，过程非常烦琐。

算法 2：高斯算法。

（1）首项 1 加上尾项 100 求得结果 101；

（2）用步骤（1）求得的结果乘以 50，求得结果 5050；

（3）显示步骤（2）求得的结果。

算法 3：循环算法。

先定义一个变量 sum 表示每次相加得到的和，用变量 i 表示被加数。

（1）使 sum=0，即累加和清 0；

（2）使 i=1，生成第一个加数；

（3）使 sum+i，累加和仍放在变量 sum 中；

（4）使 i 的值加 1，生成下一个加数；

（5）如果 i 不大于 100，即 i<=100，返回重新执行步骤（3）～步骤（5），最后得到 sum 的值就是 1+2+3+…+100 的值。

上面的算法 3 中，步骤 3、4 需要多次重复执行，就构成了一个循环，直到 i 的值大于 100 时，循环就结束了。

分析上面的 3 种算法：算法 1 有乘法运算，而算法 2 没有，算法 1 的复杂程度大于算法 2，因此计算机中普遍采用算法 2。算法 2 虽然正确，但是每次都直接使用上一步骤的数值结果，太烦琐，不是一种通用的表示方法。而算法 3 采用循环算法来求结果，就是一种通用的表示方法，算法简练。可以看出，用这种方法表示的算法具有通用性、灵活性。由于计算机是高速进行运算的自动机器，实现重复计算，轻而易举，因此，算法 3 不仅是正确的而且是计算机能实现的较好算法。

同一个问题有不同的算法，应该从这些算法中选择一种最合适的。衡量算法好坏的因素主要有两个：

一是执行算法所要占用的计算机资源，即运行该算法所耗费的时间和执行该算法所需占用的空间。需要耗费很长时间的算法不是好的算法；当然，需要占用大量存储空间的算法也不是好的算法。

二是算法是否容易理解、调试和测试。算法越简单越好，越容易理解越好。

厨师做出的菜要好看、好闻、好吃，即色香味俱全，同时也要考虑菜的成本；编程人员设计算法时要考虑到根据这种算法编写出的程序要符合要求、占用的资源尽可能少，还要容易理解、测试和调试。

算法是一个有穷（结束不了的算法是没有意义的）规则的集合，这些规则确定了解决某类问题的一个运算序列。对于该类问题的任何初始输入值，它都能机械地一步一步执行计算，经过有限步骤后终止计算并输出正确的结果。归纳起来，算法具有以下基本特征。

（1）有穷性。

一个算法必须在执行有限个操作步骤后终止，而不是无限的。事实上，“有穷性”往往是指“在合理的范围之内”。如果让计算机执行一个历时 1000 年才结束的算法，这虽然是有穷的，但超过了合理的限度，也不能视为有效算法；还要预报算法，如果预报的时间已经到了，但是预报算法的预报结果还没出来，那么这个预报算法也不是有效算法。由此可知，一个合理的算法必须在合理的时间内完成。

（2）确定性。

算法中每一个步骤都应该是明确而可执行的，而不能是模棱两可或有歧义的。

（3）有效性。

算法中的每一步都应该能有效执行，并得到确定的结果。一个不可执行的操作是无效的。

例如，一个数被 0 整除的操作就是无效操作，在算法设计中应当避免这种操作的出现。只要算法中有一个操作是不能执行的，则整个算法就不具有有效性。

（4）有零个或多个输入。

输入是指在算法执行时，需要从外界取得的信息（可以通过键盘、屏幕、传感器等输入）。一个算法可以没有输入，也可以有一个或多个输入，这取决于问题本身。

（5）有一个或多个输出。

输出就是将算法执行的结果送到输出设备（可以为显示器、打印机、或者向其他设备发送控制命令等）。算法结果必须通过输出才能得以体现，没有输出的算法是无意义的。

上述五个方面是一个正确算法应具备的特征，在设计算法时应该给予足够的重视。同时，算法还应具有直观、清晰、易懂的表示形式，便于维护、修改和交流。

4.1.3　算法的描述

为了描述一个算法，可以用多种不同的表示方法，常见的有自然语言、流程图、N-S 结构图、伪代码、计算机语言等。

1．用自然语言描述

自然语言就是人们日常使用的语言，例如汉语、英语、法语等。一般说来，用自然语言表示算法易于理解，但文字冗长，所表示的含义也不太严格，往往要根据上下文来判断其正确含义，容易出现歧义。此外，对于包含分支或循环结构的算法，也不便于用自然语言描述。因此，通常自然语言只用来描述简单的问题。

2．用流程图描述

流程图是算法的图形描述工具。它用一些几何图形来表示各种操作，直观形象，易于理解，是最常用的一种描述算法的方法。美国国家标准化协会 ANSI(American National Standard Institute）规定了一些常用的流程图符号，目前已为世界各国程序设计人员普遍采用，如图 4-1 所示。

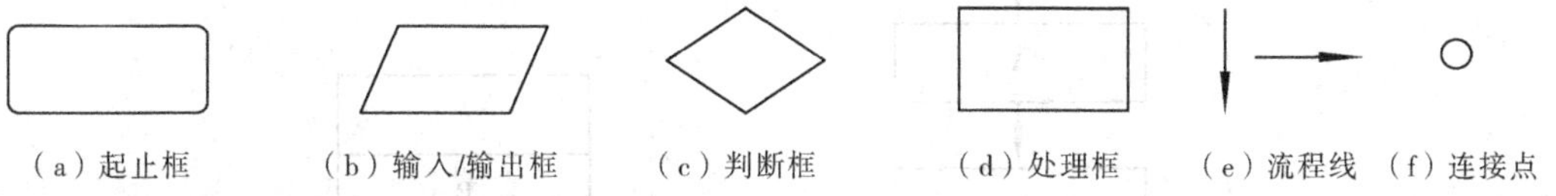

图 4-1　流程图符号

起止框：表示程序的开始或结束。

输入/输出框：表示输入、输出操作。

判断框：表示对框内的条件进行判断操作，框内填写判断条件。

处理框：表示对框内的内容进行处理。

流程线：用带箭头的直线来表示流程的方向。

连接点：表示流程图的延续，通常用于换页处，表示两个具有同一标记的“连接点”应该连接成一个点，只是分开画了。使用连接点，还可以避免流程线交叉或过长,使流程图更加清晰。

流程图是表示算法的较好工具。可以非常清晰地反映设计人员的思路，具有清晰、易于学习和掌握的特点。下面通过例子来说明流程图的使用。

【例 4-2】用流程图表示计算 1+2+3+4+5+…+100 的值中采用的循环算法，如图 4-2 所示。

理论已经证明，任何复杂的算法都可以用顺序、选择和循环这 3 种基本结构组合、嵌套来描述。由于流程图用流程线（箭头）指明了各操作执行的方向和顺序，充分体现了结构化程序设计的思想，并且直观易读。

用流程图表示算法直观、形象，算法的逻辑流程一目了然，便于理解，能较清晰地表达各种处理之间的逻辑关系，是一种较好的算法描述方法。但这种算法描述占用篇幅较长，画起来麻烦，而且使用流程线使得流程可以任意转向，不能保证算法的结构化，因此会造成阅读和修改上的困难。

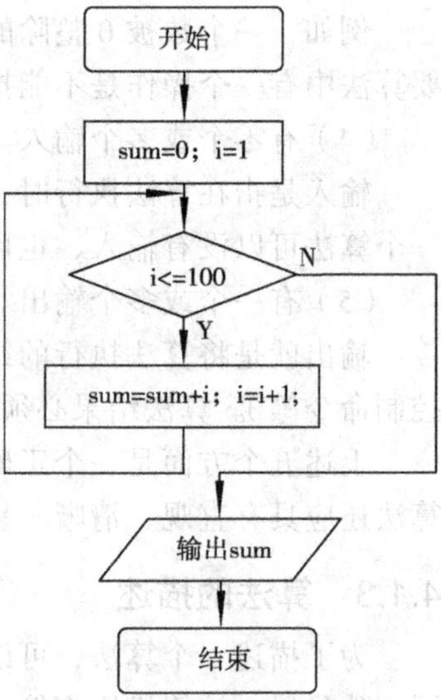

图 4-2 求和运算流程图

3. 用 N-S 结构图描述

针对流程图存在的问题，美国学者 I.Nassi 和 B.Shneiderman 于 1973 年提出一种新的结构化流程图形式 N-S 结构图。Chapin 在 1974 年对其进行了进一步的扩展，因此，N-S 结构图又称为 Chapin 图或盒状图。

N-S 结构图的目的是开发一种不破坏结构化基本构成元素的过程设计表示方式。其主要特点为完全取消了流程线，不允许随意出现控制流，全部算法写在一个矩形框内，该矩形框是以 3 种基本结构（顺序、分支、循环）描述符号为基础复合而成的。

N-S 结构图表示的 3 种基本结构如下：

（1）顺序结构。顺序结构是最简单的基本结构。在顺序结构中，要求顺序地执行且必须按先后顺序排列的每一个最基本的处理单位去执行。图 4-3（a）所示为用流程图表示的顺序结构，图 4-3（b）所示的是用 N-S 结构图表示的顺序结构。它们都表示先执行处理 A，然后再执行处理 B。

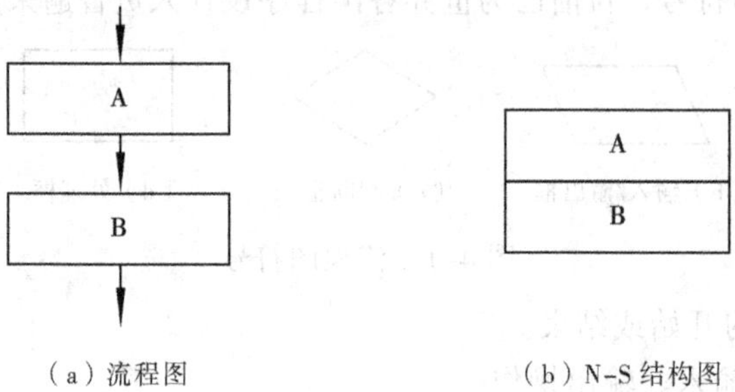

图 4-3 顺序结构

（2）选择结构。选择结构又称为分支结构。在选择结构中，要根据逻辑条件的成立与否，分别选择不同的处理单元。如图 4-4（a）和图 4-4（b）所示，当逻辑条件成立时执行处理 A，不成立时执行处理 B。

（3）循环结构。循环结构包括当型循环和直到型循环。

当型循环。在当型循环结构中，当逻辑条件成立时，就反复执行循环体，直到逻辑条件不成立时结束，是先判断条件然后再执行循环体，如图 4-5（a）和图 4-5（b）所示：

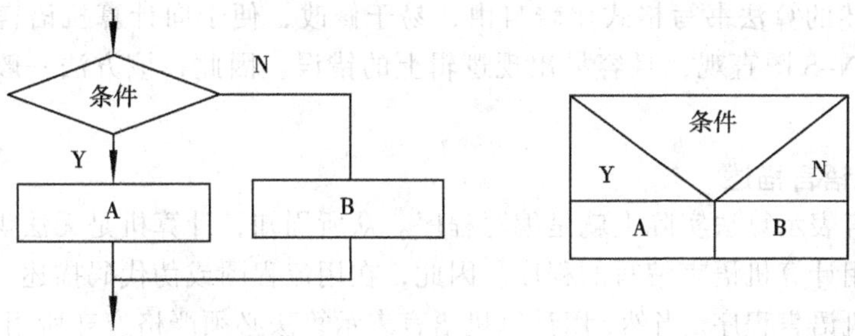

（a）流程图　　（b）N-S 结构图

图 4-4　选择结构

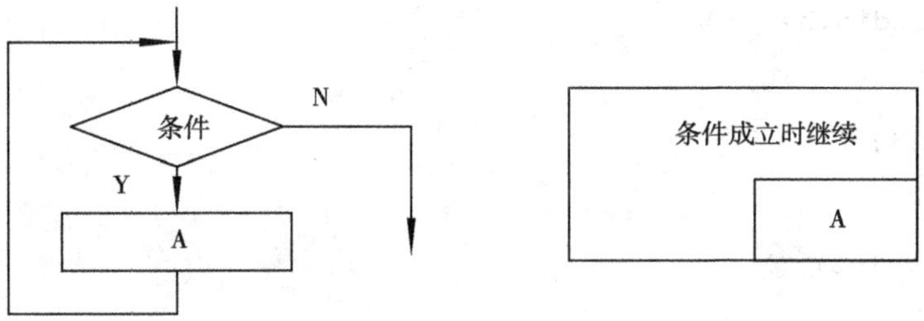

（a）流程图　　（b）N-S 结构图

图 4-5　当型循环

直到型循环。在直到型循环中，反复执行循环体，直到逻辑条件不成立时结束，即先执行循环体然后再判断条件，至少执行一次循环体，如图 4-6（a）和图 4-6（b）所示：

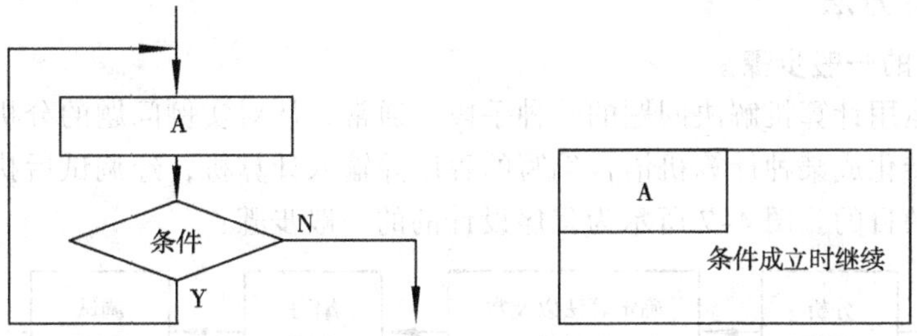

（a）流程图　　（b）N-S 结构图

图 4-6　直到型循环

4. 用伪代码描述

伪代码是一种用介于自然语言与计算机语言之间的文字和符号，用来描述算法。

用伪代码来表示例 4-1 的算法如下：

```
begin
0=>sum
While  i<=100
{
  sum=>sum+i
    i=>i+1
 }
Pint sum
end
```

用伪代码描述的算法书写格式比较自由，易于修改，便于向计算机语言算法过渡，但是它不如流程图或 N-S 图直观，且容易出现逻辑上的错误。因此，该方法一般为软件专业人员所使用。

5. 用计算机语言描述

用计算机语言表示算法实际上就是编写程序。众所周知，计算机是无法识别流程图和伪代码的，只能识别用计算机语言编写的程序。因此，在用流程图或伪代码描述一个算法后，必须将其转化为计算机语言程序。当然，用计算机语言表示算法必须严格遵守所用语言的语法规则，这是和伪代码不同的。

将伪代码描述的例 4-1 表示的算法用 C 语言表示如下：

```
#include <stdio.h>
void main()
{
    int sum,i;
    sum=0;
    i=1;
    while(i<=100)
    {
        sum=sum+i;
        i=i+1;
    }
    printf("%d\n",sum);
}
```

4.1.4 程序设计方法

1. 程序设计的一般步骤

程序设计是运用计算机解决问题的一种手段。通常，从对实例问题的分析着手，设计出合适的算法，进而转化成某种计算机语言编写的程序并输入计算机，经调试后执行这个程序，最终达到解决问题的目的。图 4-7 所示为程序设计的的一般步骤：

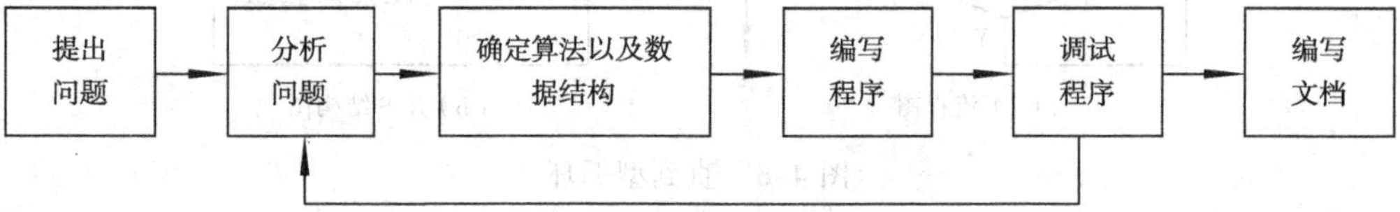

图 4-7 程序设计的的一般步骤

程序设计语言是实现“人机对话”的桥梁，学习它的目的就是要编写出可供计算机运行的程序，解决实际问题。程序设计的过程就是将设计者解决问题的方法转化为计算机能够识别和执行的过程。

总的来说，程序设计的一般步骤如下：

（1）提出问题或需求定义。首先对要处理的对象进行调查，了解用户要求，划清工作范围。

（2）分析问题，建立数学模型。对要解决的问题进行分析，找出运算操作和变化的规律，然后进行归纳，并用抽象的数学语言描述出来。

（3）确定算法以及数据结构。根据用户提出的要求，确定数据的组织形式和采用的算法，根据算法画出相应的流程图，这样能使人们思路清晰，减少编写程序的错误并且为以后程序的更改提供依据，方便存档。

（4）编写程序。使用选定的计算机语言编写程序代码，把流程图描述的算法用计算机语言描述出来，变成能由计算机运行的目标程序。

（5）调试程序。对送入计算机的程序进行排错、试运行。调试的结果是得到一个能正确运行的程序，在这个过程中很可能会发现以前的算法或流程图有问题，所以要回到步骤 2 继续分析，重新确定算法，编写程序。

（6）编写文档。程序调试通过后，应将有关资料进行整理，编写程序使用说明书，交付用户使用。

程序中常见的错误有两种：一种是语法错误，另一种是逻辑错误。

语法错误一般会在编译源程序时被及时发现，相对比较容易排除。程序的逻辑错误常常是潜在的，例如在程序中使用零作除数，将导致程序执行时出现异常。这种错误编译程序可能无法查出。这就要求程序设计者要根据设计文档，反复地、不厌其烦地阅读源程序并精心设计、测试，力求及时发现程序中的错误。

2．结构化程序设计方法

结构化程序设计思想产生于 20 世纪 60 年代，是随着计算机硬件成本的急剧下降、软件规模和复杂性的不断增加而提出的一种至今仍广为使用的计算机软件开发技术。其目的是为了增加程序的易读性、易维护性，保证程序的质量，降低软件成本，从而提高软件的生产和维护效率。

所谓结构化的程序设计方法就是“按照一组能够提高程序的易读性和易维护性的规则进行程序设计的方法”。其要点如下：

（1）程序的质量标准是“清晰第一，效率第二”，就是编写出来的程序首先应该是可以理解的，这一点非常重要。

（2）程序的设计采用“自顶向下，逐步求精，模块化设计，结构化编程”的方法。

模块化是指将一个复杂的问题或任务分解成若干个功能单一、相对独立的小问题来进行设计，每个小问题就是一个模块。而每个模块是一组由 3 种基本结构（顺序、选择、循环）组成的程序。模块一定要简单、功能独立，这样才能使程序具有一定的灵活性和可靠性。

自顶向下是指模块的划分要从问题的顶层向下逐层分解、逐步细化,直到底层模块的功能达到最简。

逐步求精是指在将抽象问题分解成若干个相对独立的小问题时，要逐级地由抽象到具体、由粗到细、由表及里进行细化，直到将问题细化到可以用程序的 3 种基本结构来实现为止。

结构化编程是指采用子程序、顺序块、选择、for 循环以及 while 循环等结构，来取代传统的 goto 语句。以此来改善计算机程序的明晰性、品质以及开发时间，并且避免写出面条式代码。

（3）程序的结构仅由顺序、选择、循环 3 种基本结构组合、嵌套而成，且满足：

一是每个程序模块只有一个入口和一个出口。

二是没有死语句（永远执行不到的语句）。

三是没有死循环（永远不能终止的循环）。

（4）程序的书写必须按一定的规范和格式进行，关键地方一定要标明注释，不能随心所欲地拼凑。应当按照“工程化”生产方式来组织软件生产，每个人都必须按照同一方法进行工作，使生产的软件有统一的标准、统一的风格，成为“标准产品”。这种方法不仅便于推广，而且还便于生产和维护。

4.2 关系运算符与关系表达式

4.2.1 关系运算符及其优先级

1．关系运算符

所谓“关系运算”实际上就是“比较运算”，即将两个数据进行比较，判定两个数据是否符合给定的关系。

关系运算符，共有以下6种：

> 大于

< 小于

> = 大于或等于

< = 小于或等于

= = 等于

！ = 不等于

注 意

在C语言中，“等于关系运算符是双等号“= =”，而不是单等号“=”，单等号是赋值运算符。

2．关系运算符的优先级

（1）在关系运算符中，前4个优先级相同，后2个相同；且前4个优先级高于后2个；结合方向均为自左至右。

（2）关系运算符的优先级低于算术运算符，但高于赋值运算符。

4.2.2 关系表达式

1．关系表达式的概念

所谓关系表达式是指用关系运算符将两个表达式连接起来进行关系运算的式子。

例如，下面的关系表达式都是合法的：

```
a-b>c+6, (a=4)< (b=5),5>3 , (a>b) = = (b>c)
```

2．关系表达式的值-逻辑值（“真”或“假”）

由于C语言没有逻辑型数据，所以，用整数“1”表示“逻辑真”，用整数“0”表示“逻辑假”。

例如，假设a=7，b=8，c=9 则

a>b 的值为0（假）。

（a>b）! =c 的值为1（真）。

（a<b）+c 的值为10，因为a<b 的值为1，1+9=10。

注 意

C语言用整数“1”表示“逻辑真”，用整数“0”表示“逻辑假”。所以关系表达式的值还可以参与其他种类的运算，例如算术运算、逻辑运算等。

4.3　逻辑运算符与逻辑表达式

4.3.1　逻辑运算符及其优先级

1. 逻辑运算符

C 语言提供 3 种逻辑运算符：

&&　　逻辑与（相当于“同时”）

||　　逻辑或（相当于“或者”）

!　　逻辑非（相当于“否定”或“取反”）

其中，“&&”和“||”为双目运算，且结合方向为自左至右；“!”为单目运算，对其右边的操作数进行逻辑取反操作。

2. 逻辑运算符的运算优先级

（1）在逻辑运算符中，逻辑非“!”的优先级最高，逻辑与“&&”次之，逻辑或“||”最低。

（2）与其他种类运算符的优先关系

!（逻辑非）　　高
算术运算符　　↑
关系运算符
&&和||
赋值运算符　　低

4.3.2　逻辑表达式

1. 逻辑表达式的概念

所谓逻辑表达式是指用逻辑运算符将一个或多个表达式连接起来，进行逻辑运算的式子。在 C 语言中，可以用逻辑表达式表示多个条件的组合。

例如　（x+y）&&（z<=0）。

逻辑表达式的值也是一个逻辑值“真”或“假”。

2. 逻辑量的真假判定

C 语言用整数“1”表示“逻辑真”，用“0”表示“逻辑假”。但在判断表达式或变量的“真”或“假”时，却以 0 和非 0 为根据：如果为 0，则判定为“逻辑假”；如果为非 0，则判定为“逻辑真”，即将一个非零的数值认作为“逻辑真”。

4.4　条件运算符和条件表达式

条件运算符由两个运算符组成，它们是？和：。这是 C 语言提供的唯一的三目运算符，即要求有三个运算对象。条件运算优先于赋值运算，但低于逻辑运算、关系运算和算术运算。由条件运算构成的表达式称为条件表达式，其形式如下：

```
表达式 1?表达式 2:表达式 3
```

条件表达式的求值规则为：当“表达式 1”的值为非零时，求出“表达式 2”的值，此时“表达式 2”的值就是整个条件表达式的值；当“表达式 1”的值为零时，去求“表达式 3”的值，这时便把“表达式 3”的值作为整个条件表达式的值。

例如：设 a=1、b=2、c=3、d=4，求表达式 a<b? a；c<d? a:d 的值。

分析：当条件表达式嵌套使用时，根据条件运算符从右到左的结合性，应先将最后一个问号与其最近的冒号配对，即该表达式等价于 a<b ? a : (<d ? a : d)。当 a<b 成立时，取 a 的值作为该条件表达式的值，故该表达式的值为 1。

4.5 顺序结构程序设计

C 语言是结构化程序设计语言，结构化设计的基本思想是：用顺序结构、选择结构和循环结构这 3 种基本结构来构造程序。由这三种基本结构组成的程序能处理任何复杂的情况。

C 语言提供了丰富的语句用来支持结构化的程序设计。C 语句可以分为以下五个大类：

（1）函数调用语句。由函数调用加一个分号构成的语句。

（2）表达式语句。表达式的后面加上一个分号就构成了一个表达式语句。

（3）空语句。只有一个分号“;”，作为语句结束符，它表示什么也不做。

（4）复合语句。由“{”和“}”把一些变量说明和语句组合在一起，称为复合语句，又称语句块（block）。

（5）控制语句，共 9 种，分别为：

if 语句	条件语句
switch 语句	多分支选择语句
while 语句	循环语句
do-while 语句	循环语句
for 语句	循环语句
break 语句	终止执行循环语句
continue 语句	结束本次循环语句
goto 语句	转向语句
return 语句	从函数返回语句

顺序结构是结构化程序设计中最简单、最常见的一种程序结构。在顺序结构程序中，程序的执行是按照各语句出现的先后次序顺序执行的，并且每条语句都会被执行到。

图 4-8 所示为顺序结构 N-S 结构图。先执行 A 操作，再执行 B 操作，两者之间是顺序执行的关系。C 语言程序中用来实现顺序结构的语句有赋值语句、输入数据函数调用语句 scanf()和 getchar()、输出数据函数调用语句 printf()和 putchar()等。

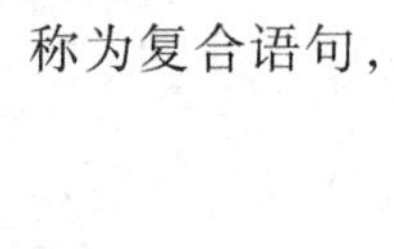

图 4-8 顺序结构 N-S 结构图

在顺序结构程序中，一般包括以下两个部分：

（1）编译预处理命令。

（2）函数。在函数体中，包含顺序执行的各部分语句。主要有以下几个部分。

① 变量类型的说明部分；

② 提供数据部分；

③ 运算部分；

④ 输出部分。

顺序结构的程序是最简单的程序结构，是按操作执行的先后顺序来编写程序的。

【例 4-3】个人所得税的征收依据如下：按工资收入的 15%征收个人所得税。编写一个程序，当从键盘输入职工工资时，计算出实发工资并输出。

解析：该例中涉及三个变量：工资收入、个人所得税、实发工资，分别用三个变量名来表示：salary，revenue，income。执行的流程如图 4-9 所示。

获取输入工资 salary
计算所得税 revenue
计算实发工资 income
输出实发工资 income

图 4-9　个人所得税 N-S 结构图

参考程序如下：

```
#include <stdio.h>
void main()
{
    float salary,revenue,income;
    printf("请输入工资数:\n");
    scanf("%f",&salary);
    revenue=salary*0.15;
    income=salary-revenue;
    printf("应发工资:%.1f,税:%.1f,实发工资:%.1f \n",salary,revenue,income);
}
```

运行结果如图 4-10 所示。

图 4-10　个人所得税运行结果图

同一个问题有不同的算法，不同的编程人员可以编写出风格不同的程序来。即使是依据同一个算法，编写出的程序也可能是不一样的。有人编写的程序结构清晰、界面美观、容易操作，而有的人编写出的程序虽然也可以运行，但很难读懂、界面枯燥。读者编写程序时不一定非得要编写出和书上一样的程序来，可以有自己的风格。

例 4-3 的程序也可以编写如下：

```
#include <stdio.h>
void main()
{
    float salary, income;
    printf("请输入工资数:\n");
    scanf("%f",&salary);
    income=salary-salary*0.15;
    printf("应发工资:%.1f,实发工资:%.1f\n",salary,income);
}
```

这种编程方法与第一种编程方法相比，少用了一个变量，节省了存储空间。

【例 4-4】交换两个数据并输出。

解析：两个数据相互交换是程序设计的一项基本方法。假定有两个变量 a、b 保存有数据，要想交换它们的数据，使用一个额外的变量 c 作为交换数据的中转站。类似于两个装有不同液体的瓶子进行交换一样，可以借助于第三个空的瓶子。执行的流程图如图 4-11 所示。

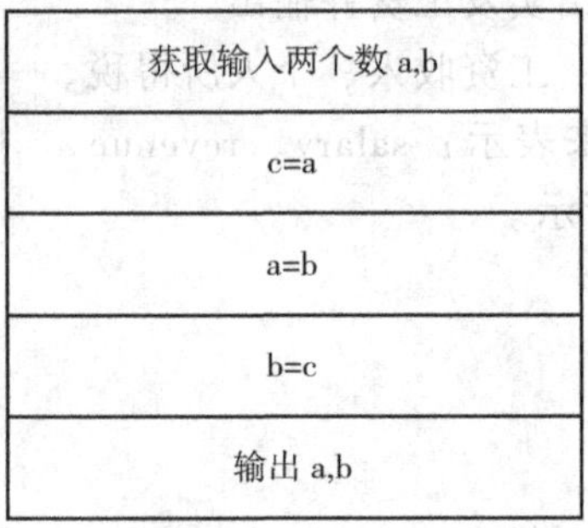

图 4-11　交换两个数据的 N-S 结构图

参考程序如下：

```
#include <stdio.h>
void main()
{
    int a,b,c;
    printf("请输入两个要交换的两个数:\n");
    scanf("%d%d",&a,&b);                              //获取输入两个数 a,b
    printf("交换前两个数为: a= %d 和 b= %d\n",a,b);    //交换前
    c= a;                                             //将 a 的值赋给 c
    a= b;                                             //将 b 的值赋给 a
    b= c;                                             //将 c 的值赋给 b
    printf("交换后两个数为: a= %d 和 b= %d\n",a,b);    //交换后
}
```

运行结果如图 4-12 所示。

图 4-12　交换两个数据并输出运行结果图

4.6　选择结构程序设计

选择结构是对程序中某个变量或表达式的值做出判定，根据判定结果决定执行哪些语句和跳过哪些语句。为了实现选择结构的程序设计，C 语言引入了 if 语句和 switch 语句。另外，借助于条件运算符也可以实现简单的选择结构。

4.6.1　if 语句

1. if 语句的三种基本形式

用 if 语句可以构成分支结构。它根据给定的条件进行判断，以决定执行某个分支程序段。C 语言中的 if 语句有三种基本形式 if 形式（单分支）、if-else 形式（双分支）及 if-else-if 形式（多分支）。

（1）第一种形式：if 形式(不带 else 的 if 语句即单分支选择语句)

```
if (表达式)
    语句;
```

执行过程：先计算表达式的值，如果结果为非 0 值，则执行其后的“语句”，如果求值是 0，则不执行“语句”。无论哪一种情况，下一步都要执行 if 语句之后的代码。该形式是不带 else 的 if 语句，其中 if 语句中的“表达式”一般为逻辑表达式或关系表达式，且表达式要用圆括号括起来。流程图如图 4-13 所示。

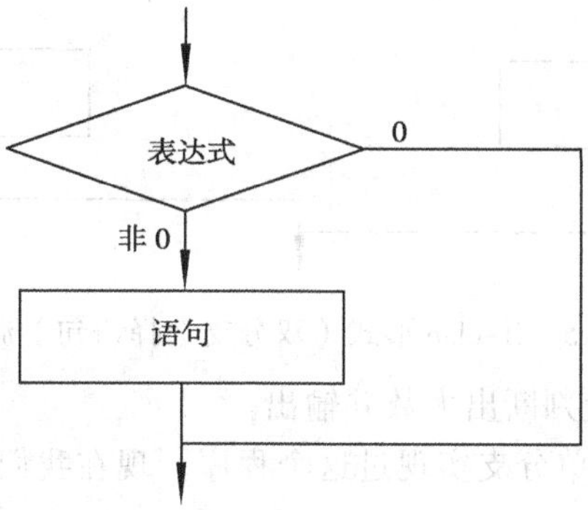

图 4-13　if 形式（不带 else 的 if 语句即单分支选择语句）流程图

【例 4-5】输入两个整数，判断出大数并输出。

参考程序如下：

```
#include <stdio.h>
void main ()
{
    int a,b,max;
    printf("请输入要比较的两个数:\n");
    scanf("%d%d",&a,&b);
    max= a;                    //假设 a 为大数
    if(b>max){ max= b;}        //如果 a 不为大数，则 b 是大数
    printf ("max= %d\n",max);
}
```

在本例程序中，输入两个数 a、b。把 a 先赋予变量 max，再用 if 语句判别 max 和 b 的大小，如果 b 大于 max，则把 b 赋予 max。因此 max 总是大数，最后输出 max 的值。尽管 if(b>max) 后面的 max=b；只有一条语句，可以不需要大括号，但是为了形成良好的习惯和便于以后增加一条语句时不会忘掉加大括号，所以在此添加了大括号。运行结果如图 4-14 所示。

图 4-14　输出大数结果图

（2）第二种形式：if–else 形式（双分支选择语句）

```
If（表达式）
    语句 1;
else
    语句 2;
```

其执行过程为：先计算表达式的值，如果结果为非 0 值，则执行其后的"语句 1"，如果求值是 0，则不执行"语句 2"。该形式表示根据条件满足与否来分支执行不同的操作。流程图如图 4–15 所示。

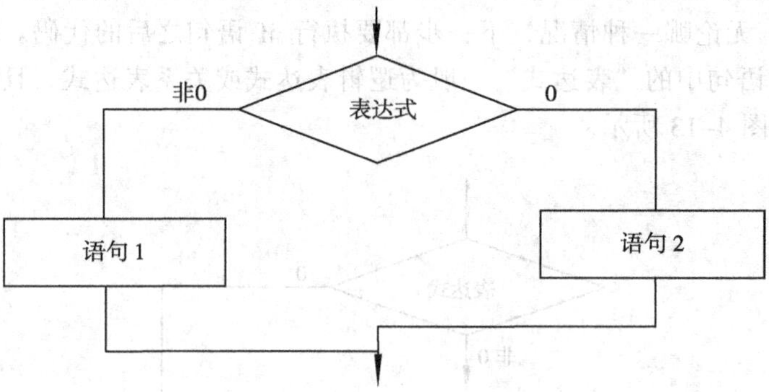

图 4–15　if–else 形式（双分支选择语句）流程图

【例 4–6】输入两个整数，判断出大数并输出。

方法一：在例 4–5 中，用单分支实现过这个程序。现在我们用双分支来实现。

参考程序如下：

```
#include <stdio.h>
void main ()
{
    int a,b,max;
    printf("请输入要比较的两个数:\n");
    scanf("%d%d",&a,&b);
    if ( b>a)
    {
        printf ("max= %d\n\n\n",b);            //如果 b 是大数,输出 b
    }
    else
    {
        printf ("max= %d\n\n\n",a);            //输出 a
    }
}
```

在方法一中，运行效果体现了输入两个整数，输出其中的大数。改用 if–else 语句判别 a、b 的大小，若 b 大，则输出 b，否则输出 a。

在第二种形式的 if–else 结构语句相当于两条第一种形式的 if 结构语句，也可表示为：

```
if(表达式)  语句 1;
if(!表达式) 语句 2;
```

但是这种方式与 if–else 结构语句也有不同之处，尽管程序的结果和正确性都相同，但是两条 if 形式执行时间要比 if–else 结构语句多一次判读表达式的时间。方法二就是用两条 if 形式来实现该程序的。

方法二：

```
#include <stdio.h>
void main ()
{
    int a,b,max;
    printf("请输入要比较的两个数:\n");
    scanf("%d%d",&a,&b);
    if( b>a)
    {
        printf ("max= %d\n\n\n",b);      //如果 b 是大数,输出 b
    }
    if(b<=a)
    {
        printf ("max= %d\n\n\n",a);      //输出 a
    }
}
```

方法三：if-else 形式（双分支选择语句）跟条件表达式中的三目运算表达式1?表达式2:表达式 3 是类似的，所以某些简单的 if-else 形式语句可以用操作符“?”和“:”来代替。

```
#include <stdio.h>
void main ()
{
    int a,b,max;
    printf("请输入要比较的两个数:\n");
    scanf("%d%d",&a,&b);
    max=a>b?a:b;
    printf ("max= %d\n\n\n",max);
}
```

（3）第三种形式：if-else-if（多分支选择性语句）

```
if(表达式 1)         语句 1;
else  if(表达式 2) 语句 2;
else  if(表达式 3) 语句 3;
…
else if  (表达式 m)  语句 m;
else                语句 n;
```

其执行过程为：

如果表达式 1 为非 0，执行语句 1，然后自动退出多分支语句结构，继续执行选择结构下面的语句。

如果表达式 1 为 0，不执行语句 1，再来判断表达式 2 是否为非 0。

如果表达式 2 为非 0，执行语句 2，然后自动退出多分支语句结构，继续执行选择结构下面的语句。

如果表达式 2 为 0，不执行语句 2，再来判断表达式 3 是否为非 0。以此类推。

如果所有的条件都不成立，则执行最后一个语句 n，然后继续执行选择结构下面的语句。流程图如图 4-16 所示。

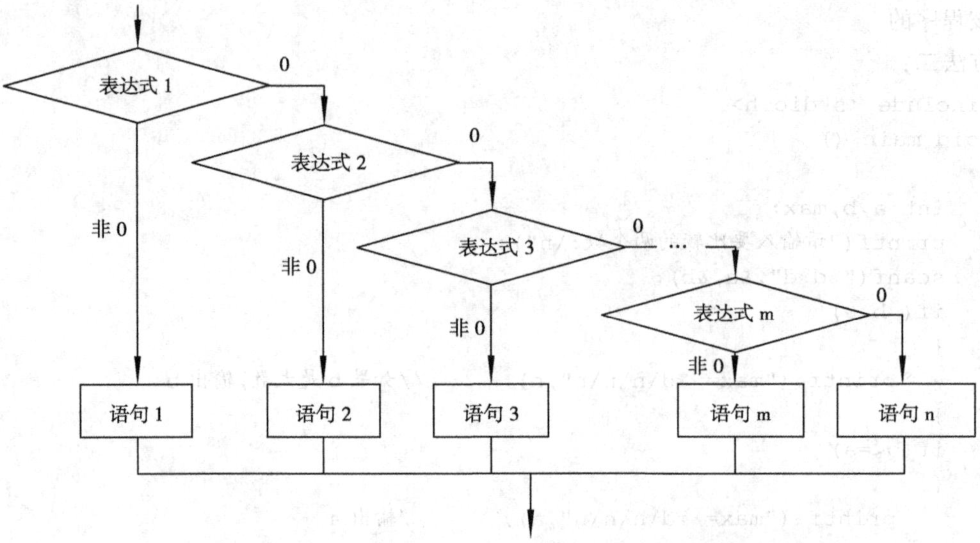

图 4-16 if-else-if(多分支选择性语句)流程图

【例 4-7】编写一个个人所得税计算器，假定某地的个人所得税起征额为 3500 元，要求当从键盘输入应发工资 salary 时，计算出应交税额和实际工资收入。税率见表 4-1。

表 4-1 个人税率表

级 数	每 月 收 入	税率/%	速算扣除数
1	不超过 1500 元的	3	0
2	超过 1500 元至 4500 元的部分	10	105
3	超过 4,500 元至 9000 元的部分	20	555
4	超过 9000 元至 35000 元的部分	25	1005
5	超过 35000 元部分	30	2755

国家规定，每个地区个人所得税的起征额不是固定的，根据各地居民收入情况来定。而且，不同工资水平的人，个人所得税的税率不一样。假定某地起征额为 3500 元，则个人所得税的计算方法如下：应交所得额=工资收入-3500，应交税额（应该交给国家的部分）=应交得额×税率-速算扣除数。

假如小张月工资收入 5000 元，则其应交所得额 5000-3500=1500 元，我们从表中可以得知，应交所得额为 1500 元的级数为 1，其税率为 3%，速算扣除数为 0。所以其应交税额=1500×0.03-0=45 元。实际工资收入=5000-45=4955 元。

解析：该题的流程图如图 4-17 所示，用 salary 表示应发工资，rsalary 表示应交所得额，revenue 表示应交税，income 表示实发工资。

参考程序如下：

```
#include <stdio.h>
void main ()
{
    float salary, rsalary,revenue,income;
    printf("请输入应发工资数:\n");
    scanf("%f",&salary);
```

```
    rsalary=salary-3500;
    if(rsalary<=0) revenue=0;
    else if(rsalary<=1500)  revenue= rsalary*0.03-0;
    else if(rsalary<=4500)  revenue= rsalary*0.1-105;
    else if(rsalary<=9000)  revenue= rsalary*0.2-555;
    else if(rsalary<=35000)  revenue= rsalary*0.25-1005;
    else                  revenue= rsalary*0.3-2755;
    income=salary-revenue;
    printf("应发工资:%.1f,应交税:%.1f,实发工资:%.1f\n",salary,revenue,income);
}
```

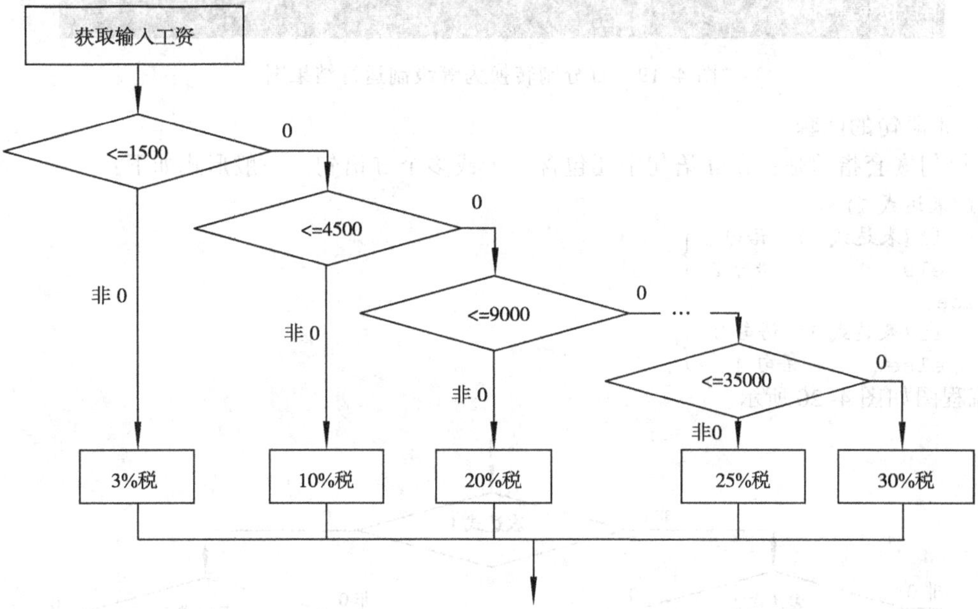

图 4-17　个人所得税计算器流程图

运行结果如图 4-18 所示。

图 4-18　个人所得税计算器运行结果图

【例 4-8】编一个程序将成绩的百分制转换为等级制。百分制与等级制的对应关系如下：90～100 分对应 A 级，80～89 分对应 B 级，70～79 分对应 C 级，60～69 分对应 D 级，0～59 分对应 E 级，其他分数输入错误。

```
#include "stdio.h"
void main()
{
    float score;
    printf("请输入你的成绩分数:\n");
    scanf("%f",&score);
    if((score >100 )||(score <0)){ printf( "你输入的成绩分数有误!\n");;}
```

```
    else  if( score >=90 )  { printf( "你的成绩等级是 A \n");}
    else  if( score >=80 )  { printf( "你的成绩等级是 B \n");}
    else  if( score >=70 )  { printf( "你的成绩等级是 C \n");}
    else  if( score >=60 )  { printf( "你的成绩等级是 D \n");}
    else       { printf( "你的成绩等级是 E \n");}
}
```

运行结果如图 4-19 所示。

图 4-19　百分制转换为等级制运行结果图

2. if 语句的嵌套

if 语句嵌套指的是：在 if 语句中还包含一个或多个 if 语句。一般形式如下：

```
if(表达式 1)
    if(表达式 2)  语句 1 ┐
    else         语句 2 ┘
else
    if(表达式 3) 语句 3 ┐
    else       语句 4 ┘
```

流程图如图 4-20 所示。

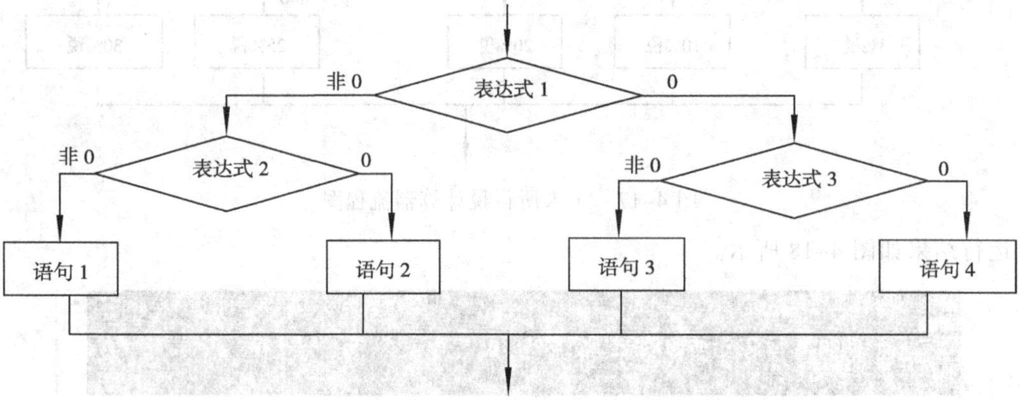

图 4-20　if 语句的嵌套流程图

其执行过程为：

如果表达式 1 的值为非 0，再判断表达式 2 的值，如果表达式 2 的值为非 0，则执行语句 1，如果表达式 2 的值为 0，执行语句 2，如果表达式 1 的值为 0，再判断表达式 3 的值，如果表达式 3 的值为非 0，则执行语句 3， 如果表达式 3 的值为 0，执行语句 4。

它有多种变形的形式，以下是其中的几种：

（1）if-else 语句嵌套在 if 子句中：

```
if(表达式 1)
   if(表达式 2) 语句 1 ┐
   else 语句 2         ┘
else 语句 3
```

（2）if-else 语句嵌套在 else 子句中：

```
if(表达式1) 语句1
else
   if(表达式2) 语句2  ┐
   else 语句3         ┘
```

（3）if 语句嵌套在 if 子句中：

```
if(表达式1)
   {if(表达式2) 语句1}
else 语句2
```

（4）if 语句嵌套在 else 子句中：

```
if(表达式1) 语句1
else
   {if(表达式2) 语句2}
```

（5）多层嵌套：

```
if(表达式1)
   if(表达式2)
      if(表达式3) 语句3
      else 语句4
   else 语句 2
else 语句 1
```

在这些嵌套结构中，一定要注意 if 与 else 的配对关系，即从最内层开始，else 总是与它上面最近的未配对的 if 配对。如果 if 与 else 数目不一样，为了达到程序完成的功能，可以使用“{}”确定配对关系。例如：

```
if(表达式1)
   { if(表达式2) 语句1 }
else 语句2
```

这里的 else 与 if(表达式 1) 配对。

如果去掉“{}”，成为：

```
if(表达式1)
   if(表达式2) 语句1
else 语句2
```

则是 else 与 if(表达式 2) 配对，因为 else 离 if(表达式 2)而不是离 if(表达式 1) 最近。

说明：

为了使嵌套的层次清晰，建议把程序的书写格式写成如上面所示的锯齿状（缩进左对齐）层次格式。

【例 4-9】将例 4-7 编写一个个人所得税计算器，用 if 语句的嵌套方式来实现。程序流程图如图 4-21 所示。

```
#include <stdio.h>
void main ()
{
    float salary, rsalary,revenue,income;
    printf("请输入应发工资数:\n");
    scanf("%f",&salary);
    rsalary=salary-3500;
```

```
    if(rsalary<=4500)           //<=4500
    {
        if(rsalary<=1500)
        {
            if(rsalary<=0) { revenue=0;}
            else
            { revenue= rsalary*0.03-0;}
        }
        else
        { revenue= rsalary*0.1-105;}
    }
    else
    {
        if(rsalary<=9000)  {revenue= rsalary*0.2-555;}
        else
        {
           if(rsalary<=35000)  {revenue=rsalary*0.25-1005;}
           else
           { revenue= rsalary*0.3-2755;}
        }
    }
    income=salary-revenue;
    printf("应发工资:%.1f,应交税:%.1f,实发工资:%.1f\n",salary,revenue,income);
}
```

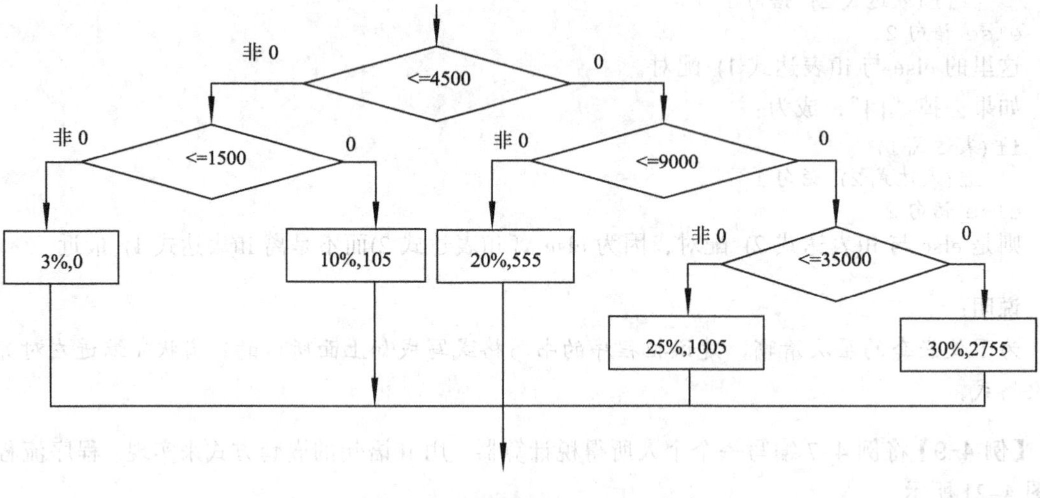

图 4-21　个人所得税计算器用 if 语句的嵌套方式流程图

运行结果如图 4-22 所示。

图 4-22　个人所得税计算器用 if 语句的嵌套方式运行结果图

4.6.2　switch 语句

在实际编程过程中，有时会遇到一些判断条件非常多的情况，下面就是一个判断条件比较多的实例。

【例 4-10】根据从键盘输入学生成绩等级字母‘A’‘B’‘C’‘D’‘E’来输出学生成绩分数的范围。假如从键盘输入的字母是‘A’，输出“你的成绩在 90～100 分之间”;从键盘输入‘B’，输出“你的成绩在 80～89 分之间”；从键盘输入‘C’则输出“你的成绩在 70～79 分之间”；如果输入‘D’，输出“你的成绩在 60～69 分之间”；如果输入‘E’，输出“你的成绩在 60 分以下”；如果输入不是这五个字母，则出现提示“输入错误!”。请编写一个程序，实现该功能。

方法一：

参考程序如下：

```
#include <stdio.h>
void main ()
{
    char grade;
    printf("请输入大写的学生成绩等级字母:\n");
    scanf("%c",&grade);
    if(grade=='A')printf("你的成绩在 90～100 分之间\n");
    else if(grade=='B')printf("你的成绩在 80～89 分之间\n");
    else if(grade=='C')printf("你的成绩在 70～79 分之间\n");
    else if(grade=='D')printf("你的成绩在 60～67 分之间\n");
    else if(grade=='E')printf("你的成绩在 60 分以下\n");
    else printf("输入成绩等级字母错误!\n");
}
```

运行结果如图 4-23 所示。

图 4-23　if-else 方式输出学生成绩分数的范围运行结果图

方法二：

参考程序如下：

```
#include <stdio.h>
void main ()
{
    char grade;
    printf("请输入大写的学生成绩等级字母:\n");
    scanf("%c",&grade);
    if(grade=='A')printf("你的成绩在 90～100 分之间\n");
    if(grade=='B')printf("你的成绩在 80～89 分之间\n");
    if(grade=='C')printf("你的成绩在 70～79 分之间\n");
    if(grade=='D')printf("你的成绩在 60～67 分之间\n");
    if(grade=='E')printf("你的成绩在 60 分以下\n");
    if(grade!='A' && grade!='B' && grade!='C' && grade!='C' && grade!='D'
&&grade!='E' )
```

```
        {printf("输入成绩等级字母错误!");}
}
```

运行结果如图 4-24 所示。

图 4-24　if 方式输出学生成绩分数的范围运行结果图

在这个例子中，有五个条件判断，有点麻烦，是否有其他方法来代替多重条件判断的 if 语句呢？

当然有，C 语言提供了一个语句用来实现多分支选择结构，即 switch 语句。

多分支结构可以使用嵌套的 if 语句处理，但如果分支较多，嵌套的 if 语句层数也会增多，使程序变得冗长，降低了可读性。因此，C 语言提供了 switch 语句，因为该语句与多路开关非常相似，又形象地称其为开关语句。它是多分支选择语句，每个分支、每种情况均可通过一个常量表达式取不同的值来描述。其一般形式如下：

```
switch(表达式)
{
    case 常量表达式 1:语句 1
    case 常量表达式 2:语句 2
    …
    case 常量表达式 n:语句 n
    default:语句 n+1;
}
```

其执行过程为：

形象地讲，switch 语句的执行过程类似于拿着电影票（电影票就是 switch 后的表达式），到电影院去找座位（座位就是 case 后的常量表达式），对号入座。

具体执行过程为首先计算“表达式”的值，然后将其结果值依次与每一个常量表达式的值进行匹配（常量表达式的值的类型必须与“表达式”值的类型相同）。如果匹配成功，则执行该常量表达式后面的语句系列。当遇到 break 时，则立即结束 switch 语句的执行，否则顺序执行到花括号中的最后一条语句。default 情形是可选的，如果没有常量表达式的值与“表达式”的值匹配，则执行 default 后面的语句系列。需要注意的是，“表达式”值的类型多为字符型、整型或枚举型，这个表达式可以是一个变量，也可以是变量组成的表达式。

在使用 switch 结构时，需要注意以下几个问题：

（1）switch 括号后面的表达式，允许为任何类型，多为字符型、整型或枚举型。

（2）case 和 default 出现的先后次序不影响执行结果。

（3）每一个 case 后面的常量表达式的值必须互不相同，否则就会出现矛盾，即对表达式的同一个值，有两种或多种执行情况。

（4）switch 结构内的各个 case 及其后语句执行的流程为顺序执行。因此，执行完一个 case 后面的语句后，流程控制自动转移到下一个 case 中的语句继续执行。此时，“case 常量表达式 n”只起到语句标号的作用，并不在此处进行条件判断。在执行一个分支后，可以使用 break 语句使流程跳出 switch 结构，即终止 switch 语句的执行，但是在最后一个分支之后可以不使用 break 语句。

（5）case 后面如果有多条语句，可以不用{}括起来。

（6）多个 case 可以共用一组执行语句（注意 break 使用的位置）。

【例 4-11】 用 switch 语句改写例 4-10 中的程序。

解析：该程序的流程图如图 4-25 所示。

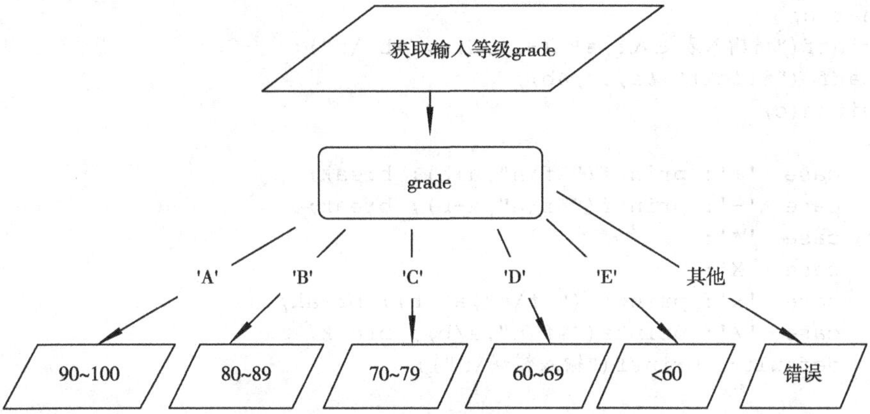

图 4-25　程序流程图

参考程序如下：

```
#include <stdio.h>
void main()
{
    char grade;
    printf("请输入大写学生成绩的等级字母:\n");
    scanf("%c",&grade);
    switch(grade)
    {
        case 'A':  printf("你的成绩在 90~100 分之间\n");  break;
        case 'B':  printf("你的成绩在 80~89 分之间\n");  break;
        case 'C':  printf("你的成绩在 70~79 分之间\n");  break;
        case 'D':  printf("你的成绩在 60~67 分之间\n");  break;
        case 'E':  printf("你的成绩在 60 分以下\n");    break;
        default :  printf("输入成绩等级字母错误!\n");
    }
}
```

运行结果如图 4-26 所示。

图 4-26　case 方式输出学生成绩分数的范围运行结果图

【例 4-12】 算术运算。

输入一个由两个数据和一个算术运算符组成的表达式，根据运算符完成相应的运算，并将结果输出。其中算术运算符*可以用‘X’或‘x’代替，即用‘X’或‘x’也可以表示乘法运算。

参考程序如下：

```
#include <stdio.h>
void main ()
{
    float a,b;
    char c;
    printf("请输入表达式: a+ (-,*,X,x,/)b \n");
    scanf ("%f%c%f",&a,&c,&b);
    switch(c)
    {
        case  '+': printf("%f\n",a+b); break;
        case  '-': printf("%f\n",a-b); break;
        case  '*':
        case  'X':
        case  'x': printf ("%f\n",a* b); break;
        case  '/': printf("%f\n",a/b); break;
        default:  printf("输入错误\n");
    }
}
```

运行结果如图 4-27 所示。

图 4-27　算术运算结果图

从本例可以体会到 case 后面的常量表达式仅起语句标号的作用，并不进行条件判断。系统一旦找到入口标号，就从此标号开始执行，不再进行标号判断（此例中*、X、x 的作用都是进行乘法运算，所以只在 case 'x'时加上 break）所以必要时必须加上 break 语句，以便结束选择流程。

4.7　循环结构程序设计

循环结构是结构化程序的三种基本结构之一，它和顺序结构、选择结构共同作为各种复杂程序的基本构造单位。许多问题都可归结为按照一定的规则不停地、重复地做同一件事情，就像时钟一样一圈一圈地转动，其实，重复执行的操作就是循环。但是，重复执行并不是简单重复，每次只有条件满足才重复，而且操作的数据（状态、条件）都可能发生变化，也就是说，重复的动作是受控制的循环结构。

循环结构是程序中一种很重要的结构。其特点是，在给定条件成立时，反复执行某程序段，直到条件不成立为止。循环执行之前的初始状态称为循环初值，给定的条件称为循环条件，反复执行的程序段称为循环体。C 语言提供了多种循环语句，可以组成各种不同形式的循环结构。

C 语言中提供了四种可以构成循环控制的语句，其中后三种是最基本的循环结构：

（1）用 goto 语句（无条件转移循环）或 goto 语句与 if 语句的组合构成有条件转移循环。

（2）while 语句构成的循环结构（当型循环）。

（3）do-while 语句构成的循环结构(直到型循环）。

（4）for 语句构成的循环结构(当型循环)。

4.7.1　goto 语句及其构成的循环

goto 语句是一种无条件转移语句，与 BASIC 中的 goto 语句相似。goto 语句的使用格式为：

```
goto 语句标号;
```

其中语句标号是一个有效的标识符，必须遵守“标识符”命名规定，这个标识符加上一个冒号一起出现在函数内的某处。执行 goto 语句后，程序将跳转到该标号处并执行其后的语句。另外，标号必须与 goto 语句处于同一个函数中，但可以不在同一个循环层中。通常，goto 语句与 if 条件语句连用，当满足某一条件时，程序跳到标号处运行；goto 语句也可无条件地跳到标号处运行。

goto 语句通常不用，主要是因为它将造成程序层次不清，易读性变差，其用法不符合结构化原则，但从多层嵌套退出时，用 goto 语句则比较合理，能大大提高程序的执行效率。

【例 4-13】编程求 1+2+3+…+100。

参考程序如下：

```
#include <stdio.h>
void main ()
{
    int i,sum=0;
    i=1;
    start:
    if(i<=100)
    {
        sum=sum+i;
        i=i+1;
        goto start;
    }
    printf("1+2+3+…+100=%d\n",sum);
}
```

运行结果如图 4-28 所示。

图 4-28　1+2+3+…+100 运行结果图

4.7.2　while 语句

While（英文意思是当…的时候）语句，它是通过判断循环控制条件是否满足来决定是否继续循环，即当循环条件满足时就执行循环体的操作，所以又称当型循环。

它的一般语句格式如下：

```
while(表达式)
循环体语句;
```

执行过程：先计算表达式的值，当条件为非 0 时，执行循环体语句，直到条件为 0 时才跳出循环，继续执行循环体外的后续语句，流程图如图 4-29 所示。

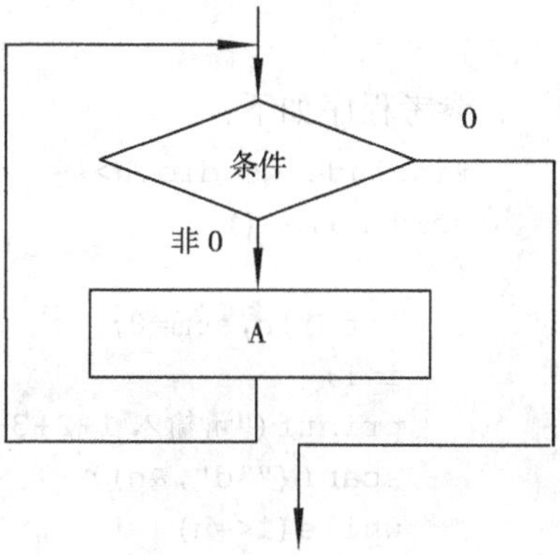

图 4-29　当型循环流程图

说明：

（1）while 语句的初始状态在 while 语句之前进行设置，不能在循环体中进行循环初值的设置。

（2）while 语句的特点是先计算表达式的值，然后根据表达式的值决定是否执行循环体中的语句，该表达式一般是关系表达式或逻辑表达式。因此，如果表达式的值一开始就为 0，那么循环体一次也不会被执行。

（3）当循环体为多个语句组成时，必须用{}括起来，构成复合语句。如果不加花括号，则 while 语句的范围只到 while 后的第一个分号处。

（4）在循环体中应有使循环趋于结束的语句，以避免“死循环”的发生。但是在不同的系统中，有时根据需要故意设置程序为死循环，比如在单片机中的主函数中。

（5）单独一个分号也是一条有效语句，即空语句，表示什么也不执行。当空语句作为循环体时，一般用作延时。

【例 4-14】用 while 语句编程求 1+2+3+…+*n*（其中 *n* 的值通过键盘输入）。

分析：该问题可以用循环语句来实现，程序流程图如图 4-30 所示。

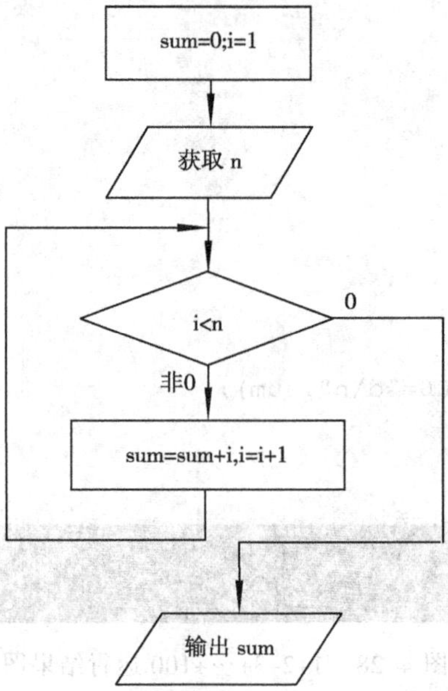

图 4-30　1+2+3+…+*n* 的流程图

参考程序如下：

```
#include <stdio.h>
void main ()
{
    int i,n,sum=0;
    i=1;
    printf("请输入 1+2+3+...+n 中 n 的值\n");
    scanf("%d",&n);
    while(i<=n)
    {
```

```
        sum=sum+i;
        i=i+1;
    }
    printf("1+2+3+…+n=%d\n",sum);
}
```

运行结果如图 4-31 所示。

```
请输入1+2+3+...+n中n的值
50
1+2+3+…+n=1275
请按任意键继续. . .
```

图 4-31　while 语句编程求 1+2+3+…+n 运行结果图

【例 4-15】用 while 语句实现从键盘依次输入学生的 C 语言成绩，当输入小于 0 时，停止输入，输出学生人数及平均成绩。

分析：该问题可以用循环语句来实现，程序流程图如图 4-32 所示。

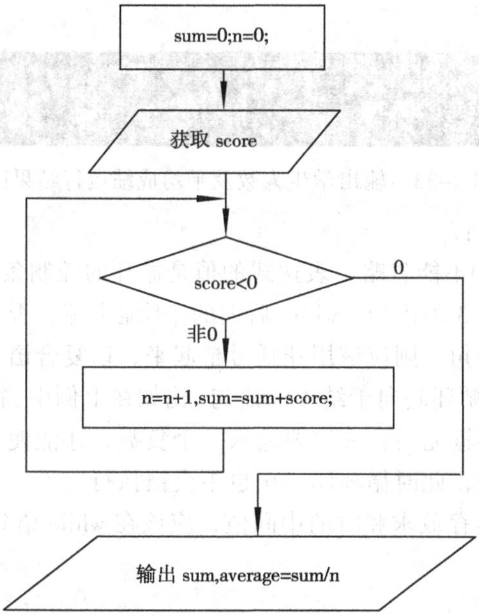

图 4-32　求平均成绩的流程图

参考程序如下：

```
#include <stdio.h>
void main ()
{
    int n;
    float sum,score,average;
    n=0;
    sum=0;
    printf("请输入学生 C 语言成绩，以负数结束成绩的输入\n");
    scanf("%f",&score);
    while(score>0)            //输入小于 0 时，循环结束
```

```
    {
        n=n+1;                  //记录学生人数
        sum=sum+score;          //成绩累加
        scanf ("%f",&score);
    }
    if (n>0)
    {
        average=sum/n;          //求平均成绩
        printf("学生人数是%d ,平均成绩是: %.2f\n",n,average);
    }
    else
    {
        printf("没有输入学生的成绩");
    }
}
```

运行结果如图 4-33 所示。

图 4-33　输出学生人数及平均成绩运行结果图

该程序要注意以下几点：

（1）while 后面的括号( )不能省略，表达式的值是循环的控制条件。

（2）本例中循环体包括 3 条语句，while 后面的{}不能去掉，否则只对 n=n+1 进行循环，循环体如果包含一个以上的语句，则应该用花括号括起来，以复合语句的形式出现。

（3）在循环体中应有使循环趋向于结束的语句。比如在上例中，循环结束的条件是 score< 0，当我们把这个班的成绩全部输完后，一定要输入一个负数，才能使程序退出循环，当然也可以第一次输入的分数就是负数，此时循环体一次也不会被执行。

（4）变量 sum 的作用是存放求和时的中间值，应该在 while 语句之前进行赋初值。

4.7.3 do-while 语句

do-while 语句可以实现“直到型”循环结构，不管条件是否成立，至少执行循环体一次。

其一般形式如下：

```
do
循环体语句
while (表达式);
```

表示继续执行循环体语句直到条件不成立时，循环结束，因此称为直到型循环。

执行过程为：先执行一次循环体语句，然后判别表达式，若表达式的值为非 0，则返回重新执行循环体语句，直到表达式的值为 0 时才结束循环，程序流程图如图 4-34 所示。

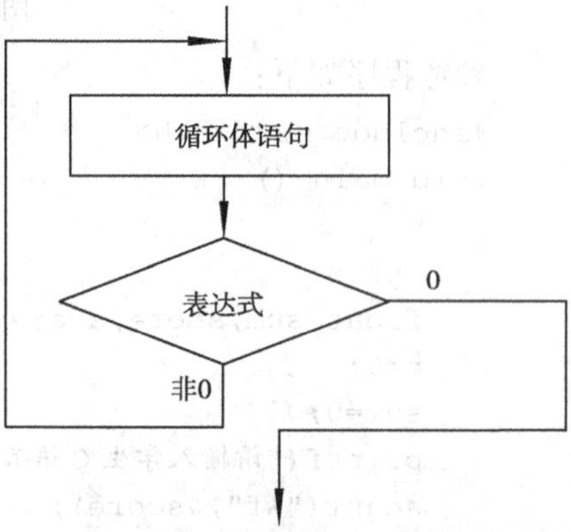

图 4-34　do-while 语句流程图

【例 4-16】用 do-while 语句编程求 1+2+3+…+100。

该程序流程图如图 4-35 所示。

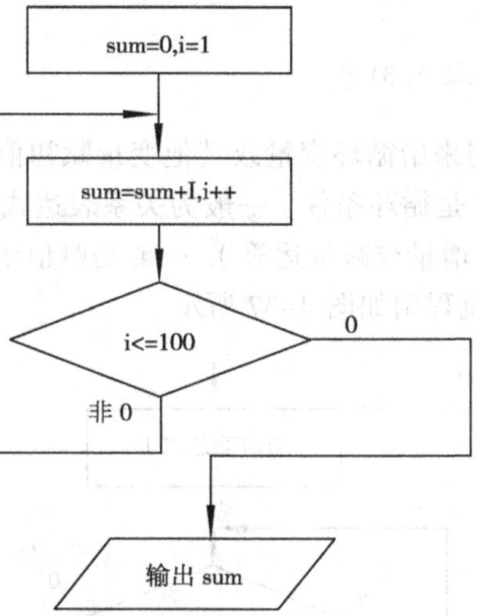

图 4-35　用 do-while 语句编程求 1+2+3+…+100 的程序流程图

参考程序如下：

```
#include <stdio.h>
void main ()
{
    int i,sum=0;
    i=1;
    do
    {
        sum=sum+i;
        i=i+1;
    } while(i<=100);
    printf("1+2+3+…+100=%d\n",sum);
}
```

运行结果如图 4-36 所示。

图 4-36　用 do-while 语句编程求 1+2+3+…+100 的程序结果图

说明：

（1）在 if 语句和 while 语句中，表达式后面都不能加分号，而在 do-while 语句的表达式后面则必须加分号。

（2）当循环体内有多个语句时须用{}括起来组成复合语句，while 后面的括号不能省略。

（3）do-while 循环总是先执行一次循环体，然后再求表达式的值，因此无论表达式是否非 0，循环体至少被执行一次。while 循环先判断循环条件，再执行循环体，循环体可能一次也不执行。因此，当循环体语句至少要执行一次时，while 和 do-while 语句可以相互替换。

（4）循环变量要有初值，以保证循环得到正确的结果。

4.7.4 for 语句

for 语句是 C 语言中使用最为灵活方便的循环语句。

for 语句的一般格式为：

```
for(表达式 1;表达式 2;表达式 3)
循环体语句;
```

其中："表达式 1"通常用来给循环变量或其他变量赋初值，一般是赋值表达式，也可以省略该表达式。"表达式 2"通常是循环条件，一般为关系表达式或逻辑表达式。"表达式 3"通常用来修改循环控制变量的值（增量或减量运算），一般是赋值语句，在有限次循环后，它可以使程序正常结束循环。for 循环流程图如图 4-37 所示。

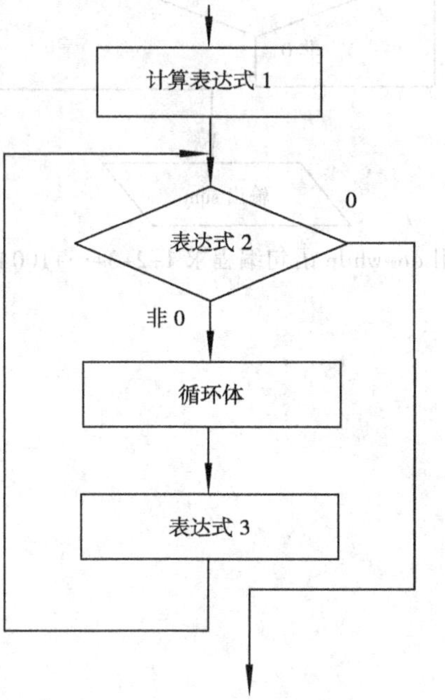

图 4-37 for 循环流程图

执行过程如下：

（1）先计算表达式 1 的值。

（2）再计算表达式 2 的值，若其值为 0，则结束循环，执行 for 语句后面的语句；若其值为非 0，则执行循环体语句，然后转向第（3）步。

（3）计算表达式 3 的值，然后转向（2）执行 。

在整个 for 循环过程中，表达式 1 只计算一次，表达式 2 和表达式 3 则可能计算多次。循环体可能多次执行，也可能一次都不执行。

for 语句完全可以用 while 代替，但 for 语句更为直观、简单、方便。

【例 4-17】用 for 语句编程求 1+2+3+…+n（其中 n 的值通过键盘输入）。

```
#include <stdio.h>
void main ()
{
    int i,n,sum;
```

```
    printf("请输入 1+2+3+…+n 中 n 的值\n");
    scanf("%d",&n);
    for(i=1,sum=0;i<=n;i=i+1)
    {
        sum=sum+i;
    }
    printf("1+2+3+…+n=%d\n",sum);
}
```

运行结果如图 4-38 所示。

图 4-38　用 for 语句编程求 1+2+3+…+n 运行结果图

在使用 for 语句时应注意：for 语句的形式非常灵活，有多种变形，其语句中的各个表达式都可省略，但起间隔作用的“;”不能省略。

例如：

```
for (;表达式 2;表达式 3)          //省去了表达式 1
for (表达式 1;;表达式 3)          //省去了表达式 2
for (表达式 1;表达式 2;)          //省去了表达式 3
for (;;)                          //省去了全部表达式
```

① 省略表达式 1。此时应在 for 语句之前给循环变量赋初值。

例如：

```
int i,n,sum;
scanf( “%d” ,&n);
for(i=1,sum=0;i<=n;i=i+1)
    sum=sum+i;
```

等效于

```
int i,n,sum;
i=1,sum=0;
scanf( “%d” ,&n);
for(;i<=n;i=i+1)
sum=sum+i;
```

执行时，跳过求解表达式 1 这一步，其他不变。

② 省略表达式 2，即不判断循环条件，认为表达式 2 始终为真，故这是一个死循环。为了保证程序能够正常退出，此时应在循环体语句部分加上使循环退出的语句。

例如：

```
for(i=1,sum=0;;i=i+1)
{
    sum=sum+i;
    if(i>n) break;
}
```

③ 省略表达式 3，此时也应设法保证循环能正常结束。一般可将表达式 3 作为循环体的一部分。

例如：

```
for(i=1,sum=0;i<=n;)
{
    sum=sum+i;
    i=i+1;
}
```

④ 省略表达式 1 和表达式 3，即为上述第①和第③种情况的综合，此时完全等同于 while 语句。

例如：

```
i=1,sum=0;
for(;i<=n;)
{
    sum=sum+i;
    i=i+1;
```

等效于：

```
 i=1,sum=0
 while (i<=n)
{
    sum=sum+i;
    i=i+1;
}
```

⑤ 省略全部表达式，程序将成为死循环。

例如：

```
i=1,sum=0
for(;;)
{
    sum=sum+i; i=i+1
}
```

等效于：

```
i=1,sum=0
while(1)
{
    sum=sum+i; i=i+1
}
```

⑥ 单独一个分号也是一条有效语句，即空语句，表示什么也不执行。当空语句作为循环体时，一般用作延时，与 while 语句一样。

例如：

```
for(i=1,sum=0;i<=n;i++);
```

等效于：

```
i=1;sum=0;
while(i<=n);
```

相当于执行 n 个空语句的延时。

4.7.5 break 语句和 continue 语句

前面介绍的循环只能在循环条件不成立的情况下才能退出循环，可是有时人们希望当条件满足时可以从循环中直接退出来（当到银行取款时，经常会碰到这样的情况，系统只提供给用户最多三次密码输入的机会，三次中任何一次输入正确均可进入系统，进行下一步操作，而并不一定要输完三次密码后才可以进入系统）或重新做下一次循环（统计输入的 10 个整数中正数的个数），要想实现这样的功能就要用到本节介绍的辅助控制语句，即 break 和 continue 等语句。

1. break 语句

break 语句的形式为：

```
Break;
```

break 语句是限定转向语句，它可使流程跳出所在的结构，转向所在结构之后。前面我们已经在 switch 语句中使用过 break 语句，使流程跳出 switch 结构。break 语句在循环结构中的作用是相同的，即使程序跳出所在的循环结构，转向执行该循环结构后面的语句。break 语句流程图如图 4-39(a)所示：

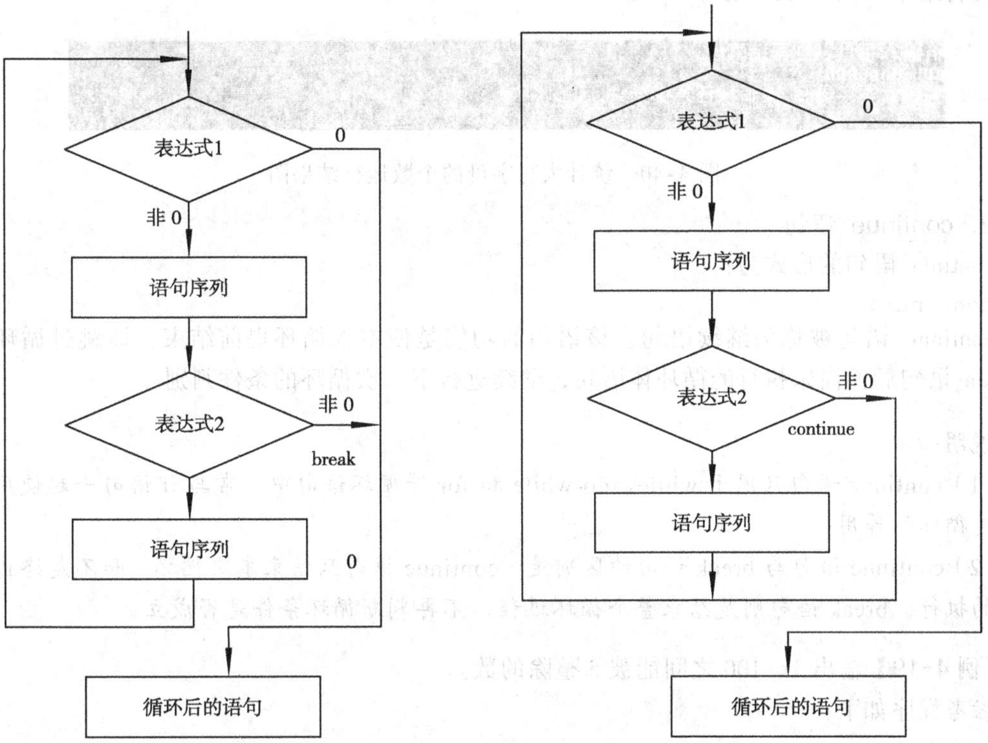

（a）break 语句　　（b）continue 语句

图 4-39　break 语句和 continue 语句流程图

说明：

（1）通常 break 语句总是与 if 语句联系在一起，即满足某条件时便跳出循环。

（2）break 语句只能跳出它所在的那一层循环，即在多层循环中，break 语句只向外跳一层，而不能一能便跳出最外层。

【例 4-18】从键盘上连续输入字符，并统计其中大写字母的个数，直到遇到换行符时结束。

参考程序如下：

```
#include <stdio.h>
void main ()
{
    char ch;
    int sum=0;
    printf("请输入字母以回车结束!\n");
    while(1)
    {
        ch=getchar();
        if(ch=='\n') break;
        if(ch>='A' &&ch<='Z')  sum=sum+1;
    }
    printf("共有大写字母 %d 个",sum);
}
```

运行结果如图 4-40 所示。

图 4-40　统计大写字母的个数运行结果图

2. continue 语句

continue 语句的形式为：

```
continue;
```

continue 语句被称为继续语句。该语句的功能是使本次循环提前结束，即跳过循环体中 continue 语句后面尚未执行的循环体语句，继续进行下一次循环的条件判别。

说明：

（1）continue 语句只用于 while、do-while 和 for 等循环语句中，常与 if 语句一起使用，起到加速循环的作用。

（2）continue 语句与 break 语句的区别是：continue 语句只结束本次循环，而不是终止整个循环的执行；break 语句则是结束整个循环过程，不再判断循环条件是否成立。

【例 4-19】 输出 1～100 之间能被 5 整除的数。

参考程序如下：

```
#include <stdio.h>
void main ()
{
    int n;
    printf("1～100 之间能被 5 整除的数:\n");
    for(n=1;n<=100;n++)
    {
        if(n%5!=0) continue;
        printf("%d",n);
    }
    printf("\n");
}
```

运行结果如图 4-41 所示。

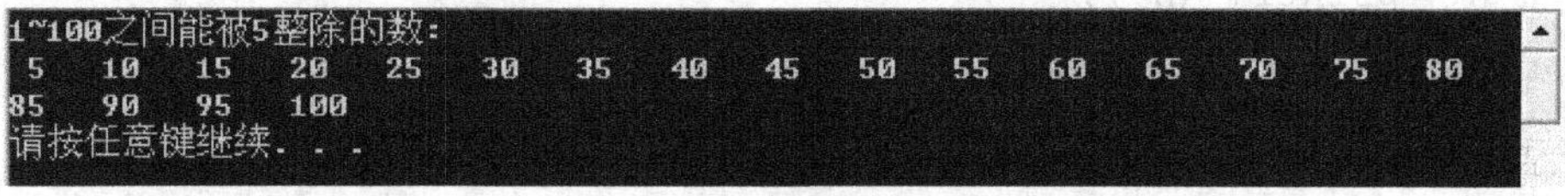

图 4-41　输出 1～100 之间能被 5 整除的数运行结果图

当 n 不能被 5 整除时，执行 continue 语句，结束本次循环（即跳过 printf 函数语句的执行），只有当 n 能被 5 整除时才执行 printf 函数。

4.7.6　循环嵌套

在循环体语句中又包含另一个完整的循环结构的形式，称为循环的嵌套。嵌套在循环体内的循环体称为内循环，外面的循环体称为外循环。如果内循环体中又有嵌套的循环语句，则构成多重循环。while、do-while 和 for 三种循环都可以互相嵌套。几种常用的二重循环嵌套格式见表 4-2。

表 4-2　几种常用的二重循环嵌套格式

1	2	3	4	5	6

while()
{
　while()
　{}
}
	do
	{
	　do
	　{}
	　while();
	}while();
		for(;;)
		{
		　for()
		　{}
		}
			while()
			{
			　do
			　{
			　}while();
			}
				for(;;)
				{
				while()
				{}
				}
					do()
					{
					　for(;;)
					　{}
					}while();

这里列出了几种常用的二重循环嵌套的格式。实际上，循环可以嵌套很多层，内嵌的循环中还可以嵌套循环，这就是多重循环。按循环层次数，分别称为二重循环、三重循环等。

嵌套的循环是这样执行的：因为内循环是外循环的循环体语句，所以外循环控制变量的值每变化一次，则内循环都要执行完整的循环，即内循环控制变量的值从“初值”变化到 “终值”，也就是说内循环执行到退出为止。

【例 4-20】编写程序输出如下图形：

```
**********
**********
**********
**********
**********
```

参考程序如下：

```
#include <stdio.h>
void main ()
{
    int i,j;
    for(j=1;j<=5;j++)
    {
        for(i=1;i<=10;i++)
        {
            printf("*");
```

```
        }
            printf("\n");
    }
}
```

运行结果如图 4-42 所示。

```
**********
**********
**********
**********
**********
请按任意键继续. . .
```

图 4-42　输出*图形的运行结果图

将 for(i=1;i<=10;i++) {printf(“*”)};看作一个整体，当做一条语句，将这两条语句作为一个循环体，放在循环中，这就是循环嵌套。

4.7.7　循环结构的综合实例

【例 4-21】在某一黑夜一司机碰伤行人之后落荒而逃，经过警察的调查之后，有 3 个目击者。甲说：“车牌号的前两位相同。”乙说：“车牌号的后两位加起来等于 8。”丙说：“车牌号是一个四位数，并且能被 2 整除。”

如果你是神探，你能找到这辆车吗？

```
#include<stdio.h>
void main()
{
    int cph,a,b,c,d,sum;
    sum=0;
    printf("这个车的车牌号可能是: \n");
    for(cph=1000;cph<9999;cph++)
    {
      a=cph/1000;
      b=cph/100%10;
      c=cph/10%10;
      d=cph%10;
      if((a==b) && (c+d==8) && (cph%2==0))
      {
         sum=sum+1;
         printf("%d",cph);
      }
    }
    printf("\n 可能的车的个数是: %d\n",sum);
}
```

运行结果如图 4-43 所示。

```
这个车的车牌号可能是:
  1108    1126    1144    1162    1180    2208    2226    2244    2262    2280
  3308    3326    3344    3362    3380    4408    4426    4444    4462    4480
  5508    5526    5544    5562    5580    6608    6626    6644    6662    6680
  7708    7726    7744    7762    7780    8808    8826    8844    8862    8880
  9908    9926    9944    9962    9980
可能的车的个数是: 45
请按任意键继续. . .
```

图 4-43　找车运行结果图

【例 4-22】打印九九乘法表。

```
#include<stdio.h>
void main()
{
    int row,col;
    for(row=1;row<10;row++)
    {
        for(col=1;col<=row;col++)
        {
            printf("%d*%d=%d",row,col,row*col);
        }
        printf("\n");
    }
}
```

运行结果如图 4-44 所示。

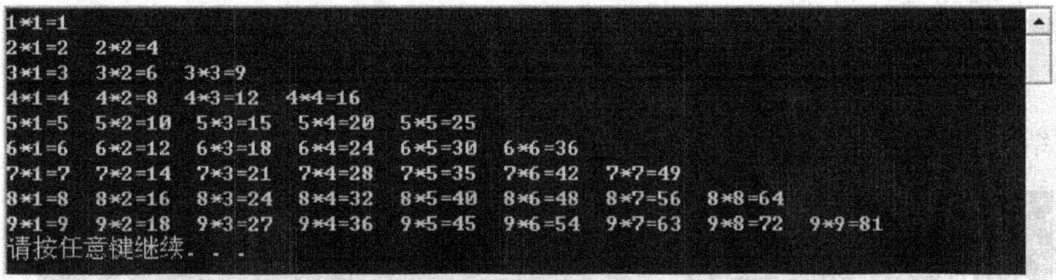

图 4-44　打印九九乘法表运行结果图

【例 4-23】编写程序输出如下所示的三角形。

```
     *
    ***
   *****
  *******
 *********
***********
```

分析：题目要求输出的三角形由 6 行组成，因此程序中循环结构的循环次数应为 6 次，每一次输出一行。而“输出一行”又进一步分解为输出一定数目的空格和*。

如何确定每一行应输出的空格数和字符*的数目，以便分别通过循环来输出这两种字符，是解决问题的关键。表 4-3 列举了每一行应输出的这两种字符的数目。表中最后一行是通项公式，它是对表中所列数据变化规律的总结，程序可利用这些公式组织循环。

表 4-3　输出*号图形的行号、空格、*的对应关系表

行　　号	应输出的空格	应输出的*
0	5	1
1	4	3
2	3	5
3	2	7
4	1	9
5	0	11
i	5-i	i*2+1

参考源代码：

```
#include<stdio.h>
void main()
{
    int i,j;
    for(i=0;i<6;i++)                            //循环 6 次，输出 6 行
    {
        for(j=0;j<5-i;j++)
        {
            printf(" ");                        //每行输出若干空格
        }
        for(j=0;j<(i*2+1);j++)
        {
           printf("*");                         //然后输出若干'* '
        }
        printf("\n");
    }
    printf("\n");                               //按【Enter】键换行
}
```

运行结果如图 4-45 所示。

图 4-45　输出*号三角形的运行结果图

第5章 数　　组

数组是一种十分常见的数据类型，几乎所有的程序设计语言都设有数组类型。数组在程序设计中是十分有用的，能解决许多问题，例如大数列排序、矩阵相乘、字符串处理等，用数组的方法就很容易解决。本章将向读者展示数组的概念、一维数组、二维数组、字符数组等内容。

5.1　数组的概念

在程序设计中，所谓数组就是把具有相同类型的有限个变量按有序的形式组织起来的有序元素集合。这种集合中的元素都是相同类型的数据元素，并按照顺序进行排列。在C语言中，数组属于构造数据类型。结构体类型和联合体类型也都属于构造数据类型。一个数组可以分解为多个数组元素，这些数组元素既可以是基本数据类型也可以是构造类型。

按数组元素的类型差异，数组可分为数值数组、字符数组、指针数组、结构数组等各种类别。按数组的维数不同，分为一维数组、二维数组、高维数组等类型。

数组在程序设计语言中，通常是在计算机内用一批连续的内存单元来表示的，称为数组的顺序存储结构，在实际使用中还可以根据需要选择其他的存储方式。

数组是由下标和值组成的有序且类型相同的数据集合。数组用一个统一的数组名标识这组数据，用下标表示数组中元素的序号。数组必须先定义，后使用。在数组中一旦给定下标，就存在一个与其相对应的值，这个值被称为数组元素。采用数组名加上表示排列顺序的下标编号就能定位和识别特定的数组中的元素。

5.2　一 维 数 组

5.2.1　一维数组的定义

在C语言中，数组使用前一定要先定义，一维数组的定义格式如下：

```
类型说明符　数组名[常量表达式]；
```

说明：

类型说明符是用来说明数组的元素属于哪种数据类型，数组名为用户定义的数组标识符。其中，数据类型可以是int，char和float等，表明每个数组元素所共有的数据类型。方括号中的常量表达式表示数据元素的个数，也称为数组的长度。

示例：

```
/*用于存放8个元素的一维整型数组a可定义为*/
int a[8];
/*用于存放12个元素的一维实型数组b可定义为*/
float b[12];
/*用于存放36个元素的一维字符数组c可定义为*/
char c[36];
```

在示例中，int，float，char是类型说明符，分别是整型、实型、字符型，a，b，c是数组的名字，数组表明这个数组所拥有的元素个数。

注 意

对于一位数组在定义时，应该明确以下几点：

（1）数组名的命名规则与变量的命名规则相同，遵从标识符的书写规定，只能由字母、数字和下画线组成，且数组名只能是字母和下画线开头。数组名不能与其他变量名相同，也不能与C语言中的关键字相同。

（2）方括号是C语言表示数组特有的形式，不能用其他的括号（例如圆括号、花括号）代替。

（3）常量表达式表示元素的个数，即数组长度，它不能是变量。即C语言中是不可以对数组的长度作动态定义的，数组长度在编译时就已经确定，一旦确定，是不能改变的。这样可能会牺牲程序的灵活性，但动态数组同样会牺牲查询的性能（降低运行速度）。

（4）方括号中的常量表达式表示元素的个数，因此必须是正整数，只能是整型。

（5）方括号中的序号称为数组的下标。数组的下标必须从0开始计算，最后一个元素的下标是方括号内的数（数组长度）减去1。比如前面定义的整型数组a有8个元素，它们分别是a[0]，a[1]，a[2]，a[3]，a[4]，a[5]，a[6]和a[7]。这里最大下标的数组元素是a[7]，不能是a[8]。

（6）一维数组名（例如上面的数组名a）代表的是该数组在内存中所占据存储空间的第一个元素的内存地址，也就是指向元素a[0]的地址。数组中的所有元素在内存中是占有连续的存储单元的，如图5-1所示。

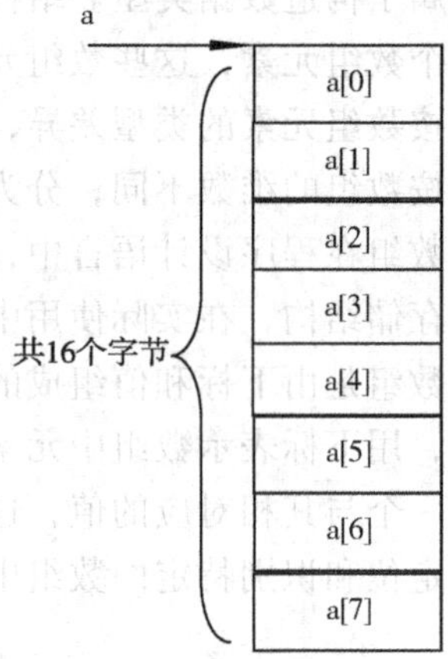

图5-1 整型数组a的存储

（7）相同类型的多个数组可在一个类型名后定义，它们之间用逗号隔开。同时也可以说明多个变量，例如：

```
float aa[10], bb[20],cc[50],d,e;
```

5.2.2 一维数组的初始化

数组赋值可以用赋值语句对数组元素一个一个单独赋值，也可以采用初始化赋值和动态赋值的方法。在定义数组时使数组元素得到初值，就称为数组的初始化。数组的初始化通常在编译阶段进行，从而减少运行时间，提高查询运行效率。

数组的初始化有以下几种方法：

（1）使用基本初始化赋值语句对数组的全部元素赋初值。

基本初始化赋值语句格式：类型说明符 数组名[常量表达式]={值,值,…,值};

在定义数组时，可使用基本初始化赋值语句将全部元素的数值依次放在一对花括号{ }内，各数值间用逗号隔开，例如：

```
int d[10]={10,20,30,40,50,60,70,80,90,100};
```

这时数值 10，20，30，40，50，60，70，80，90，100 分别依次赋值给 d[0]，d[1]，d[2]，d[3]，d[4]，d[5]，d[6]，d[7]，d[8]，d[9]。

数组中存储的数据，10 个整型数组元素占 20 个字节的存储空间。

（2）使用基本初始化赋值语句对数组的部分元素赋初值。

如果花括号{ }中的数值个数少于方括号[]中给定的数组长度，则只给数组前面的部分元素赋初值，例如：

```
int i[6]={1,2};
```

这将把 1，2 分别赋给 i[0]，i[1]，i[2]，i[3]，i[4]，i[5]，系统将自动赋初值 0。

（3）在对全部的数组元素赋初值时，可以不指定数组的长度，而省略元素的个数，例如：

```
int i[ ]={1,2,3,4,5};
```

系统检测到花括号中有 5 个元素，就会根据花括号内的数值个数自动定义数组的长度为 5。但当给数组前面的部分元素赋初值时，数组元素的个数就不能省略了，因为系统不知道你到底要定义的数组长度是多少。

（4）在需要将某个数组所有部分的元素都设置为 0 时，使用前述的系统自动初始化方法，非常方便，例如：

```
int i[1000]={0};
```

5.2.3　一维数组的引用

元素是数组的基本组成单元，数组的元素就是变量，也称为数组元素变量。数组的元素是通过在数组名后加一个下标来进行标识的。下标代表了元素在数组中的存储顺序。数组一经定义后，就可以进行引用了。

如：数组名[下标]

下标可以是整型常数或整型表达式，其起始值为 0。因此第一个元素就是数组名[0]。

例如：`int i[5]={1,2,3,4,5};`

则：

```
i[0]
i[2]
i[a]
i[a+b]
```

都是对数组 i 的引用，分别表示数组 i 中的第 1，3，a+1，a+b+1 个元素，其中 a 和 b 为整型变量，并且小于 5 大于等于 0，a+b 的和最大为 4。

在 C 语言中，不允许一次引用整个数组，而只能逐个引用各个数组元素。如果要输出数组中的元素应该使用循环语句逐个输出元素变量。

例如：

```
int a[10]={1,2,3,4,5,6,7,8,9,10};
int i;
for(i=0;i<10;i++) printf("%d",a[i]);
```

5.2.4 一维数组的使用

【例 5-1】有两个长度都为 5 的一维整型数组，将其中的对应元素相乘，将乘积的结果输出在屏幕上。第一个数组的元素是 1，2，3，4，5，第二个数组的元素是-7，-8，-9，10，11。

分析：

（1）程序设计包括了顺序结构、选择结构和循环结构三种基本结构。本题可以使用循环结构进行程序设计。

（2）本题中相乘的两个数组的长度为 5，即有 5 个元素。因此可以知道循环的次数为 5 次，在给定循环次数的情况下，可以选择 for 循环。

程序：

```
#include "stdio.h"
main( )
{
   int i;
   int a[ ]={1,2,3,4,5};
   int b[ ]={-7,-8,-9,10,11};
   int c[5];
   for (i=0;i<5;i++) c[i]=a[i]*b[i];
   for (i=0;i<5;i++) printf("%d\n",c[i]);
}
```

运行结果：

```
-7
-16
-27
40
55
```

请思考：

如果要将换行符去掉，就可以将结果输出到一行上，程序如何修改？

【例 5-2】有一个长度为 10 的整型数组 a，要求对输入的 10 个数组元素 a[0], a[1], a[2], …, a[9]进行由小到大的顺序进行排序。

分析：

（1）排序的方法很多，有冒泡法、比较交换法、选择法、插入法、希尔法等，本题采用常见的冒泡排序法。

（2）冒泡排序法的基本原理是：对 n 个数进行比较时，采用相邻两个数进行比较的方法，如：a[0]和 a[1]，如果 a[0]中的数比 a[1]中的数大，则交换两者中的数值的位置；再将 a[1]和 a[2]比较，大者放在 a[2]中，小者放在 a[1]中……一直处理下去，直到 a[n-2]和 a[n-1]比较出来，大者放在 a[n-1]中，小者放在 a[n-2]中。此时最大的数已放到最后一个位置，这是第一轮的比较。下面再进行第二轮比较，将余下的前面 n-1 个元素与上面一样两两比较，将次大的数放在 a[n-2]中。如此进行 n-1 轮，所有的数就排序完毕。10 个数要进行 9 轮比较。算法如图 5-2 所示。

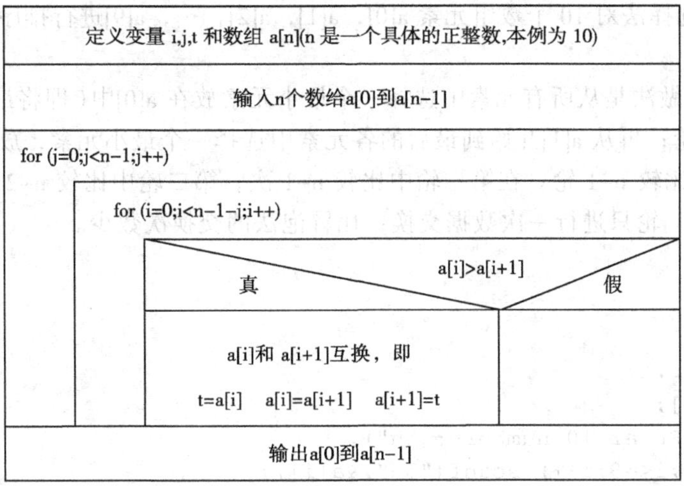

图 5-2　冒泡排序法的 N-S 图

程序 1：

```
main( )
{
   int i,j,t;
   int a[10];
   printf("Please enter 10 numbers: \n");
   for (i=0;i<10;i++)  scanf("%d",&a[i]);
   printf("\n");
   for (j=0;j<9;j++)
      for (i=0;i<9-j;i++)
      if (a[i]>a[i+1])
      {
         t=a[i];
         a[i]=a[i+1];
         a[i+1]=t;
      }
   printf("The results :\n");
   for (i=0;i<=9;i++)  printf("%d  ",a[i]);
}
```

运行结果：

```
Enter 10 numbers:
10↙
7↙
-33↙
5↙
3↙
1↙
2↙
6↙
999↙
0↙
The results:
-33  0  1  2  3  5  6  7  10  999
```

【例 5-3】用选择法对 10 个数组元素 a[0]，a[1]，a[2]，…，a[9]进行排序（由小到大）。

分析：

选择法的基本做法是从所有元素中选择一个最小元素放在 a[0]中（即将最小元素 a[p]与 a[0]交换），作为第一轮；再从 a[1]开始到最后的各元素中选择一个最小元素，放在 a[1]中；……依此类推，n 个数要比较 n-1 轮。在第一轮中比较 n-1 次，第二轮中比较 n-2 次，……，第 i 轮中比较 n-i 次。每一轮只进行一次数据交换，比冒泡法的交换次数少。

程序：

```
main( )
{
    int i,j,p,t;
    int a[10];
    printf("Enter 10 numbers: \n");
    for (i=0;i<=9;i++) scanf("%d",&a[i]);
    printf("\n");
    for (i=0;i<9;i++)
    {
        p=i;
        for (j=i+1;j<10;j++)
        if (a[j]<a[p])
            p=j;
        if (p!=i)
        {
            t=a[p];
            a[p]=a[i];
            a[i]=t;
        }
    }
    printf("The results :\n");
    for (i=0;i<=9;i++) printf("%d  ",a[i]);
}
```

运行结果：

```
Enter 10 numbers:
99↙
88↙
77↙
66↙
33↙
925↙
-68↙
-125↙
3↙
100↙
The results : -125  -68  -3  33  66  77  88  99  925
```

请思考：

画出描述算法的流程图或 N-S 图。

【例 5-4】一个三位正整数，它的各位数字的立方之和等于这个正整数，例如：$153 = 1^3+5^3+3^3$ 就是这样一个数，也被称为水仙花数。求出所有的水仙花数，并将每个这样的数存放到一个整型数组中并在屏幕上输出出来。

分析：

（1）使用穷举法，测试所有的三位正整数。

（2）测试的次数固定，适合于使用 for 循环。

（3）设这个三位正整数为 u，则：

百位上的数为 a=u/100；

十位上的数为 b=u/10-a*10；

个位上的数为 c=u-a*100-b*10。

程序：

```
main( )
{
    int a,b,c,x[999],u, i=0,j;
    printf("The result is : \n");
    for (u=1;u<1000;u++)
    {
        a=u/100;                          /*  百位上的数 */
        b=u/10-a*10;                      /*  十位上的数 */
        c=u-a*100-b*10;                   /*  个位上的数 */
        if (a*100+b*10+c==a*a*a+b*b*b+c*c*c)
        {
            x[i]=u;
            i++;
        }
    }
    for (j=0;j<i;j++)
    printf("%8d  \n",x[j]);
}
```

运行结果：

```
The result is :
153
370
371
407
```

【例 5-5】把一个十进制正整数转换为 n 进制数，设 $n<10$。

分析：

（1）十进制正整数转换为 n 进制数的方法是多次除以 n，直到得到商为 0，每次所得的余数逆序排列（最后一个余数在最前面，最先得到的余数在最后面）就得到所要求的 n 进制数。

（2）各步相除所得的余数放到一个数组中。

程序：

```
main( )
{
    int i=0,first,n,j,result[20];
    printf("Input number converted : \n");
```

```
    scanf("%d",&first);
    printf("Input n : \n");
    scanf("%d",&n);
    do
    {
        i++;
        result[i]=first%n;
        first=first/n;
    }while (first!=0);
    printf("The result is : ");
    for (j=i;j>=1;j--)
        printf("%d  ",result[j]);
}
```

第一次运行结果：

```
Input number converted :
96↙
Input n :
8↙
The result is :1  4  0
```

第二次运行结果：

```
Input number converted :
68↙
Input n :
7↙
The result is :1  2  5
```

【例 5-6】用"顺序查找法"查找给定的一个有 10 个整数的数组 a 中是否有某个整数。要求数组 a 的各元素的数值在定义数组时初始化，要查找的数用 scanf 函数输入。

```
main( )
{
    int x, i, a [10]={3,6,9,7,2,5,-63,71,0,46};
    printf("Enter the number x:");
    scanf("%d",&x);
    for (i=0;i<10;i++)
        if (x==a[i])
        {
            printf("YES! It is a[%d].\n",i);
            break;
        }
    if (i==10)
        printf("No!\n");
}
```

第一次运行结果：

```
Enter the number x: 5↙
YES! It is a[5].
```

第二次运行结果：

```
Enter the number x: 66↙
No!
```

5.3　二 维 数 组

5.3.1　二维数组的定义

只有一个下标的数组我们称为一维数组，其数组元素也被称为单下标元素变量。C 语言中允许构成多维数组，即数组有多个下标来共同标识元素变量在数组中的位置，这样的元素变量也称为多下标元素变量。因此二维数组就有两个下标。

二维数组的定义的格式是：

```
类型说明符　数组名[常量表达式] [常量表达式];
```

其中，类型说明符可以是 int，char 和 float 等，表明每个数组元素所共有的数据类型。

二维数组需要使用两个方括号。第一个常量表达式表示第一维下标的长度，即数组的行数，称为行下标，第二个常量表达式表示第二维下标的长度，即数组的列数，称为列下标。行数与列数之积是二维数组元素的个数。

如：

```
float f[3][4];
```

表示 f 是二维数组，有 3 行 4 列，共有 3×4=12 个数组元素，数组元素都是 float 型，12 表明这个数组有 12 个元素。

在定义二维数组时，需要明确下面几点：

（1）C 语言规定二维数组的两个下标都必须从 0 开始，最后一个元素的下标是方括号内的数减去 1。上面定义的数组 f 的最后一个元素是 a[2][3]。

（2）二维数组名同样代表着该数组的第一个元素的内存地址，即代表着第一个元素 f[0] [0]的地址。

（3）二维数组的所有元素在内存中占有连续的存储单元。并且二维数组的各元素是按行存储的，即先存储第 0 行的元素，再存储第 1 行的元素……在同一行中，先存储第 0 列的元素，再存储第 1 列的元素……上面定义的数组 f 的存储顺序为（见图 5-3）：f[0][0]，f[0][1]，f[0][2]，f[0][3]，f[1][0]，f[1][1]，f[1][2]，f[1][3]，f[2][0]，f[2][1]，f[2][2]，f[2][3]。

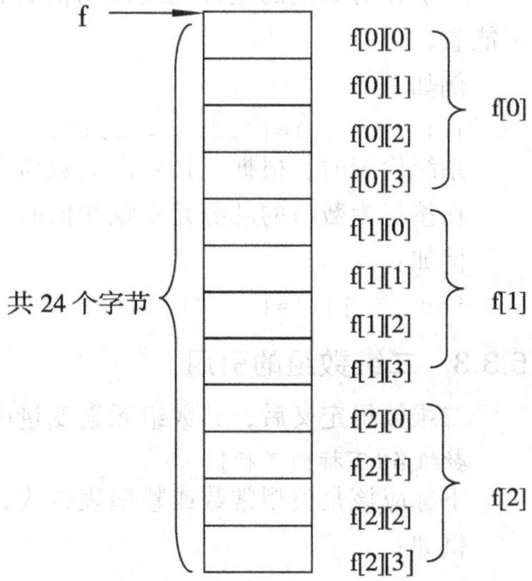

图 5-3　二维数组的存储顺序

（4）相同类型的一维数组和二维数组可在一个类型名后定义，它们之间用逗号隔开。如：

```
int i[10][20],t[30], j[10][30];
```

定义了一个整型一维数组和两个整型二维数组，数组 i，t，j 分别有 200，30，300 个元素。

5.3.2　二维数组的初始化

与一维数组的初始化类似，二维数组的初始化也是在定义二维数组的同时，给数组元素赋予初值。

二维数组的初始化有以下几种方法：

（1）使用初始化赋值语句对二维数组的全部元素赋初值。

在定义数组时，可将全部元素的数值依次放在一对花括号内，各数值间用逗号隔开。

例如：

```
int i[2][3]={1,2,3,7,8,9};
```

这将把 1，2，3，7，8，9 分别赋给 i[0] [0]，i[0] [1]，i[0] [2]，i[1] [0]，i[1] [1]，i[1] [2]。

对二维数组的全部元素赋初值，也可将每一行的元素数值用一对花括号括起来，这种形式更为直观，不易出错。

例如：

```
int i[2][3]={{1,2,3},{7,8,9}};
```

（2）对二维数组的部分元素赋初值。

给二维数组前面的部分元素赋初值，可在一对花括号内写上这些元素的初值。

例如：

```
int i[2][3]={1,2};
```

这将把 1，2 分别赋给 i[0] [0]，i[0] [1]，其余的将自动赋初值 0。

也可对各行前面的元素赋初值。

例如：

```
int i[2][3]={{1,2},{4}};
```

也可对前面一部分行前面的元素赋以初值。

例如：

```
int i[5][3]={{1,2},{4}};
```

（3）在对数组的全部元素赋初值时，可以省略第一维的长度——行下标，但第二维的下标不能省。

例如：

```
int i[ ][3]={1,2,3,4,5,10};
```

系统检测时，根据花括号内的数值个数自动算出数组第一维的长度。

在按行为数组的部分元素赋初值时，也可以省略第一维的长度。

例如：

```
int i[ ][3]={{1,2},{4}};
```

5.3.3 二维数组的引用

二维数组定义后，其数组元素变量引用格式是：

```
数组名[下标][下标]
```

下标应该是整型常数或整型表达式，其起始值都为 0。

例如：

```
i[0][1];
```

表示引用二维数组 i 的第 0 行第 1 列的数组元素。

从二维数组各元素的下标可以计算出某一个数组元素在数组中的顺序号。设一个 $m \times n$ 的二维数组 a，a[0][0]是第 0 个元素，则 a[i][j]是第 $i \times n+j$。

从键盘上为二维数组元素输入数值，须使用两重循环，一行一行地输入。

例如：

```
int i,j;
int a[2][3];
```

```
for (i=0;i<2; i++)
   for (j=0;j<3;j++)
      scanf ("%d",&a[i][j]);
```

5.3.4 二维数组的使用

【例 5-7】从键盘上给一个 3×4（3 行 4 列）的二维数组输入数值，将其最大值，以及最大值所在的行号和列号找到，并输出在屏幕上。

分析：

设定变量记录最大值及最大值所在的行号和列号（开始时认为最大值是第一个数组元素的值，行号和列号为 0，0），每个数组元素与记录最大值的变量比较，一旦数组元素大于该变量，则将此元素的值赋给该变量，并记录相应的行号和列号。

算法如图 5-4 所示。

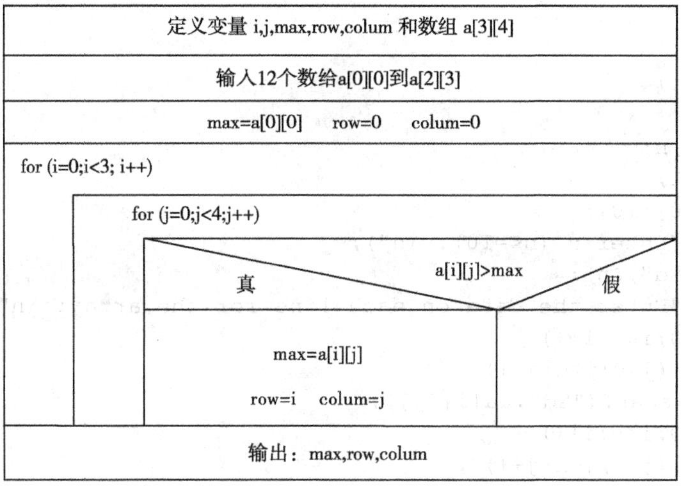

图 5-4 寻找二维数组最大值及其行号和列号的 N-S 图

程序：

```
main( )
{
   int i,j,max,row,colum;
   int  a[3][4];
   for (i=0;i<3; i++)
      for (j=0;j<4;j++)
         scanf ("%d",&a[i][j]);
   max=a[0][0];
   row=0;
   colum=0;
   for (i=0;i<3; i++)
      for (j=0;j<4;j++)
         if (max<a[i][j])
         {
            max=a[i][j];
            row=i;
            colum=j;
```

```
        }
    printf("Max is %d,row=%d,colum=%d\n",max,row,colum);
}
```

运行结果:

```
1  2  3  4  5  6  7  8  9  0  11  12↙
Max is 12,row=2,colum=3
```

【例 5-8】求 $n\times n$ 矩阵 a 的上三角形元素之积。其中矩阵的行数、列数和全部元素值均由键盘输入，编程时取 $n<=10$。上三角形元素如图 5-5 所示，3×3 矩阵的对角线如图 5-6 所示。

分析:

本题的关键是如何表达上三角形元素，即数组元素的下标从什么数变化到什么数。设 3×3 矩阵，第 1 行的 3 个数：行标为 0，列标为 0，1，2；第 2 行的右边 2 个数：行标为 1，列标为 1，2；第 3 行的右边 1 个数：行标为 2，列标为 2。是什么规律？行标 i 从 0 到 n-1，列标 j 从 i 到 n-1。

程序:

```
main( )
{
    int i,j,n;
    long u=1;
    int a[10][10];
    printf("Enter n (n<=10): \n");
    scanf("%d",&n);
    printf("Enter the data on each line for the array: \n");
    for (i=0;i<n;i++)
        for (j=0;j<n;j++)
            scanf("%d",&a[i][j]);
    for (i=0;i<n;i++)
        for (j=i;j<n;j++)
            u*=a[i][j];
    printf("The result is : %ld \n",u);
}
```

运行结果:

```
Enter n (n<=10):
3↙
Enter the data on each line for the array:
1  3  5  7  9  -2  -4  -6  -8↙
The result is : 2160
```

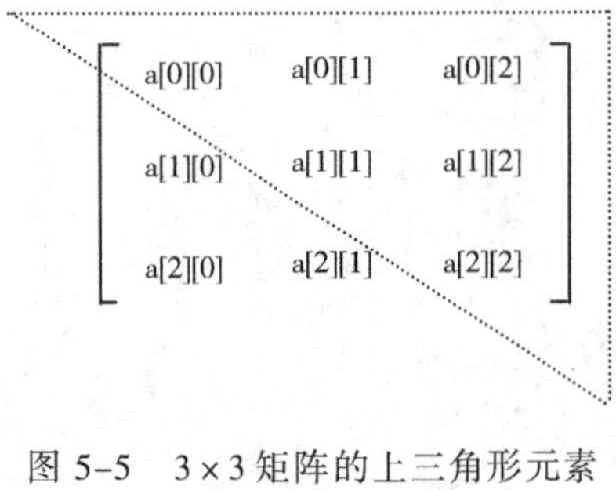

图 5-5　3×3 矩阵的上三角形元素

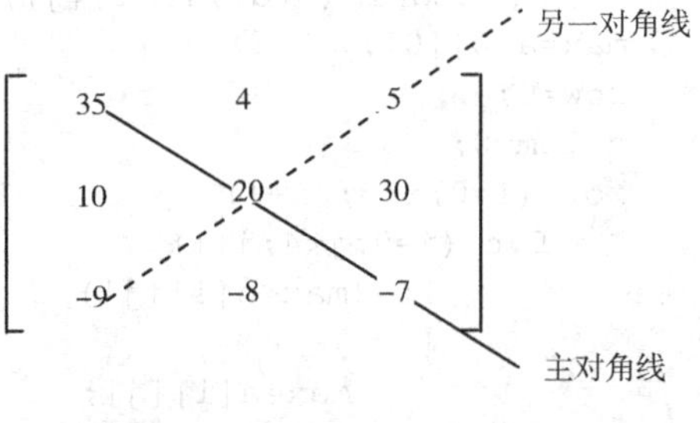

图 5-6　3×3 矩阵的对角线

请思考：

画出描述算法的流程图或 N-S 图。

5.3.5 多维数组

多维数组的定义、初始化和引用与二维数组类似。多维数组有多个下标，有几个维度就有几个下标。

多维数组的定义格式：

类型说明符 数组名[常量表达式][常量表达式]…[常量表达式];

例如

```
int x[2][3][2];
```

定义了一个三维数组 x，它有 2×3×2=12 个元素。

在多维数组中，数组元素在内存中的存放顺序是：最左边的下标变化最慢，越靠右的下标变化越快，最右边的下标变化最快。

例如上面定义的三维数组 x 的 12 个元素的存放顺序是：

a[0][0][0]，a[0][0][1]，a[0][1][0]，a[0][1][1]，a[0][2][0]，a[0][2][1]，a[1][0][0]，a[1][0][1]，a[1][1][0]，a[1][1][1]，a[1][2][0]，a [1][2][1]。

在对数组的全部元素赋初值时，可以省略第一维的长度——行下标，但其他维的下标不能省。

例如：

```
int a[ ][2][3]={1,2,3,4,5,6,7,8,9,10,11,12};
```

这时系统会根据花括号内的数值个数自动算出数组第一维的长度是 2。

【例 5-9】定义一个 2×3×2 三维数组，顺序赋值（设各数组元素的数值是相应的下标之和加 2），求各元素之乘积。要求在屏幕上打印出各元素的值和各元素之乘积。

```
main( )
{
    int i,j,k; float u=1.0;
    int a[2][3][2];
    for (i=0;i<2;i++)
        for (j=0;j<3;j++)
            for (k=0;k<2;k++)
            {
              a[i][j][k]=i+j+k+2;
              printf("a[%1d][%1d][%1d]=%d \n", i,j,k,a[i][j][k]);
            }
    for (i=0;i<2;i++)
        for (j=0;j<3;j++)
            for (k=0;k<2;k++)
            u*=a[i][j][k];
    printf("The result is : %f\n",u);
}
```

运行结果：

```
a[0][0][0]=2
a[0][0][1]=3
a[0][1][0]=3
a[0][1][1]=4
```

```
a[0][2][0]=4
a[0][2][1]=5
a[1][0][0]=3
a[1][0][1]=4
a[1][1][0]=4
a[1][1][1]=5
a[1][2][0]=5
a[1][2][1]=6
The result is : 10368000.000000
```

5.4 字符数组

前面章节介绍过字符串常量，字符串常量的表示形式（如"China"）、字符串的长度（即组成字符串的字符个数，如"China"为 5）、字符串存储时占的内存字节数（即字符串的长度+1，如"China"为 6 个字节），字符串的结束标志（'\0'——ASCII 码值为 0 的字符）等，其相应的变量类型为字符串变量。

但是 C 语言中没有设计字符串变量。字符串的所有操作和处理都完全依赖于字符数组。字符数组是数组元素为字符型元素的数组。

5.4.1 字符数组的定义

定义格式与前面介绍的数值数组相似，即

```
char  数组名[常量表达式];                    一维字符数组
char  数组名[常量表达式][常量表达式];        二维字符数组
```

例如：

```
char c[5];
char ch[5][10];
```

5.4.2 字符数组的初始化

字符数组就是 C 语言中用来存储字符串的。字符数组初始化的方法，即字符串的存储有两种方式：一种是通过赋初值的方式为字符数组赋字符串，另一种是在 C 程序执行过程中实现字符数组的赋值。

1. 字符数组的初始化的方法——通过赋初值将字符串赋给字符数组

在定义一个字符数组的同时指定字符串初值，有两种初始化的方法：

（1）将字符串的字符逐个地赋给字符数组的元素。例如：

```
char c[4]={'m', 'a', 'n'};
```

这将把字符'm', 'a', 'n'分别赋给 c[0]，c[1]，c[2]。'\0'是系统自动加上的，作为字符串结束标志。

有了结束标志'\0'，字符数组的长度就显得不那么重要了。在程序中往往依靠检测结束标志'\0'来判断字符串是否结束，而不是根据数组长度来决定字符串长度。当然，在定义字符数组时，应使字符数组的长度大于数组要保存的字符串的实际长度。

说明：

① 如果花括号中提供的初值个数（即字符个数）大于数组长度，则按语法错误处理；如果初值个数小于数组长度，则只将这些字符赋给数组中前面的元素，其余的元素系统自动定为

空字符（即'\0'）；如果二者相等，这些字符将赋给数组中的元素，而空字符（即'\0'）放到了该数组之后的存储单元中（这有可能破坏其他数据区或程序本身，是危险的）。

② 与前类似，在对字符数组的全部元素赋初值时，可以省略元素的个数。可写成：

```
char a[ ]={'C','h','i','n','a'};
```

（2）在赋初值时直接赋字符串常量。

例如：

```
char strg1[12]={"Program c"};
char strg2[12]= "Program c";  /*花括号可省略*/
```

系统会将字符串"Program c"的字符逐个地赋给字符数组的元素，并自动地在最后一个字符后加入一个'\0'字符作为字符串的结束标志。数组 strg1 的内容如图 5-7 所示。

strg1[0]	P
strg1[1]	r
strg1[2]	o
strg1[3]	g
strg1[4]	r
strg1[5]	a
strg1[6]	m
strg1[7]	
strg1[8]	c
strg1[9]	\0
strg1[10]	
strg1[11]	

图 5-7　字符数组 strg1 的存储

2. 字符数组的初始化方法——在程序执行过程中将字符串赋给字符数组

在程序执行过程中，可以利用赋值语句将字符串赋值给字符数组。

例如：

```
char str1[12];
str1[0]='P';
str1[1]='r';
str1[2]='o';
str1[3]='g';
str1[4]='r';
str1[5]='a';
str1[6]='m';
str1[7]=' ';
str1[8]='c';
str1[9]='\0';
```

说明：

（1）不可以用赋值语句给字符数组整体赋字符串常量。

（2）企图用简单的赋值语句，将一字符数组中保存的字符串赋值给另一个字符数组的做法也是非法的。

例如：

```
char str1[12];
char str2[12];
str1="Program c";        /*     非法，违反了说明 1      */
str2=str1;               /*     非法，违反了说明 2      */
```

另外，在程序中还可利用字符串拷贝函数，将字符串赋值给字符型数组或将一数组保存的字符串赋值给另一个数组。

5.4.3　字符串的输入和输出

字符串的输入与输出既可以利用 scanf 和 printf 函数来实现，也可利用专门的字符串输入/

输出函数 gets 和 puts 来实现。

1. 利用 scanf 函数实现字符串的整体输入

函数调用格式是：

```
scanf("%s",str_addr)
```

其中 str_addr 是地址值（注意：前面不能加&），可以是字符数组名、字符指针或字符数组元素的地址。输入的字符依次放入以这一地址为起点的存储单元，系统会自动在末尾加'\0'。

例如：

```
char str1[12];
scanf ("%s",str1);
```

程序执行以上语句时，会等待用户输入字符串，若输入：

```
Program↙
```

系统会将输入的字符串"Program"赋给数组 str1，并自动在有效字符之后加入结束标志'\0'。

说明：

（1）用%s 格式符输入字符串时，空格和回车符(↙)都作为输入数据的分隔符而不能被读入。

例如：执行上面 scanf 语句时，若输入：

```
Program  c↙
```

存入数组 str1 的是字符串"Program"，而不是"Program c"。

如果要存入"Program c"，应当如此：

```
char str1[12],str2[3];
scanf ("%s%s",str1, str2);
```

（2）若 str_addr 是字符数组名，则输入字符串的长度应小于字符数组所能容纳的字符个数。

（3）若 str_addr 是数组元素的地址，输入数据将从这一元素开始存放。

2. 利用 gets 函数实现字符串的整体输入

函数调用形式如下：

```
gets(str_addr)
```

其中 str_addr 存放字符串的起始地址，可以是字符数组名、字符指针或字符数组元素的地址。

gets 函数克服了 scanf 函数不能完整读入含空格字符串的缺点，可以从键盘读入字符串的全部字符（包括空格），直到读入一个回车换行符为止。回车换行符不作为字符串内容。系统自动为读入的字符串加上结束标志'\0'。

例如：

```
char str1[12];
gets(str1);
```

执行以上语句时，若输入：

```
Program c↙
```

字符串"Program c"将被存入字符数组 strg1。

3. 利用 printf 函数实现字符串的输出

函数调用格式是：

```
printf("%s",str_addr)
```

其中 str_addr 是地址值。该函数将从这一地址开始，依次输出存储单元中的字符，直到遇到一个结束标志'\0'为止。

【例 5-10】字符串的输入与输出（使用 printf 函数）。

```
#include "stdio.h"
main( )
{
    char str1[12];
    gets(str1);
    printf ("%s" , str1);
    printf("\n");
    scanf ("%s" , str1);
    printf ("%s" , str1);
}
```

运行结果：

```
Program c↙
Program c
Program c↙
Program
```

以上程序及其运行结果既验证了 printf 函数输出字符串的功能，也显示了 gets 和 scanf 在功能上的区别（即：能否完整读入含空格的字符串）。

4．利用 puts 函数实现字符串的输出

函数调用格式是：

```
puts(str_addr)
```

其中 str_addr 是存放待输出字符串的起始地址。该函数将从这一地址开始，依次输出存储单元中的字符，直到遇到结束标志'\0'为止，并自动输出一个换行符。

【例 5-11】字符串的输入与输出（使用 puts 函数）。

```
#include "stdio.h"
main( )
{
    char strg1[12];
    gets(strg1);
    puts(strg1);
}
```

运行结果：

```
Program c↙
Program c
```

说明：

（1）使用 gets 和 puts 函数时，程序前面必须出现包含头文件的命令行：

```
#include <stdio.h>
```

或

```
#include "stdio.h"
```

（2）gets 和 puts 函数只能输入或输出一个字符串，不能写成：

```
gets(str1,str2 )
```

或

```
puts(str1,str2)
```

5.4.4 字符串函数

C 语言没有提供对字符串进行整体操作的运算符，但可利用与字符串操作有关的库函数实现字符串的复制、连接、比较等运算。在使用这些库函数时，必须在程序前面指定包含头文件“string.h”。

1. 字符串复制函数 strcpy

函数的调用形式如下：

```
strcpy(s1,s2)
```

此函数用来将字符串 s2 复制到字符数组 s1 中。其中 s1 为字符数组名或字符指针，s2 为一个字符串或保存字符串的字符数组。

【例 5-12】字符串复制。

```
#include "stdio.h"
#include "string.h"
main( )
{
    char str1[12];
    char str2[12];
    gets(str1);
    strcpy(str2, "Program c"); /*  将字符串"Program c"复制到数组str2中   */
    puts(str2);
    strcpy(str2,str1);         /*  将数组str1中的字符串复制到数组str2中   */
    puts(str2);
}
```

运行结果：

```
Program↙
Program c
Program
```

说明：

（1）s1 为数组名时，数组应该定义的足够大，其长度不应小于 s2 的长度。

（2）拷贝时，连同字符串后面的'\0'一起复制到 s1 中。

2. 字符串连接函数 strcat

函数的调用形式：

```
strcat(s1,s2)
```

此函数将字符串 s2（含'\0'）连接到 s1 的后面，并自动覆盖字符串 s1 末尾的结束标志'\0'。

【例 5-13】字符串连接。

```
#include "stdio.h"
#include "string.h"
main( )
{
   char str1[25]= "Program and";
   char str2[12]= "Design";
   strcat(str1,str2);
   puts(str1);
}
```

运行结果：

```
Program and Design
```

执行连接操作后，数组 str1 的内容如图 5-8 所示。

P	r	o	g	r	a	m		a	n	d		D	e	s	i	g	n	\0	

图 5-8　连接后的字符数组 strg1

同样，s1 应有足够的空间容纳合并后的两字符串。

3．字符串比较函数 strcmp

函数的调用形式：

```
strcmp(s1,s2)
```

此函数用来比较字符串 s1 和 s2 的大小，比较结果由函数值带回。

（1）若字符串 $s1>s2$，函数值为一正数。

（2）若字符串 $s1=s2$，函数值为 0。

（3）若字符串 $s1<s2$，函数值为一负数。

字符串比较的规则是：对两个字符串自左向右逐个字符相比较（按 ASCII 码值大小比较），直到出现不同的字符或遇到'\0'为止。如果全部字符都相同，则认为相等；若出现不相同的字符，则以第一个不相同的字符的比较结果为准。

【例 5-14】输出两个字符串中较大的字符串。

```
#include "stdio.h"
#include "string.h"
main( )
{
    char str1[12];
    char str2[12];
    gets(str1);
    gets(str2);
    if (strcmp(str1,str2)>0)
        puts(str1);
    else
        puts(str2);
}
```

运行结果：

```
Program c↙
Progdesign↙
Program c
```

4．测字符串长度函数 strlen

函数的调用形式如下：

```
strlen(s)
```

此函数用来测试字符串的长度（是字符串的实际长度，不包含结束标志'\0'），函数返回该长度值。

【例 5-15】输出字符串的长度。

```
#include "stdio.h"
#include "string.h"
main( )
```

```
{
char str1[12]="Program";
printf("%d",strlen(str1));     /*  输出数组str1中字符串的长度  */
}
```

运行结果：7

5.4.5 二维字符数组

所谓二维字符数组就是指每个元素又都是一个字符串的数组，又称为字符串数组。

二维字符数组的第一个下标决定了字符串的个数，第二个下标决定了字符串的最大长度。如：

```
char str1[4][8];
```

当二维数组 strg1 用作字符串数组时，最多可存放 4 个字符串，每个字符串的最大有效长度是 7（需留一个存储单元给字符串结束标志'\0'）。

二维字符数组（字符串数组）的赋值可以在数组定义的同时实现，例如：

```
char str1[4][8]={"Program"," c","and","Design"};
```

或

```
char str1[ ][8]={"Program"," c","and","Design"};
```

也可以在程序过程中利用赋值语句及相关的函数实现，例如：

```
char str1[4][8];
strcpy(str1[0], "Program");
strcpy(str1[1], " c");
strcpy(str1[2], "and");
strcpy(str1[3], "Design");
```

或

```
char str1[4][8];
str1[0][0]= 'P';str1[0][1]= 'r';…;str1[0][6]= 'm';str1[0][7]= '\0';
…
```

二维字符数组（字符串数组）str1 的内容如图 5-9 所示。

str1[0]	P	r	o	g	r	a	m	\0
str1[1]		c	\0					
str1[2]	a	n	d	\0				
str1[3]	D	e	s	i	g	n	\0	

图 5-9　二维字符数组 strg1 的存储

5.4.6 字符数组和字符串的使用

【例 5-16】统计一个字符串中大写字母的个数，并将其中的小写字母转换为大写字母。

分析：

请自己确定编程思路。如何统计？又如何转换？

程序：

```
#include "stdio.h"
main( )
```

```
{
    int i,sum=0;
    char str1[50];
    printf("\nPlease input the string: ");
    gets(str1);
    for (i=0;str1[i]!= '\0';i++)
   {
       if (str1[i]>= 'A' && str1[i]<= 'Z')
          sum=sum+1;
        else if (str1[i]>= 'a' && str1[i]<= 'z')
          str1[i]=str1[i]- 'a'+ 'A';
   }
    printf("There are %d upper alpha in the string.\n",sum);
    printf("The string become: %s",str1);
}
```

以上程序对输入的字符串中每一个字符均进行了判断：若为大写字母，计数器 sum 加 1；若为小写字母，利用字符运算将小写字母转换为大写字母。

运行结果：

```
Please input the string:Program And Design↙
There are 3 upper alpha in the string.
The string become:PROGRAM AND DESIGN
```

由程序可看出：

既可以将字符串作为一个整体进行各种操作（如输入、输出等），也可以单独引用字符串中的某个字符并进行相应处理。

【例 5-17】输入 4 个字符串，将其中最大的字符串在屏幕中输出。

```
#include "stdio.h"
#include "string.h"
main( )
{
    char str1[50];
    char str2[50];
    int i;
    printf("\nplease input 4 strings:\n");
    gets(str1);
    for (i=0;i<3;i++)
   {
       gets(str2);
       if (strcmp(str1,str2)<0)
        strcpy(str1,str2);
   }
    printf("the first string is:%s",str1);
}
```

运行结果：

```
please input 4 strings:
Program↙
Desing c↙
Process↙
```

```
Street↙
the first string is:Street
```

程序利用数组 str2 接收键盘输入的字符串，并与数组 str1 中的字符串进行比较，使 strg1 始终保存较大的字符串。当输入完最后一个字符串并进行比较处理后，str1 中存放的是最大的字符串。

请思考：

如何利用二维字符数组完成以上功能？

【例 5-18】输入五个国家的名称，按字母顺序排列输出。

分析：五个国家名应由一个二维字符数组来处理。然而C语言规定可以把一个二维数组当成多个一维数组处理。因此本题又可以按五个一维数组处理，而每一个一维数组就是一个国家名字符串。用字符串比较函数来比较各一维数组的大小，并排序，输出结果即可。

程序：

```
void main()
{
    char st[20],cs[5][20];
    int i,j,p;
    printf("input country's name:\n");
    for(i=0;i<5;i++)
       gets(cs[i]);
    printf("\n");
    for(i=0;i<5;i++)
    {
       p=i;
       strcpy(st,cs[i]);
       for(j=i+1;j<5;j++)
          if(strcmp(cs[j],st)<0) {p=j;strcpy(st,cs[j]);}
       if(p!=i)
       {
          strcpy(st,cs[i]);
          strcpy(cs[i],cs[p]);
          strcpy(cs[p],st);
       }
       puts(cs[i]);}printf("\n");
    }
    for(i=0;i<5;i++)
    {
       p=i;
       strcpy(st,cs[i]);
          for(j=i+1;j<5;j++)
             if(strcmp(cs[j],st)<0)
             {
                p=j;strcpy(st,cs[j]);
             }
          if(p!=i)
          {
             strcpy(st,cs[i]);
```

```
            strcpy(cs[i],cs[p]);
            strcpy(cs[p],st);
        }
    }
}
```

思考：

请执行程序查看输出结果。

本程序的第一个 for语句中，用 gets函数输入五个国家名字符串。由于C语言允许把一个二维数组按多个一维数组处理，本程序说明 cs[5][20]为二维字符数组，可分为五个一维数组cs[0]，cs[1]，cs[2]，cs[3]，cs[4]。因此在gets函数中使用cs[i]是合法的。在第二个for语句中又嵌套了一个 for语句组成双重循环，这个双重循环完成按字母顺序进行排序的工作。在外层循环中把字符数组cs[i]中的国名字符串复制到数组st中，并把下标 i赋予 P。进入内层循环后，把 st与cs[i]以后的各字符串作比较，若有比st小者则把该字符串复制到st中，把其下标赋予p。内循环完成后如p不等于 i 说明有比cs[i]更小的字符串出现，因此交换cs[i]和 st的内容。至此已确定了数组 cs 的第 i 号元素的排序值。然后输出该字符串。在外循环全部完成之后即完成全部排序和输出。

第 6 章　指　针

指针是C语言的精髓，巧妙而恰当地使用指针，可以使程序简洁，提高运行效率。它能够方便地和硬件接口进行交互，方便、快速地访问内存，直接对内存中的数据进行快速处理、实现函数间的通信等，指针极大地丰富了C语言的功能。指针的概念复杂，使用非常灵活，因此指针成为C语言学习中最为关键的一部分。

通过本章的学习，能够深刻理解并掌握内存地址、指针的概念。掌握指针变量的定义、引用方法、指针变量作为函数参数的用法。掌握数组指针、指向数组的指针、指向字符串的指针、函数的指针、返回指针值的函数的概念、定义和应用。

6.1　地址、指针和指针变量

6.1.1　地址与指针

如果在程序中定义了一个变量，在编译时系统会根据变量的数据类型为其分配相应大小的内存单元。例如：为 int 型变量分配 2 个字节的内存单元，为 float 型变量分配 4 个字节的内存单元，为字符型变量分配 1 个字节的内存单元等。

计算机给内存中的每个字节进行编号，这就是“地址”，它相当于大楼的房间号，便于正确访问这些内存单元。

内存单元的地址和内存单元的内容不是一个概念。如图 6-1 所示，假设程序定义了 3 个整型变量 i、j、k，其值（内容）分别为 4、3、12，编译时系统分配 2000 和 2001 两个字节给变量 i，2002 和 2003 两个字节给变量 j，2004 和 2005 两个字节给变量 k。在程序中一般是通过变量名对内存单元进行访问的，因为程序经过编译已将变量名转换为变量的地址，对变量值的访问都是通过地址进行的。例如 k=i*j; 先找到变量 i 的地址 2000，然后从由 2000 开始的两个字节中取出数据 4，同样方法，找到变量 j 的地址 2002，取出从由 2002 开始的两个字节中取出数据 3，将其相乘后送到 k 所占用的 2004、2005 两个字节的内存单元中。这种通过变量地址访问变量值的方式称为

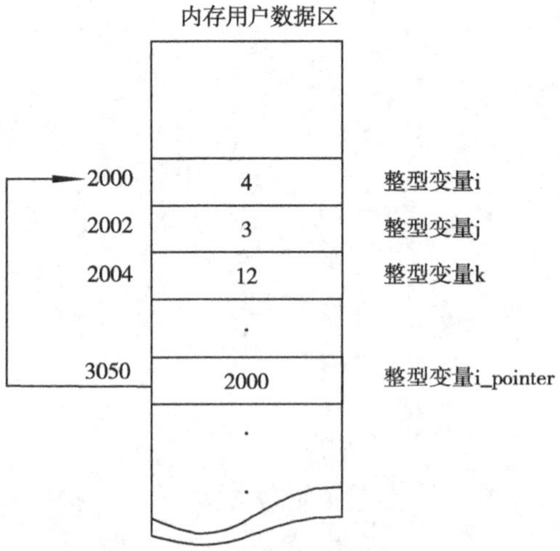

图 6-1　地址和内存的内容

“直接访问”方式。

C 语言还有被称之为“间接访问”的方式，将 i 的地址存放在另一个变量 i_pointer 中，这样在访问变量 i 时，可以先找到存放“i 地址”的变量 i_pointer 的地址 3050，再取出 i_pointer 的值（i 的地址）2000，通过地址 2000 找到要访问的变量 i 的数据 4。通过存放变量地址的变量去访问变量，称为“间接访问”方式。

i_pointer 是存放地址的一种特殊变量。

记为：

```
i_pointer=&i;
```

此时，i_pointer 的值是 2000，即变量 i 所占用单元的起始地址。i_pointer“指向”变量 i 所占用的单元，“指向”变量 i。

通过地址能找到所需要的变量单元，我们可以说，地址“指向“变量单元。在 C 语言中，将地址形象地称为“指针”。一个变量的地址称为该变量的“指针”。例如地址 2000 是变量 i 的指针。专门用来存放另一变量的地址（即指针）的变量，称为“指针变量”。例如 i_pointer。

指针变量的值（内容，也即指针变量中存放的值）是指针（地址）。例如指针变量 i_pointer 的值是 2000。变量 i 的指针（地址）是 2000。

6.1.2 指针变量的定义

指针就是内存单元的地址，也就是内存单元的编号，因此指针是一种数据。在 C 语言中，可以用一个变量来存放这种数据，这种变量称为指针变量。因此，一个指针变量的值就是某个内存单元的地址或称为某个内存单元的指针。

和其他变量一样，指针变量在使用之前必须先定义。

定义指针变量的一般格式为：

```
数据类型    *指针变量名;
```

其中，指针变量名放在“*”后，“*”是指针类型说明符，用来说明其后的标识符是一个指针变量的名字，前面的数据类型表示该指针变量所指向的变量的数据类型（注意不是该指针变量本身的数据类型）。例如：

```
int *p;
```

所定义的标识符 p 是指向整型（int）变量的指针变量。或者说 p 是一个指针变量，它的值可以是某个整型变量的地址。至于 p 究竟指向哪一个整型变量，则由向 p 赋予的地址来决定。

再例如：

```
float *p1;
char *p2;
```

表明 p1 是指向实型变量的指针变量，p2 是指向字符变量的指针变量。

注 意

“p、p1、p2”是指针变量，而不是“*p、*p1、*p2”是指针变量。

6.1.3 指针变量的引用

1. 指针运算符&和*

与指针相关的运算符是&和*，它们都是单目运算符，其结合性都是自右向左。

&是“取地址”运算符。在前面介绍的 scanf()函数中，已经了解并使用到了&运算符。其一般形式为：

&变量名

例如 i 是变量，则&i 是得到 i 变量的地址。&不能作用于表达式和常数，也不能对寄存器变量求&的值。所以，当 x 为简单变量，i 为非负整数，y 为数组时，&x、&y[i]是合法的，但&(x+1)或&5 是非法的。

是“取内容”运算符。它是&的逆运算。所以，&a 和 a 完全等价（*&a 按*(&a)执行）。*只要求对象是具有指针意义的值（地址）。例如*i_pointer 是取 i_pointer 的内容，即 4（如图 6-1 所示）。

注 意

取内容运算符“*”，与前面指针变量定义时出现的“*”意义完全不同，指针变量定义时“*”仅表示其后的变量是指针类型变量，是一个标志，而取内容运算符是一个运算符，其运算后的值是指针所指向的对象的值。

2. 指针的赋值

一个指针变量必须赋值后才能使用，指针变量得到的值一定是个地址值。

设 p 是指向整型变量的指针变量，如果要把整型变量 a 的地址赋给 p，可以使用以下两种方式：

（1）先定义，后赋值。

```
int a;
int *p;
p=&a;
```

注 意

p=&a;是赋值语句，不能写为*p=&a;。

（2）定义的同时赋值。

```
int a;
int *p=&a;
```

这里，int *p=&a;是定义（声明）p，在定义 p 的同时初始化。

如图 6-2 所示。指针 p 指向整型变量 a。

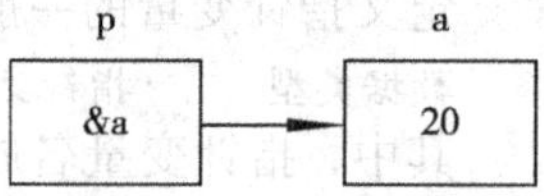

图 6-2 指针和指向的变量

（3）将一个已被赋值的指针指向另一个指针，例如

```
int *pa, *pb,a=0;
pa= &a; pb=pa;
```

这时指针 pa 和 pb 都将指向同一个变量 a。

（4）可以给指针赋值 0

指针只能赋给一个对象的地址，不能赋给一个整数，如

```
int  *p;
p=3000;
```

是错误的，但有一个例外，可以将 0 赋给指向任何类型的指针，即该指针不指向任何变量，如：

```
int  *p;
p=0;
```

为了程序的可读性，一般用符号常量 NULL 表示空指针的值，NULL 在 stdio. h 的文件中定义位：

```
#define  NULL  0
```

因此赋值时，可用下面形式 p=NULL;

注 意

对 P 赋空值 NULL 与未对 p 赋值是两个概念。前者是有值的，值为 0，不指向任何变量，系统中，地址为 0 的单元不作他用，而后者 P 的值是不确定的。

3. 指针可以加减一个整数

指针可以加减一个整数，并不是地址量与整数值的简单相加。一个指针加一个整数意味着将指针后移；减去一个整数，意味着前移。例如，

p+10　　指针后移（增加）10 个单元

p++　　指针后移 1 个单元

p-n　　指针前移（减少）n 个单元

p--　　指针前移 1 个单元

一个单元是该指针所指类型数据在内存中所占的字节数，例如，对大多数计算机系统，字符型数据占用 1 个字节，整型数据占用 2 个字节，实型数据占用 4 个字节等。

若指针变量 p 是整型指针变量，其初始值为 2000，整型变量的长度是两个字节，则表达式 p+ + ;是使 p 的值变成 2002，而不是 2001。每次增量之后，p 都会指向下一个单元，同理，当 p 的值为 2000 时，表达式 p--;是使 p 的值变成 1998。

4. 两个同类的指针可以相减

指向类型相同的两个指针可以相减，其结果是两个指针相隔的单元数。例如，指向同一数组的两个指针相减，其差表示这两个指针在数组中相差的单元个数。两个不同类型指针相减是没有意义的。

5. 两个同类的指针可以作比较操作

指向同一类型的两个指针可以比较它们的地址值，使用比较运算符：

\>　>=　<　<=　!=　==

比较结果为 1（真）或 0（假），可用于条件语句和循环语句中作条件判断。

【例 6-1】 输入两个整数 a、b，使用指针变量按大小顺序输出这两个整数。

方法一：

```
#include<stdio.h>
void main()
{
    int a,b,*p1,*p2,*p;
    p1=&a;
    p2=&b;
    printf("请输入 2 个数。\n");
    scanf("%d%d",p1,p2);            //相当于 scanf("%d,%d",&a,&b);
    if (*p1<*p2)
    {
        p=p2;
        p2=p1;
        p1=p;
    }
    printf("a=%d,b=%d\n",a,b);
    printf("max=%d,min=%d\n",*p1,*p2);
}
```

运行结果如图 6-3 所示。

图 6-3　使用指针变量按大小顺序输出两个整数的运行结果图

当输人 40 50 后，由于*p1<*p2，所以将 p1 和 p2 交换。交换前的情况如图 6-4(a)所示，交换后的情况如图 6-4(b)所示。

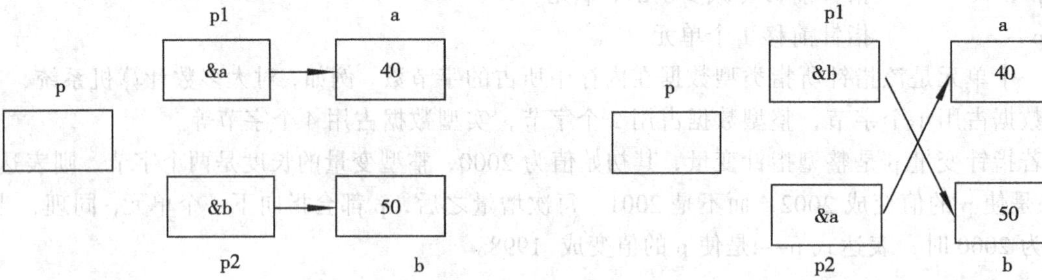

（a）交换前　　（b）交换后

图 6-4　将两个数进行交换方法一

注 意

a 和 b 的值并没有发生交换，它们仍然保持原值，但是 p1 和 p2 的值改变了，p1 原来为&a，p2 原来为&b，后来变成了 p1 为&b;p2 的值为&a。这样在输出时，实际上是输出变量 b 和 a 的值，因此输出的结果为 50，40。该题是改变指针变量的指向。

方法二：

```
#include<stdio.h>
void main()
{
    int a,b,*p1,*p2,p;
    p1=&a;
    p2=&b;
    printf("请输入 2 个数。\n");
    scanf("%d%d",p1,p2);              //相当于 scanf("%d,%d",&a,&b);
    printf("a=%d,b=%d\n",a,b);
    if (*p1<*p2)
    {
        p=*p2;
        *p2=*p1;
        *p1=p;
    }
    printf("max=%d,min=%d, a=%d,b=%d\n",*p1,*p2,a,b);
}
```

运行结果如图 6-5 所示。

图 6-5　使用指针变量改变原值按大小顺序输出两个整数的运行结果图

当输入 40 50 后，由于*p1<*p2，所以将 p1 和 p2 交换。交换前的情况如图 6-6(a)所示，交换后的情况如图 6-6(b)所示。

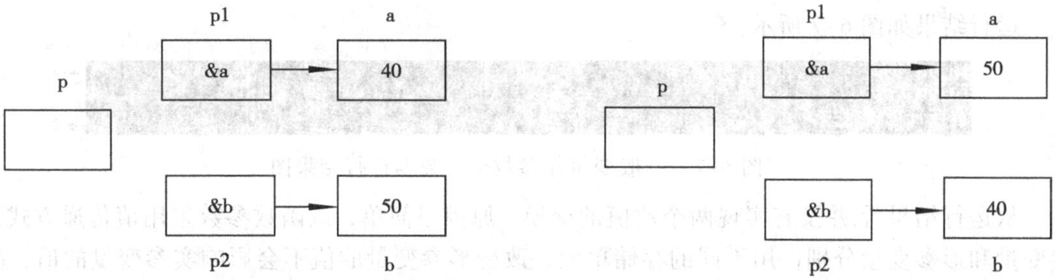

（a）交换前　　（b）交换后

图 6-6　将两个数进行交换方法二

注　意

a 和 b 的值发生交换，但是 p1 和 p2 的值并没有改变,它们仍然保持原值，该方法是交换指针变量所指向的变量的值。

6.2　指针与函数

指针与函数的关系主要有三种：指针作为函数的参数；指向函数的指针；函数的返回值是指针（返回指针的函数）。

6.2.1　指针作为函数的参数

函数的参数不仅可以是整型、实型、字符型等数据，还可以是指针类型的数据。在调用函数时，实参变量和形参变量之间的数据传递是单向的，指针变量作为函数参数也要遵守这一规则，所以函数调用不能改变实参指针变量的值，但是可以改变实参指针变量所指向的内存单元的内容，即目标变量的值。这正是指针变量作为函数参数的优势。函数调用本身仅得到一个返回值（即函数值），而运用指针变量作函数参数则可以通过对形参指针所指向的内存单元（即实参指针变量所指向的目标变量）的操作，或者说通过间接访问的形式改变主调函数中数据的值，从而使主调函数得到多个运算结果。这种参数传递方式称为地址传递。

【例 6-2】用一般变量作参数，不能实现交换。

```
#include<stdio.h>
void swap(int x,int y);
void main()
{
    int a=10,b=90;
    printf("%d,%d\n" ,a,b);
```

```
    swap(a,b);
    printf("%d,%d\n" ,a,b);
}
void swap(int x,int y)
{
    int temp;
    temp=x;
    x=y;
    y=temp;
}
```

运行结果如图 6-7 所示。

图 6-7　一般变量作参数交换数据运行结果图

从运行结果看,并没有实现两个数值的交换。原因很简单，该函数参数采用值传递方式，实参变量和形参变量分别占用不同的存储单元，改变形参变量的值不会影响实参变量的值，故该函数不能实现对两个变量值的交换，情况如图 6-8 所示。当主函数 main()调用 swap 函数时，只是将实参 a、b 的值传送给 swap 的形参 x、y，相当于赋值语句：x=a;y=b;，如图 6-8（a）所示。x、y 接收到数值后，在 swap 中交换，该函数参数采用值传递方式，实参变量和形参变量分别占用不同的存储单元，因此形参 x、y 的改变，并不影响到对应的实参 a、b 的值。故该函数不能实现对两个变量值的交换。形参互换后的结果如图 6-8（b）所示。

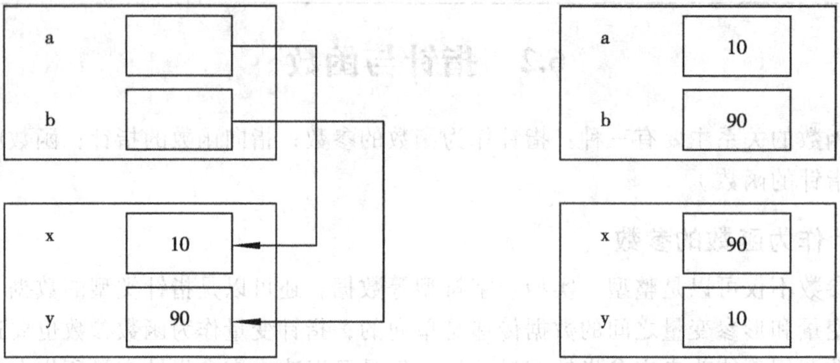

（a）交换前　　（b）交换后

图 6-8　一般变量作参数交换数据

【例 6-3】用指针作参数，实现两个数据的交换。

```
#include<stdio.h>
void swap(int *x,int *y);
void main()
{
    int a=10,b=90;
    printf("a=%d,b=%d\n" ,a,b);
    swap(&a,&b);
    printf("a=%d,b=%d\n" ,a,b);
}
```

```
void swap(int *x,int *y)
{
   int temp;
   temp=*x;
   *x=*y;
   *y=temp;
}
```

运行结果如图 6-9 所示。

图 6-9 用指针作参数，实现两个数据的交换的运行结果图

这中方法实现了两个值的交换。当 main 函数调用 swap 时，实参是变量 a 和 b 的地址，形参是指针变量 x、y，如图 6-10（a）所示。虽然参数也是值传递，但是这种方法传递的是地址及 x=&a，y=&b。函数调用的结果是使指针 x、y 分别指向 a，b，如图 6-10（b）所示。由于*x 就是 a，*y 就是 b，所以在 swap 函数中，*x 与*y 的交换实际上就是 a 和 b 的交换。

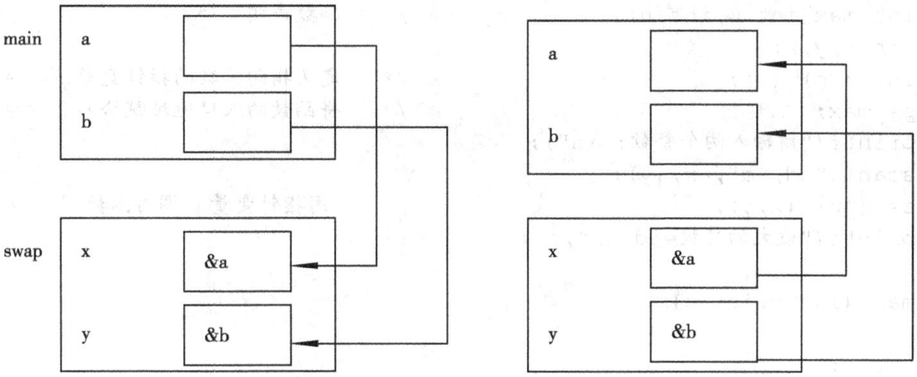

（a） （b）

图 6-10 用指针作参数交换数据

6.2.2 指向函数的指针

可以用指针变量指向整型变量、字符串、数组，也可以指向一个函数。一个函数在编译时要占用一段内存单元，它有一个首地址（即函数的入口地址），函数名代表这个首地址（入口地址），通过这个地址可以找到该函数，这个地址称为函数的指针。把这个地址（即函数的入口地址）赋给一个指针变量，通过它也能调用该函数，这个指针变量称为指向函数的指针变量。

定义指向函数的指针变量的一般形式为：

数据类型标识符 (*指针变量名) ();

这里，数据类型标识符表示被调用函数的返回值的类型；“*”表示其后的变量是指针变量，然后与后面的()结合，表示此指针变量指向函数，这个函数值（即函数返回的值）是数据“类型标识符”所标明的类型。“ *指针变量名”外的括号是不可少的，否则就变成定义为返回指针值的函数了，例如：

```
int (*p) ( ) ;              / *定义一个指向返回值为整型的函数的指针变量 p */
float (*q) ( ) ;            / *定义一个指向返回值为单精度类型函数的指针变量 p * /
```

可以用函数名给指向函数的指针变量赋值，其形式为：

指向函数的指针变量=[&]函数名;

其中函数名后不能带括号和参数，而函数名前的&符号是可选的，例如：

```
int (*p) ( ) ;  p=function();
```

表示 p 是一个指针变量，它指向一个返回整型值的函数 function。即上述语句的功能是使 p 指向函数 function，函数名代表这个入口地址。

用指向函数的指针变量调用函数的一般形式为：

（*函数指针变量）（实参表）

运用指向函数的指针变量调用函数时，指向函数的指针变量应具有被调用函数的首地址。和用函数名调用函数一样，实参表应与形参表相对应，例如：

(*p)(x,y) 它相当于 function(x,y)。

【例 6-4】 求 *a*、*b* 两个整数中的较大者。

参考程序如下：

```
#include<stdio.h>
void  main( )
{
    int max(int m,int n);                  /*   函数声明   */
    int x,y,z;
    int  (*p)  ( );                        /*   定义指向函数的指针变量 p   */
    p= max;                                /*   将函数的入口地址赋给 p   */
    printf("请输入两个整数: \n");
    scanf("%d,%d",&x,&y);
    z= (*p) (x,y);                         /*   用指针变量 p 调用函数   */
    printf("最大的整数=%d \n",z);
}
int max (int m,int n)
{
    int x;
    x=m>n?m:n;
    return x;
}
```

运行结果如图 6-11 所示。

图 6-11　用指针函数实现输出 a、b 两个整数中的较大者的运行结果图

6.2.3　函数的返回值是指针（返回指针的函数）

一个函数在被调用以后将返回一个值（void 函数除外）给主调函数，这个值可以是整型、实型、字符型等类型，也可以是指针类型。当一个函数的返回值是指针类型时，它称为返回指针的函数，即函数的返回值是指针（地址）。

返回指针的函数的定义形式为：

类型标识符　*函数名 (参数表列);

定义函数时，函数名前的*表示函数的返回值是指针类型，即表示此函数是指针型函数。“类型标识符”表示返回的指针值的数据类型，即所返回的指针指向的数据类型。

例如：

```
int *fun(a,b)
```

它表示 fun 是一个函数，它返回一个指针值，这个指针指向一个整型数据，a 和 b 是形参。fun 先与后面的圆括号( )结合，再与前面的*结合，因为( )的优先级高于*。

【例 6-5】求数组中最小元素。

```
#include<stdio.h>
void  main( )
{
     int *max(int *a,int n);
     int a[10],*q;
     printf("请输入 5 个数: \n");
     for(q=a;q<a+5;q++)
     {
        scanf("%d",q);
     }
q= min(a,5);
printf("最小的数=%d \n",*q);
}
int *min (int *a,int n)
{
     int *min,*p;
     min=a;
     for(p=a;p<a+n;p++)
     {
        if(*p<*min) min=p;
     }
     return  min;
}
```

运行结果如图 6-12 所示。

图 6-12　求数组中最小元素的运行结果图

6.3　指针与数组

一个变量有地址,一个数组包含若干元素，每个数组元素都在内存中占用存储单元，它们都有相应的地址。指针变量既然可以指向变量，当然也可以指向数组和数组元素。所谓数组的指针是指数组的起始地址，数组元素的指针是数组元素的地址。

6.3.1　指针与一维数组

1. 一维数组的指针表示方法

定义一个指向数组元素的指针变量的方法与以前介绍过的指向变量的指针变量相同，如图 6-13 所示的一维数组的指针、地址、数组元素。

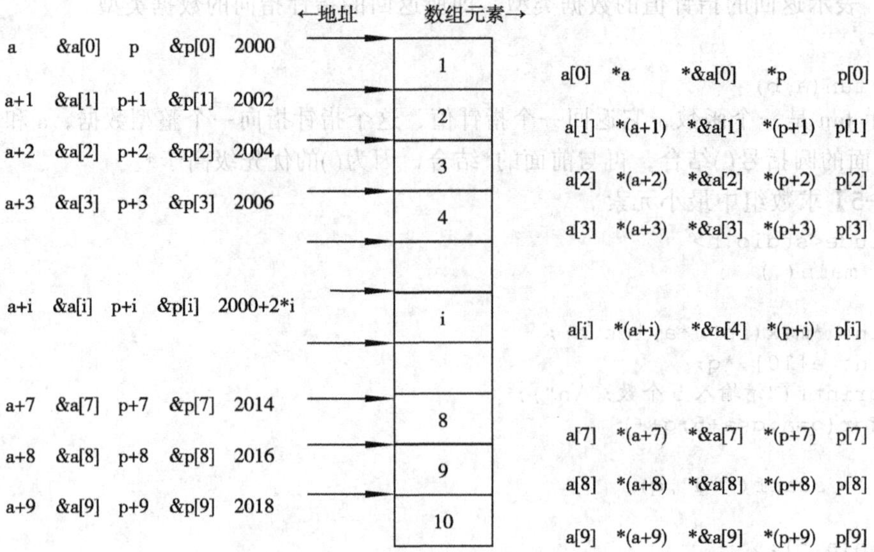

图 6-13　一维数组的指针、地址、数组元素

```
int  a[10];      //定义 a 为包含 10 个整型数据的数组
int  *p;         /// 定义 p 为指向整型变量的指针
```

p=&a[0]; 或 p=a;都是表示 P 指向数组第一个元素。

第 1 个元素（a[0]）的地址可以表示为：a，&a[0]，p，&p[0];

第 2 个元素（a[1]）的地址可以表示为：a+1，&a[1]，p+1 或&p[1];

第 3 个元素（a[2]）的地址可以表示为：a+2，&a[2]，p+2 或&p[2];

第 i+1 个元素（a[i]）的地址可以表示为：a+i，&a[i]，p+i 或&p[i]。

数组元素的表示方式有：

下标法—a[i],p[i]等;

指针法（地址法，间接访问）—*(a+i)，*&a[i]，*(p+i)等

第 1 个元素可以表示为：a[0]，p[0]，*a，*&a[0]或*p;

第 2 个元素可以表示为：a[1]，p[1]，*(a+1)，*&a[1]或*(p+1);

第 3 个元素可以表示为：a[2]，p[2]，*(a+2)，*&a[2]或*(p+2);

第 i+1 个元素可以表示为：a[i]，p[i]，*(a+i)，*&a[i]或*(p+i)。

【例 6-6】用多种形式引用数组元素。

```
#include<stdio.h>
void main( )
{
    int a[10]={1,2,3,4,5,6,7,8,9,10};
    int i;
    int *p;
    for(i=0;i<10;i++)
    { printf("%d  ",a[i]);}            //下标法
    printf("\n");
    for(i=0,p=a;i<10;i++)
    { printf("%d  ",p[i]);}            //下标法
    printf("\n");
```

```
    for(i=0;i<10;i++)
    printf("%d  ",*(a+i));              //指针法 1
    printf("\n");
    for(i=0;i<10;i++)
    printf("%d  ",*&a[i]);              //指针法 2
    printf("\n");
    for(i=0,p=a;i<10;i++)
        printf("%d  ",*(p+i));          //指针法 3
    printf("\n");
    for(p=a;p<a+10;p++)
    printf("%d  ",*p);                  //指针法 4
    printf("\n");
}
```

运行结果如图 6-14 所示。

图 6-14　用多种形式引用数组元素运行结果图

在通过指针引用数组元素时应注意的几个问题。

（1）指针变量可以实现自身值的改变。比如 p++是合法的，而 a++是错误的。因为 a 是数组名，数组名表示数组首地址，是指针常量。

（2）指针变量可以指向数组的任何元素，要注意指针变量的当前值。

在定义数组时指定其长度为 10，即数组包含 10 个元素，但指针变量可以指向数组以后的内存单元，系统并不认为非法。

例如：将上面程序中 for(p=a;p<a+10;p++)改为 for(p=a;p<a+15;p++)时，当 p=a+10 时，即 p 已经指到数组 a 以后的内存单元，已经超出数组 a 的范围，但并不认为是非法，并且还能输出数据。

2．指针变量作函数的参数

【例 6-7】分析程序的运行结果。

```
#include<stdio.h>
void add(int n,int *q)
{
    *q=*q+n;
}
void  add_add(int n,int q)
{
    q=q+n;
}
void  main()
{
    int *p,i;
    int a[5]={1,2,3,4,5};
    int b[5]={1,2,3,4,5};
```

```
    p=&a[3];              //指针p指向元素a[3]的地址
    printf("调用函数add之前数组的值为: \n");
    for(i=0;i<5;i++)
    {
        printf("%d  ",a[i]);
    }
    printf("\n");
    add(5,p);             //指针p作为参数，传递的是元素a[3]的地址
    printf("调用函数add之后数组的值为: \n");
    for(i=0;i<5;i++)      //通过输出各元素的值,比较改变了元素a[3]的值
    {
        printf("%d  ",a[i]);
    }
    printf("\n--------------------------------  \n");
    p=&b[3];              //指针p指向元素b[3]的地址
    printf("调用函数add_add之前数组的值为: \n");
    for(i=0;i<5;i++)
    {
        printf("%d  ",b[i]);
    }
    printf("\n");
    add_add(5,*p);        //指针p作为参数，传递的是元素b[3]的值
    printf("调用函数add_add之后数组的值为: \n");
    for(i=0;i<5;i++)      //通过输出各元素的值,没有改变元素b[3]的值
    {
        printf("%d  ",b[i]);
    }
    printf("\n ");
}
```

运行结果如图6-15所示。

图6-15　程序结果图

在程序中调用 add 函数时传递的是数组元素的地址，所以可以改变实参的值，而在调用 add_add 函数时传递的是数组元素的值，属于值传递，所以不能改变实参的值。

3. 数组名作为函数参数

当数组名用作函数参数时，函数调用将改变形参数组元素的值，因此函数调用后实参数组元素的值也会随着改变。

在C语言中，调用函数采用的是“值传递”方式。当用变量作为函数参数时，传递的是变量的值；当用数组名作函数参数时，由于数组名代表的是数组起始地址，因此传递的是数组的

首地址，形参数组与实参数组共用一段存储单元，对形参指针所指向的存储单元的操作，实际上就是对实参数组元素的操作，从而达到在调用函数中改变实参数组元素的值。

当数组名用作函数参数时，形参和实参的表示形式有以下 4 种情况。

（1）实参和形参都用数组名。

```
main( )
{
    int b[10];
    …
    fun(b,10)
    …
}

fun(int x[ ],int n)
{
    …
}
```

【例 6-8】 将数组 a 中的 *n* 个整数按相反顺序存放，形参和实参都用数组名。

参考程序如下：

```
#include<stdio.h>
void fun(int x[ ], int n);
void  main( )
{
int i,a[10]={1,2,3,4,5,6,7,8,9,10};
printf("交换前数组的值为: \n");
for(i=0;i<10;i++)
{
    printf("%d,",a[i]);
}
printf("\n\n");
fun(a,10);
    printf("交换后数组的值为: \n");
    for(i=0;i<10;i++)
    {
        printf("%d,",a[i]);
    }
    printf("\n");
}
void fun(int x[ ], int n)
{
    int t,i,j,m=(n-1)/2;
    for(i=0;i<=m;i++)
    {
        j=n-1-i;
        t=x[i];
        x[i]=x[j];
        x[j]=t;
    }
}
```

运行结果如图 6-16 所示。

图 6-16　将数组 a 中的 n 个整数按相反顺序存放的运行结果图

（2）实参用数组名，形参用指针变量。

```
main( )
{
    int a[10];
    …
    fun(a,10)
    …
}
fun(int *x,int n)
{
    …
}
```

【例 6-9】将数组 a 中的 *n* 个整数按相反顺序存放。实参用数组，形参用指针变量。

```
#include<stdio.h>
void  main( )
{
    void fun(int *x, int n);
    int i,a[10]={1,2,3,4,5,6,7,8,9,10};
    printf("交换前数组的值为: \n");
    for(i=0;i<10;i++)
    {
    printf("%d,",a[i]);
    }
    printf("\n\n");
    fun(a,10);
    printf("交换后数组的值为: \n");
    for(i=0;i<10;i++)
        printf("%d,",a[i]);
    printf("\n");
}
void fun(int *x, int n)
{
    int t,*p,*i,*j,m=(n-1)/2;
    i=x;
    j=x+n-1;
    p=x+m;
    for(;i<=p;i++,j--)
    {
    t=*i;
    *i=*j;
    *j=t;
    }
}
```

（3）实参、形参都用指针变量。

```
main( )
{
    int a[10],*p=a;
    …
    fun(p,10)
    …
}

fun(int *x,int  n)
{
    …
}
```

【例 6-10】将数组 a 中的 *n* 个整数按相反顺序存放。实参、形参都用指针变量。

```
#include<stdio.h>
void fun(int *x, int n);
void  main( )
{
    void fun(int *x, int n);
    int i,a[10]={1,2,3,4,5,6,7,8,9,10};
    int *p=a;
    printf("交换前数组的值为: \n");
    for(i=0;i<10;i++)
    {
    printf("%d,",a[i]);
    }
    printf("\n\n");
    fun(p,10);
    printf("交换后数组的值为: \n");
    for(i=0;i<10;i++)
        printf("%d,",a[i]);
    printf("\n");
}
void fun(int *x, int n)
{
int t,*p,*i,*j,m=(n-1)/2;
i=x;
j=x+n-1;
    p=x+m;
    for(;i<=p;i++,j--)
{
   t=*i;
       *i=*j;
      *j=t;
   }
}
```

（4）实参为指针变量，形参为数组名。

```
main( )
{
    int a[10],*p=a;
```

```
    …
    fun(p,10)
    …
}
fun(int x[ ],int n)
{
    …
}
```

【例 6-11】将数组 a 中的 *n* 个整数按相反顺序存放。实参为指针变量，形参为数组名。

```
#include<stdio.h>
void fun(int x[ ], int n);
void  main( )
{
    void fun(int *x, int n);
    int i,a[10]={1,2,3,4,5,6,7,8,9,10};
    int *p=a;
    printf("交换前数组的值为: \n");
    for(i=0;i<10;i++)
    {
    printf("%d,",a[i]);
    }
    printf("\n\n");
    fun(p,10);
    printf("交换后数组的值为: \n");
    for(i=0;i<10;i++)
        printf("%d,",a[i]);
    printf("\n");
}
void fun(int x[ ], int n)
{
    int t,i,j,m=(n-1)/2;
    for(i=0;i<=m;i++)
    {
    j=n-1-i;
        t=x[i];
        x[i]=x[j];
        x[j]=t;
    }
}
```

6.3.2 指针与二维数组

1. 二维数组与一维数组的关系

定义一个四行五列的二维数组：

```
int a[4][5]={{1,2,3,4,5},{6,7,8,9,10},{11,12,13,14,15},{16,17,18,19,20}};
```

a 是一个数组名，a 数组包含 4 行，即 4 个元素，即 a[0]，a[1]，a[2]，a[3]。而每一元素又是一个一维数组，它包含 5 个元素(即 5 个列元素)。例如，a[0]所代表的一维数组又包含 5 个元素，a[0][1]，a[0][2]，a[0][3]，a[0][4]，a[0][5]。如图 6-17 所示,可以认为二维数组是“数组的数组”，即 a 数组是由 4 个一维数组所组成。

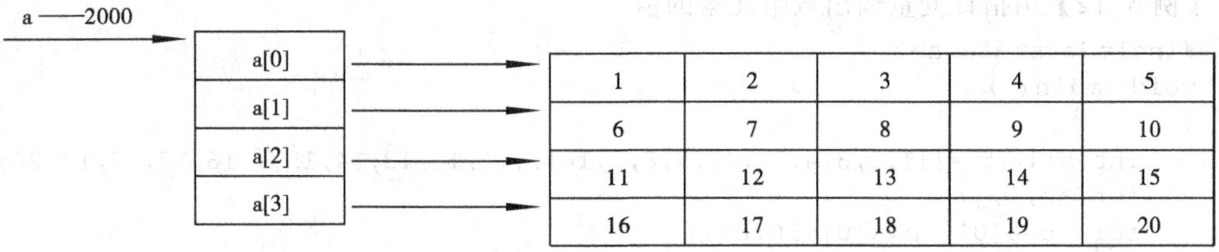

图 6-17 一个二维数组看成若干个一维数组组成

2．二维数组行、列元素的地址表示

（1）从二维的角度来看 a 代表二维数组首元素 a[0]的地址，现在的首元素 a[0]不是一个整型变量，而是由四个整型元素所组成的一维数组，因此 a 代表的是首行（即第 0 行）的首地址 2000，如图 6-18 所示。a+1 代表第 1 行的首地址 2010，a+2 代表第二行的首地址 2020；因此 a+i 代表第 i 行的首地址。

（2）由于 a 数组可以看作是有 4 个一维数组组成，那么 a[0]就是第一个一维数组的数组名和首地址，即一位数字 a[0]的 0 号元素的地址 2000。而*（a+0）或*a 是与 a[0]等效的，也表示 2000，而事实上 a[0]的 0 号元素的地址即是 a[0][0],故 a[0],*(a+0),*a,&a[0][0]等价，均为 a[0][0]的地址 2000。

同理，a[1],*(a+1),&a[i][0]等价，均为 a[1][0]的地址 2010。

故 a[i], *(a+i)、&a[i][0]等价，均为 a[i][0]的地址。这是 i 行 0 列元素地址。

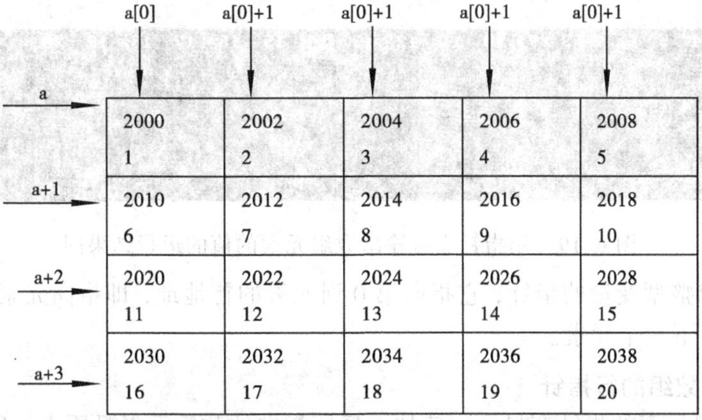

图 6-18 二维数组各行、列地址示意图

（3）另外，a[0]也可以看成 a[0]+0，是一维数组 a[0]的 0 号元素的地址，那么 a[0]+1 就是 a[0]的 1 号元素的地址，推出一般情况 a[0]+j 为 a[0]的 j 号元素地址，即 a[0][j]的地址，所以 a[0]+j、*(a+1)+j,&[0][j]等价，均表示 a[0][j]的地址。

同理，a[l]+j, *(a+l)+j,&a[1][j]等价，均表示 a[1][j]的地址。

故 a[i]+j,*(a+i)+j,&a[i][j]等价，均表示 a[i][j]等价。这是任意元素地址。

3．二维数组元素值的表示

（1）下标法：a[i][j]。

（2）指针法：在 a[i][j]的地址前面加“*”。*(a[i]+j),*(*（a+i）+j)，*&a[i][j]等价。均表示 a[i][j]，其中*(*（a+i）+j)最常用。

【例 6-12】用指针变量输出数组元素的值。

```
#include<stdio.h>
void main( )
{
   int a[4][5]={{1,2,3,4,5},{6,7,8,9,10},{11,12,13,14,15},{16,17,18,19,20}};
   int *p,i,j;
   for (p=a[0] ;p<a[0]+20;p++)
   {
   printf("%d  ",*p);
   }
   printf("\n");
   p=a;
   for (i=0;i<4;i++)
   {
   for (j=0;j<5;j++)
   {
        printf("%d ",*(p+i*5+j));
   }
   printf("\n");
   }
   printf("\n");
 }
```

运行结果如图 6-19 所示。

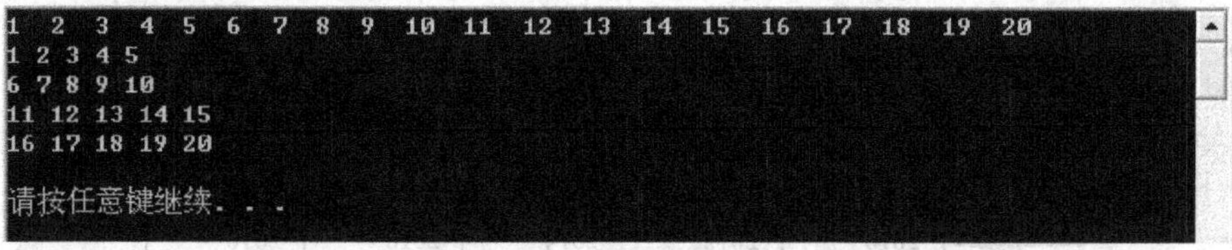

图 6-19　用指针变量输出数组元素的值的运行结果图

P 是一个指向整型变量的指针，它指向第 0 列元素的首地址，即指向元素 a[0][0]，每次使 p 的值加 1，以移向下一个元素。

4．指向二维数组的行指针

指向一维数组元素的指针变量 p,p 值加 1 后所指向的数组元素是原来 p 所指元素的下一个数组元素，因此可以理解为 p 值的变化是以数组元素为单位的。

指向一维数组的指针变量是另外一种类型的指针变量，它是指向一维数组类型数据的指针变量，即该指针变量的目标变量又是一个一维数组，所以此类指针变量的增值是以一维数组的长度为单位的。

指向由 n 个元素组成的一维数组的指针变量，又称为行指针，其定义的一般形式为：

类型标识符变量名　（*变量名）[N];

其中*表示其后的变量名为指针类型，[N]表示指针变量所指向的一维数组的元素个数。“类型标识符”是定义一维数组元素的类型。在定义中“*变量名”作为说明部分，必须用括号标注。

【例 6-13】用行指针变量输出数组元素的值。

```
#include<stdio.h>
void main( )
```

```
{
    int a[4][5]={{1,2,3,4,5},{6,7,8,9,10},{11,12,13,14,15},{16,17,18,19,20}};
    int  (*p)[5],i,j;
    p=a[0];
    for(i=0;i<4;i++)
    {
    for(j=0;j<5;j++)
    {
            printf("%d ",*(*(p+i)+j));
       }
    printf("\n");
    }
    printf("\n");
 }
```

运行结果如图 6-20 所示。

图 6-20 用行指针变量输出数组元素的值的运行结果图

P 是一个指针变量，它指向包含 5 个整型元素的一维数组。其中 p+i 是二维数组 a 中的第 i 行的地址，即 a+i，*（p+i）表示第 i 行第 0 列元素的地址，*（p+i）+j 表示第 i 行第 j 列元素的地址，*(*（p+i）+j)表示第 i 行第 j 列的元素值。

例 6-12 和例 6-13 给出了利用指针变量扫描二维数组的两种方法。

方法一：指针变量指向 0 行 0 列元素，语句“p=a[0]”实现,p++指向下一元素，*p 表示该元素的值，那么对于例 6-12 中的 4 行 5 列元素执行 20 次就可扫描完整个数组了。

方法二：指针变量指向 0 行首地址，语句“p=a”；实现，利用两重循环，i 表示行下标变化，j 表示列下标变化，*（p+i）+j 表示 i 行 j 列元素的地址，*（*（p+i）+j）表示 i 行 j 列元素值，这种方式可扫描例 6-13 中的 20 个元素。

6.4 指针与字符串

6.4.1 字符串的表示与引用

在 C 程序中，可以用两种方法实现一个字符串。

1. 用字符数组实现

【例 6-14】字符数组实现。

```
#include<stdio.h>
void  main()
{
    staic char string [ ]="I love China! ";
    printf("%s\n",string);
}
```

和前面介绍的数组属性一样，string 是数组名，它代表字符数组的首地址，string[4]代表数组中序号为 4 的元素（v），实际上 string[4]就是*（string+4），string+4 是指向字符“v”的指针。

2. 用字符指针实现

可以不定义字符数组，而定义一个字符指针。用字符指针指向字符串中的字符。

【例 6-15】字符指针实现。

```
#include<stdio.h>
void  main( )
{
   char *string="I love China! ";
   printf("%s\n",string);
}
```

在这里，字符指针变量 string 存放的是字符串常量的首地址，而不是字符串的内容。

虽然用字符指针变量和字符数组都能实现字符串的存储和处理，但二者是有区别的，不能混为一谈。

（1）存储内容不同。

字符指针变量中存储的是字符串的首地址，而字符数组中存储的是字符串本身(数组的每个元素存放字符串的一个字符)。

（2）赋值方式不同。

对于字符指针变量，可采用下面的赋值语句赋值。

```
char *s;
s= "This is a example";      //s保存字符串的首地址
```

对于字符数组，虽然可以在定义时初始化，但不能用赋值语句对字符数组整体赋值。下面的用法是非法的：

```
char s[20];
s= "This is a example";          //错误用法
```

（3）指针变量的值是可以改变的，字符指针变量也不例外，而数组名代表数组的起始地址，是一个常量，常量是不能被改变的。

6.4.2 字符串指针作函数参数

如同前面介绍过的数组名作为函数参数，当字符串指针被用作函数参数时，在被调函数中可以改变字符串的内容，在主调函数中可以得到改变了的字符串。同样，在调用函数时，实参传给形参的是字符串的首地址。

【例 6-16】用函数调用实现字符串的复制。

参考程序如下：

```
#include"stdio.h"
void copy_string(from,to);
void main ()
{
    char a[20]="I am a teacher";
    char b[20]= "You are a student";
    printf("String a is : %s\n String b is : %s\n ", a,b);
    copy_string(a,b);
    printf("String a is : %s\n String b is : %s\n ", a,b);
```

```
}
void copy_string (char *from, char *to )
{
    for( ; *from!='\0'; from++,to++)
    {
        *to=*from;
    }
    *to='\0';
}
```

运行结果如图 6–21 所示。

图 6–21　用函数调用实现字符串的复制的运行结果图

6.5　指 针 数 组

1. 指针数组的定义

数组的元素均为指针类型数据，则称其为指针数组。指针数组的每个元素都是一个指针数据。定义指针数组的一般形式如下：

```
类型标识符    *数组名[数组元素个数];
```

在定义中，“数组名[数组元素个数]” 先组成一个说明部分，表示一个一维数组及其元素个数，“类型标准符 *”则说明数组中每个元素都是指针类型。列入：

```
int  *ip[10];
float *cp[5];
```

这里定义了两个指针数组，ip 是整型指针数组，cp 是实型指针数组。

指针数组也可以进行初始化，例如：

```
static char*p1[5]=("Pascal","C","C#","Basic","Java");
```

字符指针数组有 5 个元素，每个元素都是指针，其中 p1[0]指向字符串"Pascal”，p1[1]指向字符串 “C”，p1[2]指向字符串 “C#”，p1[3]指向字符串 “Basic”，p1[4]指向字符串 “Java”。其示意图如图 6–22 所示。

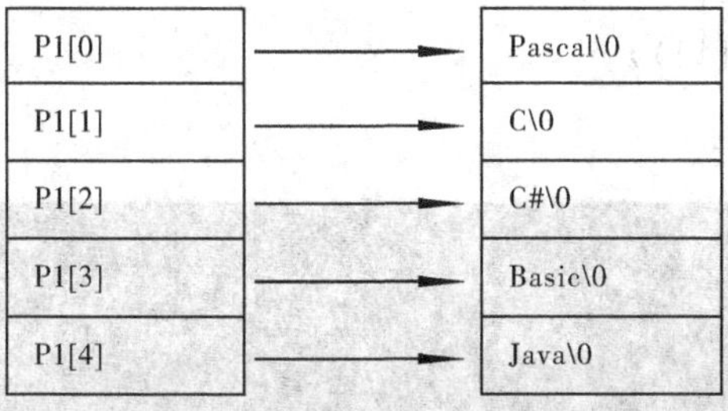

图 6–22　指针数组

一般情况下，运行指针的目的是操作目标变量，使得对目标变量的操作变得灵活并能提高运行效率。例如，使用指针数组处理多个字符串比使用字符数组更为方便灵活。

2. 用指针数组处理多维数组

【例 6-17】用指针数组处理多维数组。

参考程序如下：

```
#include"stdio.h"
void main ()
{
    static int a[2][3]={{1,2,3},{4,5,6}};
    int i,j,*pa[2];
    pa[0]=a[0];
    pa[1]=a[1];
    for(i=0;i<2;i++)
    {
        for(j=0;j<3;j++)
       {printf("%3d",*pa[i]++);}
       printf("\n");
    }
}
```

运行结果如图 6-23 所示。

图 6-23　用指针数组处理多维数组运行结果图

3. 用字符指针数组处理字符串组

前面已经介绍过，用一维字符数组或字符型指针可以处理一个字符串，但当有多个字符串，并且这些字符不等长时，用指针数组来处理就显得十分灵活方便，并且能提高其储存效率和执行速度。

【例 6-18】假如有一字符串，如图 6-22 所示。试用二维数组输出字符串。

参考程序如下：

```
#include<stdio.h>
void main()
{
    static char *p[5]={"Pascal","C","C#","Basic","Java"};
    int i;
    for (i=0;i<5;i++)
    printf("%s\n",p[i]);
}
```

运行结果如图 6-24 所示。

图 6-24　用二维数组输出字符串的运行结果图

程序在定义二维数组时，其列数必须是最长字符串的字符个数，但由于字符串长度不一，二维数组很多单元未被利用，特别是当处理的字符串很多时，其存储效率就很低。而用指针数组来处理情况就不同了，指针数组的各个指针所指向的字符串长度可以不等，如图 6-22 所示。

4．用作 main 函数的形参

指针数组的一个重要应用是作为 main 函数的形参。在前面所接触到的程序中，函数都不带参数，总是写成 void main()。

由这种无参 main 函数构成的程序，经编译生成可执行命令文件后，执行时只能在操作系统状态下输入可执行命令文件名。而在实际应用中，有时希望在执行程序时，命令名后面要带若干参数，即

命令名　参数 1　参数 2　…　参数 n

其中，命令名和各参数间用空格隔开，这就是所谓的命令行参数。main 函数要接收命令行参数，就需定义自己的形参。c 语言规定 main 函数的形参有两个：一个是 argc，整型变量，它表明命令行中参数的个数（通常包括命令名）；第二个是指针数组 argv，由于命令行每一个参数都是字符串，该指针数组用来存放这些字符串的首地址。

带参数的 main 函数的一般格式如下：

```
main(int argc,char * argv[])
{
   函数体
}
```

例如 pointarray 程序的作用是把它后面的参数输出，如

```
c:>pointarray  This is a example.
```

则在显示器上输出

```
This is a example.
```

参考程序

```
#include<stdio.h>
void main(int argc,char *argv[ ])
{
   int i;
   for(i=1;i<argc;i++)
   printf("%s\t",argv[i]);
}
```

运行结果如图 6-25 所示。

图 6-25　带参数的 main 函数的运行结果

6.6　指向指针的指针

如果定义了一个变量，如

```
int i=10;
```

这时要访问变量 i 的值，可以通过变量 i 直接访问，也可以通过指针变量 p，使其指向 i，从而间接访问 i 的值。如 int *p=&i;。

同样，指针变量 p 也有地址，可以通过这个地址访问 p，进而访问 i。C 语言允许定义指向指针的指针来实现上述多级间接访问功能。二级指针定义如下：

```
int* *pp=&p;
```

pp 指向指针 p，前面有两个*，是指向指针的指针，通过 pp 可以访问指针 p 和最终数据 i，如图 6-26 所示。

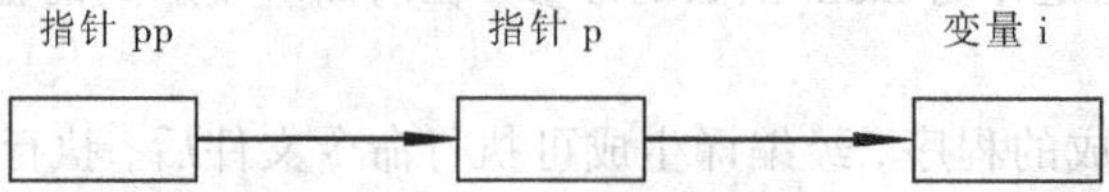

图 6-26　指向指针的指针

原则上 C 语言允许多重间接访问，可以用多个*号定义多级指针，不过一般程序极少用二次以上的间接访问。

指向指针的指针主要用来处理指针数组，这是因为指针数组中的元素是指针，而指针数组本身又可用指针来操作，如图 6-27 所示，用指针数组 p1[]处理多个字符串，可以改用指向指针的指针 pp1 来处理。

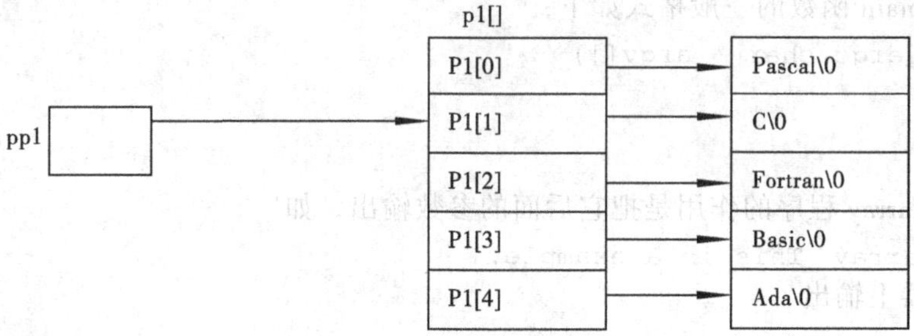

图 6-27　指向指针的指针的数组

【例 6-19】用指向指针的指针处理多个字符串。

参考程序如下：

```
#include<stdio.h>
void main()
{
    static char *p[4]={"Pascal","C","Basic","Java"};
    int i;
    char **pp;
    for(pp=p;pp<p+4;)
    {
        printf("%s \n",*pp);
        pp++;
    }
}
```

运行结果如图 6-28 所示。

图 6-28　用指向指针的指针处理多个字符串的运行结果图

程序中 p1 为指针数组，它的 5 个元素分别指向 5 个字符串，pp1 为指向指针的指针，经赋值 pp1=p1，pp1 就指向指针数组 p1，之后就可用 pp1 来引用指针数组 p1 的各个元素了。

第 7 章　函　数

在 C 语言中，函数是程序的基本组成单位，可以很方便地用函数作为程序模块来实现 C 语言程序，因此合理利用函数，不仅可以实现程序的模块化，程序设计得简单和直观，还能更加有效地提高程序的易读性和可维护性，也可以把程序中经常用到的一些计算或操作编成通用的函数，以供随时调用，这样可以大大地减轻程序员的代码工作量。函数的作用是任务划分、代码重用、信息隐藏。

7.1　函数概述

C 语言程序是由函数组成的，函数是 C 语言中的重要概念，也是 C 语言程序设计的重要手段。函数之所以重要，是因为它们提供了程序模块化设计的方法，从而可以将一个大型的复杂程序，编写成多个小模块的组合。在设计良好的程序中，每个模块的目的或者任务都是明确的，并且很容易说明。这些基本模块在 C 语言中是用函数实现的。

一个 C 语言程序可以由一个主函数和若干个函数组成。主函数调用其他函数，其他函数也可以相互调用，一个函数可以被一个或多个函数任意多次调用。也就是说，C 语言程序的全部功能都是由函数实现的。每个函数相对独立并具有特定的功能。可以通过函数间的调用来实现程序总体功能。图 7-1 是一个程序中函数调用的示意图。

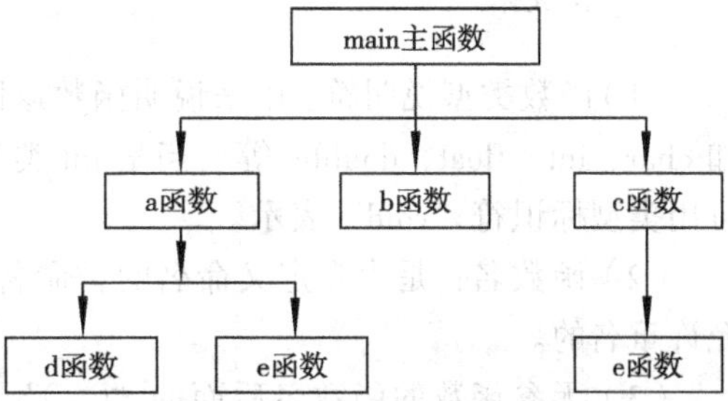

图 7-1　函数调用的示意图

在 C 语言中，主函数可以调用其他函数，而其他函数均不能调用主函数。通常把调用其他函数的函数称为主调函数，而将被调用的函数称为被调函数。可见主函数只能是主调函数，而其他非主函数既可以是主调函数，也可以是被调函数。

C 语言中，函数可按多种方式来分类：

从使用的角度来分，可以分为标准函数和自定义函数。

标准函数，即库函数。它由 C 语言编译系统提供，用户只要在程序头部将包含这些库函数的头文件包含进来，就可以直接使用它们。自定义函数，即用户自己编写的函数，执行一个特定的任务。

从形式上来分，可以分为无参函数和有参函数。这是根据函数定义时是否设置参数来划分的。

从作用范围来分，可以分为外部函数和内部函数。外部函数是指可以被任何源程序文件中的函数所调用的函数。内部函数是指只能被其所在的源程序文件中的函数所调用的函数。

从返回值来分，可以分为无返回值函数和有返回值函数。

7.2 函数声明

由前述已知，变量和数组在使用之前必须先定义。函数也类似，一般情况下，函数应先定义，后调用（若是处于先调用，后定义情况下，则需加适当的声明。在后续节中介绍。）。

自定义函数的定义，必须符合C语言规定的格式。下面分别介绍无参函数和有参函数的定义格式。

7.2.1 无参函数的一般形式

无参函数的定义格式为：

```
函数类型说明符  函数名( )
{
    函数体
}
```

7.2.2 有参函数的一般形式

有参函数的定义格式为：

```
函数类型说明符  函数名( 数据类型符  形式参数1[, …])
{
    函数体
}
```

（1）函数类型说明符：用来说明函数返回值的类型。返回值可以是任何C语言的数据类型，如char、int、float、double 等。当是int类型时，类型标识符int 可以省略。若函数无返回值，可用类型标识符“void”表示。

（2）函数名：是由自定义命名的，命名规则同自定义标识符。在同一个文件中，函数是不允许重名的。

（3）无参函数的函数名后面的“( )”不能省略。在调用无参函数时，没有参数传递。有参函数的函数名后面的“( )”内是用逗号分隔的若干个形式参数，每个参数也必须指定数据类型。

有参函数的说明方法可以有两种写法，举例说明如下。

① 在形参表中的各参数前面加类型名：

```
float fun(int x,int y);
```

② 在函数体前，单独说明：

```
float fun( x,y );
int x,y;
```

函数体：则包含该函数所用到的变量的定义或有关声明部分（如后续将介绍的外部变量声明）及实现该函数功能的相关程序段部分。

每个函数必须单独定义，不允许嵌套定义，即不能在一个函数的内部再定义另一个函数。

注 意

自定义函数不能单独运行，但可以被主函数或其他函数所调用，它也可以调用其他函数。所有自定义函数均不能调用主函数。

【例 7-1】自定义函数的定义例子。该函数的功能是求三个整数中的最大值，并返回值。

程序如下：

```
int max(int x,int y,int z)
{
    int max1;
    if(x>y)
       max1=x;
    else
       max1=y;
    if(z>max1)
       max1=z;
    return(max1);
}
```

说明：由上面自定义函数的定义可知，该函数返回值的类型为 int，函数名为 max，它有 3 个形式参数 x,y,z，它们都是 int。另外，该函数体中还定义了 int 变量 max1，其他语句为求三个整数中的最大值的程序段。

注 意

该自定义函数不能单独运行。若配以如下的主函数后，就可上机运行了。关于函数的调用方法及参数的传递方式将在后面章节中陆续介绍。

```
#include<stdio.h>
main( )
{
    int n1,n2,n3,n_max;
    scanf("%d%d%d",&n1,&n2,&n3);
    n_max=max(n1,n2,n3);
    printf("max=%d\n",n_max);
}
```

【例 7-2】函数声明应用例子。求两个实数之积。

程序如下

```
#include<stdio.h>
main()
{
    float mul(float x1,float y1);                /* 函数的声明*/
    float x,y,z;
    scanf("%f%f",&x,&y);
    z=mul(x,y);
    printf("%f*%f=%f\n",x,y,z);
}
float mul(float x1,float y1)
{
    float z1;
    z1=x1*y1;
    return(z1);
}
```

说明：

（1）求乘积的函数 mul 的类型是 float，且其定义在主函数之后，属于先调用，后定义的情况，所以，在主函数内首部对函数 mul 加以声明“float mul(float x1,float y1);”。

（2）声明中的 x1，y1 可以不写“float mul(float ,float);”。

（3）若将其函数 mul 声明去掉（可在其首尾添加注释符号，使之不起作用即可），则编译时会给出相关的错误信息。读者可试一试。

（4）若将该例中的变量（x，y，z，z1）、形参（x1，y1）的数据类型和函数的类型都改为 int，尽管函数 mul 仍放置在主函数之后，也可省略相应的声明。

7.3 函数的参数与函数的返回值

7.3.1 形式参数与实际参数

所谓“形式参数”是指在进行函数定义时设定的参数。由上一节有参函数的定义格式可知，形式参数（以下简称为“形参”）固定位于函数名后的括号内，在此既给定了形参的个数，又对每个形参的数据类型加以设定。

而所谓“实际参数”是指在进行有参函数调用时所用的参数（以下简称为“实参”）。实参则固定位于主调函数的调用语句的函数名后的括号内。如【例 7-1】的主函数就可称为主调函数，其中的调用语句为“n_max=max(n1,n2,n3);”，函数名 max 后括号内的“n1,n2,n3”就是实参。

在调用有参函数时，主调函数和被调函数之间必有数据传递过程，即由实参传递给形参。而具体的传递方式有以下两类：

1．值传递方式（值单向传递方式）

所谓“值传递方式”是指将实参的具体数值单向传递给形参的一种方式。

注 意

值单向传递是指只能由实参传递给形参，而不能由形参传递给实参。如【例 7-1】中，只能由实参 n1，n2，n3 依次对应传递给形参 x，y，z，反之则不行。

采用这种方式时，实参可以是已赋值的变量、常量或表达式（表达式要有确定的值）。形参通常是变量。且要求实参与形参的类型应相同。在程序运行过程中，系统分配给实参和形参的内存单元是不同的（即实参、形参各自有属于自己的存储空间），分配内存单元的时刻也不同（即被调函数只在其被调用时，形参才被分配内存单元。在调用结束后，形参所占的内存单元即被释放）。

【例 7-3】值单向传递方式的例子。

有以下程序：

```
#include<stdio.h>
void  fun(int a,int b,int c)
{
   a=456; b=567; c=677;
}
main( )
{
   int x=10,y=20;z=30;
```

```
    fun( x,y,z );
    printf("%d,%d,%d\n",z,y,x);
}
```

输出结果（　　）。

（A）30,20,10　　　　　　（B）10,20,30

（C）456,567,677　　　　（D）677,567,456

由该例可知：实参为x，y，z，形参为a，b，c，它们都是int，类型一致。当调用fun函数时，x值（10）单向传递给a，y值（20）单向传递给b，z值（30）单向传递给c。尽管在被调函数fun内，a，b，c三个形参变量又都重新赋予新值，但并不能影响实参x，y，z，所以其输出结果是（A）。

2．地址传递方式

所谓"地址传递方式"是指将实参所代表的地址传递给形参的一种方式。

采用这种方式时，实参可以是变量的地址、数组名、也可以是相关指针变量，形参通常是数组或指针变量。在程序运行过程中，系统分配给实参和形参的内存单元是相同的（即形参对应的内存空间与实参的内存空间是同一存储空间），分配内存单元的时刻也是不同的。

采用地址传递方式的函数调用方法在后续章节中再详细介绍。

7.3.2　函数的返回值

函数的返回值是指函数被调用后返回给主调函数的值，函数的返回值是通过函数中的return语句获得的。

1．return语句的一般形式

return　表达式；

或return　（表达式）

2．return语句的功能

（1）return语句将表达式的计算结果返回给调用函数。

（2）结束return语句所在函数的执行，返回到调用该函数的函数中继续执行。

3．操作要点

（1）在一个函数中允许有多个return语句，程序执行到其中一个return语句时立即返回主调函数，该return语句后面即使有未执行的语句，也不再执行。

例如：

```
int max(int x,int y)
{
    if(x>y)
        return x;
    else
        return y;
}
```

（2）如果函数值的类型和return语句中表达式值的类型不一致，则以函数值的类型为准进行类型转换。例如：

```
double sum(float x,float y)
{
```

```
    float s;
    s=x+y;
    return(s);
}
```

（3）在函数体中，也可不带返回语句，则该函数执行到最后一个花括号时，自动返回。

（4）如果被调函数中没有 return 语句，函数并不是不带回返回值，而是带回一个不确定的、用户可能不希望得到的函数值。为了明确表示函数不带返回值，应该定义函数为无类型“void”(或称空类型)。例如：

```
void printmsg()
{
    printf("请输入密码");
}
```

7.4 函数调用

7.4.1 函数调用的方法

函数调用的一般形式为：

函数名（实参表列）;

或　函数名（）;

前者用于有参函数，若实参表列包含了两个以上实参时，各参数之间用逗号分隔。实参的个数应与形参的个数相同，且按顺序对应的参数的类型应一致（或兼容）。后者用于无参函数的调用，括号不能省略。

从函数调用在程序中可能出现的位置这个角度来看，函数调用大致可分为以下几种形式：

（1）以语句的形式进行函数调用。被调用的函数作为一个独立的语句出现在源程序中，这种语句称为“函数语句”。

例如：常用的输入函数 scanf 的使用：scanf("%d", &n)。

（2）以表达式的形式进行函数调用。被调用的函数出现在一个表达式中，只要函数没有被说明为 void 类型，这个函数的返回值就能作为操作数出现在 C 语言的表达式中。

```
x = power (y);
```

（3）以函数的参数形式进行函数调用。被调用函数作为另一个函数调用的一个实参出现。

例如： `printf("%d is greater", max(x,y));`

【例 7-4】以表达式的形式进行函数调用的例子。

阅读程序，从四个选项中选择正确答案：

```
#include<stdio.h>
func(int a,int b)
{
    int c;
    c=a+b;
    return c;
}
main()
{
    int x=6,y=7,z=7,r;
```

```
    r=func((x--,y++,x+y),z--);
    printf("%d\n",r);
}
```

上面程序的输出结果是（　　）。

（A）11　　（B）20　　（C）21　　（D）31

该例中的函数 func 是以表达式的形式进行调用的。其函数名 func 前面省略了函数类型说明符，则该函数返回值的类型默认为 int（整型）。主调函数（main 函数）与被调函数（func 函数）之间的参数传递是采用值单向传递的方式，即第 1 个实参 13（x+y=6+7）单向传递给形参 a，第 2 个实参 7 单向传递给形参 b。函数的返回值为 21。故该题选（C）。

7.4.2 函数调用时参数间的传递

C 语言所定义的函数，本身是独立的。函数之间是通过调用函数时参数的传递及函数值的返回来相互联系的。

1．变量、常量、数组元素作为函数实参

在函数调用时，使用变量或常量或数组元素作为函数实参，变量作为函数形参，在此情况下，实参与形参之间的参数的传递属于前面介绍过的值单向传递方式，即将实参的值传送（复制）到形参相应的存储单元中，此时形参和实参分别占用不同存储单元。

前面所列举的例 7-1、例 7-2 和例 7-3 均属于变量及含变量的表达式作为函数实参的运用，也就是实参向形参单向传递具体值的方式运用。

2．数组名作为函数实参

由第 5 章可知，数组名本身代表该数组在内存中存放的首地址。在函数调用时，使用数组名作为函数实参，数组作为函数形参（此种情况下，实参和形参类型必须一致），则实参与形参之间的参数的传递属于前面介绍过的地址传递方式。

【例 7-5】求某班若干学生的平均成绩。

程序如下：

```
#include<stdio.h>
float ave(float b[],int n1)
{
    int i;
    float aver1,sum=0;
    for(i=0;i<n1;i++)
        sum+=b[i];
    aver1=sum/n1;
    return(aver1);
}
main( )
{
    float a[50],aver;           /* 假设班级的学生人数最多不超过 50 人 */
    int j,n;
    scanf("%d",&n);             /* 输入班级的学生人数 n≤50 */
    printf("Input %d scores:\n",n);
    for(j=0;j<n;j++)
        scanf("%f",&a[j]);
```

```
    aver=ave(a,n);                /* 调用 ave 函数，第 1 个实参为数组名 a */
    printf("average score is %.1f\n",aver);
}
```

该程序运行的情况为：

```
6
Input 6 scores:
77 67 56 79 91 74.5<CR>
average score is 77.6
```

说明：在主调函数 main 中，定义了数组 a[50]，并根据输入的班级人数控制将 n 个学生成绩输入至 a 数组中，然后调用 ave 函数,数组名 a 和 n 作为实参。

在被调函数 ave 中，b 为形参数组名，形参数组 b 与实参数组 a 的类型必须一致（此例中均为 float）。

在具体的调用过程中，实参数组名 a 并不是将数组 a 中的所有学生成绩传送给形参数组 b，而只是将实参数组的首地址传递给形参数组，从而使这两个数组共用同一存储空间，即 a[0]与 b[0]占据同一单元，a[1]与 b[1]占据同一单元，……。若 n 为 50 时，如图 7-2 所示。

图 7-2　两个数组共用同一存储空间

7.5　函数的嵌套与递归调用

7.5.1　函数的嵌套调用

所谓函数的“嵌套调用”是指函数 1 调用了函数 2，而函数 2 又调用了函数 3。也就是说，函数和函数之间没有从属关系，一个函数既可以被其他函数调用，同时该函数也可以调用另外别的函数。

【例 7-6】由键盘任意输入两个整数，求这两个整数的最小公倍数。

程序如下：

```
#include<stdio.h>
int fun1(int n1,int n2)                 /* fun1 函数可求出最小公倍数 gbs1 */
{
    int gbs1;
    gbs1=n1*n2/fun2(n1,n2);
```

```
    return(gbs1);
}
int fun2(int u,int v)                    /* fun2 函数可求出最大公约数 v */
{
    int t,r;
        if(v>u)
    {
        t=u;u=v;v=t;
    }
    while((r=u%v)!=0)
    {
        u=v;v=r;
    }
    return(v);
}
main( )
{
    int num1,num2,gbs;
    printf("input 2 numbers:");
    scanf("%d%d",&num1,&num2);
    gbs=fun1(num1,num2);                 /* gbs 变量中存放的是最小公倍数 */
    printf("gbs=%d\n",gbs);
}
```

程序运行时显示并输入

```
input 2 numbers:7  12<Enter>
```

则输出结果为：

```
gbs=24
```

从数学知识可知道，任何两个整数的最小公倍数等于这两个数之积再除以这两个数的最大公约数。

该例中共有 3 个函数，即 main()，fun1()和 fun2()。fun1()和 fun2()这两个函数的定义是并列的、相互独立的。在程序运行过程中，main()调用了 fun1()函数以求出最小公倍数，而 fun1()函数又调用了 fun2()函数以求出最大公约数。这就是函数的嵌套调用，如图 7-3 所示。

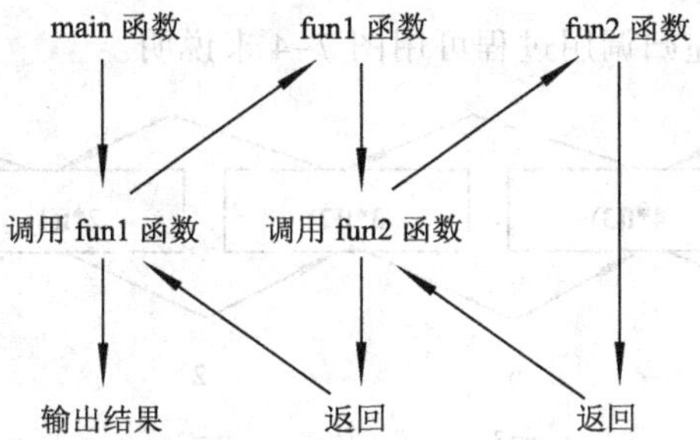

图 7-3　函数的嵌套调用

7.5.2　函数的递归调用

所谓函数的“递归调用”是指一个函数直接调用自己（即直接递归调用）或通过其他函数间接地调用自己（即间接递归调用）。

下面用一个例子来说明函数的递归调用方法。

【例 7-7】用递归方法求 n!。

由数学知识可知，正整数 n 的阶乘为：$n\times(n-1)\times(n-2)\times\cdots\times2\times1$。

若 n 为 5，从递归方法可有：5! =5×4!；4! =4×3!；…；1! =1。即可用下面的递归公式表示：

$$n! = \begin{cases} 1 & n=0,1 \\ n\cdot(n-1)! & n>1 \end{cases}$$

程序如下：

```
#include<stdio.h>
int func(int n)
{
    int s;
    if(n==1||n==0)
        s=1;
    else
        s=n*func(n-1);
    return(s);
}
main()
{
    int n,t;
    printf("input a number(n>1):");
    scanf("%d",&n);
    t=func(n);
    printf("%d!=%d\n",n,t);
}
```

程序运行时显示并输入：

```
input a number(n>1):4<CR>
```

输出结果为：

```
4! =24
```

上例中的函数 func()的递归调用过程可用图 7-4 来说明。

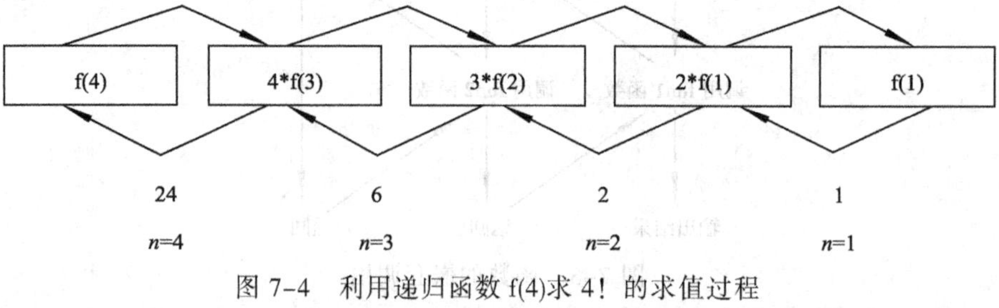

图 7-4　利用递归函数 f(4)求 4! 的求值过程

由图 7-4 可以看到函数 func()的递归调用过程分为两个阶段：第一是“递推调用” 阶段，即 n 值不为 1 时，则不断地调用函数 func()自己，只是每次的参数不同而已；第二是“回归计算”阶段，即先获得 func(1)值返回，接着依次计算出 func(2)、 func(3)、func(4)的值并返回，最终得到递归调用的结果。

从程序设计角度来说，递归过程必须解决两个问题：

（1）递归计算的公式。

（2）递归结束的条件。

如上例中：递归计算公式是：func(n)=n*func(n−1)；　递归结束条件是 func(1)=1。

第 8 章　结构体与共用体

结构是由基本数据类型构成的、并用一个标识符来命名的各种变量的组合。结构中可以使用不同的数据类型。例如，表示一个学生的信息有学号、姓名、性别、出生年月、成绩等项，这些项都与某一学生相联系。那么，学生姓名应为字符型；学号可为整型或字符型；年龄应为整型；性别应为字符型；成绩可为整型或实型。C 语言中给出了另一种构造数据类型——“结构（structure）”或叫“结构体”。它相当于其他高级语言中的记录。“结构”是一种构造类型，它是由若干“成员”组成的。每一个成员可以是一个基本数据类型或者又是一个构造类型。结构既是一种“构造”而成的数据类型，那么在说明和使用之前必须先定义它，也就是构造它。如同在说明和调用函数之前要先定义函数一样。

8.1　结构体类型及变量

在 C 语言中，结构体（struct）指的是一种数据结构，是 C 语言中聚合数据类型（aggregate data type）的一类。结构体可以被声明为变量、指针或数组等，用以实现较复杂的数据结构。结构体同时也是一些元素的集合，这些元素称为结构体的成员（member），且这些成员可以为不同的类型，成员一般用名字访问。

8.1.1　结构体类型的定义

一个结构体由若干个成员组成，定义的一般形式为：

```
struct  结构体名
{
类型名 1    成员名 1;
类型名 2    成员名 2;
……
类型名 n    成员名 n;
};
```

其中，struct 是关键字，结构体名和结构成员名是用户定义的标识符。注意必须在结尾加分号，因为结构体类型定义本身为一条语句。

依此格式，可以定义如下结构体类型来描述上述学生档案的信息：

```
struct student             //声明一个结构体类型 student
{
    char num[20];          //包括一个字符数组 num 可以容纳 20 个字符
    char name[20];         //包括一个字符数组 name，可以容纳 20 个字符
    char sex;              //包括一个字符变量 sex
    int age;               //包括一个整型变量 age
```

```
    float score;          //包括一个单精度型变量
    char addr[30];        //包括一个字符数组 addr，可以容纳 30 个字符
};                        //最后有一个分号
```

关于结构体中的成员，有几点需要说明：

（1）成员可以单独使用，作用与地位相当于同类型的普通变量。

（2）成员名可以与程序中的变量名相同，二者代表不同的对象。

（3）成员也可以是一个结构体变量，此时形成结构体的嵌套。ANSI C 允许嵌套 15 层，且不同层的结构体成员的名字可以相同。

例如，可以用更能准确反映学生年龄的出生日期（birthday）取代年龄（age）这一项，出生日期是由年、月、日组成的，定义为结构体类型：

```
struct date
{
    int day;
    int month;
    int year;
};
```

由此可以定义如下结构体类型：

```
struct person
{
    char num[20];
    char name[20];
    char sex;
    int age;
    float score;
    char addr[30];
};
```

或者可以直接写成：

```
struct person
{
    char num[20];
    char name[20];
    char sex;
    struct date
    {
        int day;
        int month;
        int year;
    };
    float score;
    char addr[30];
};
```

struct person 的结构如图 8-1 所示。

<table>
<tr><td rowspan="2">num</td><td rowspan="2">name</td><td rowspan="2">sex</td><td colspan="3">birthday</td><td rowspan="2">score</td><td rowspan="2">addr</td></tr>
<tr><td>day</td><td>month</td><td>year</td></tr>
</table>

图 8-1　struct person 的结构

8.1.2 结构体变量的定义

结构体类型定义仅仅是声明了这些数据的结构形式，系统并没有为其分配实际内存单元，要在程序中使用结构体类型的数据，应当定义结构体变量。

定义结构体变量有三种方法：

1. 先定义结构体类型再定义变量

一般形式为：

```
struct  结构体名
{
    类型名 1   成员名 1;
    类型名 2   成员名 2;
    ……
    类型名 n   成员名 n;
};
    struct 结构体名 变量名表列;
```

例如：

```
struct student
{
    char num[20];
    char name[20];
    char sex;
    int age;
    float score;
    char addr[30];
};
struct student std1,*pstd;
```

在这里，定义了一个结构体变量 std1，一个可以指向结构体变量的指针 pstd。

在定义了结构体变量之后，系统会为之分配内存单元。例如结构体变量 std1 在内存中占 65（即 20+2+1+2+40）个字节。

2. 在定义结构体类型的同时定义变量

一般形式为：

```
struct 结构体名
{
    类型名 1   结构体成员名 1;
    类型名 2   结构体成员名 2;
    ……
    类型名 n   结构体成员名 n;
}变量名表列;
```

例如：

```
struct student
{
    char num[20];
    char name[20];
    char sex;
    int age;
    float score;
```

```
    char addr[30];
}std1, *pstd;
```

采用这种方式时，如果在程序中只需定义结构体变量一次，即此后不需要再定义此类型的结构体变量，结构体名可以省略，student 可以不写。

3. 直接定义结构体类型变量

一般形式为：

```
struct
{
    类型名 1    结构体成员名 1;
    类型名 2    结构体成员名 2;
    ……
    类型名 n    结构体成员名 n;
}变量名表列;
```

例如：

```
struct
{
    char num[20];
    char name[20];
    char sex;
    int age;
    float score;
    char addr[30];
}std1, *pstd;
```

不出现结构体名。

8.1.3　结构体变量的初始化

同普通变量和数组一样，结构体变量可以在定义的同时赋初值。

对结构体变量初始化，应将各成员所赋初值依照结构体类型定义中成员的顺序依次放在一对花括弧中。例如：

```
struct student
{
    char num[20];
    char name[20];
    char sex;
    int age;
    float score;
    char addr[30];
}std1={"201500001", "zhaoxiaohong", 'M',18, 456.0,"Chongqing"};
```

结构体变量初始化时，不允许跳过前面的成员给后面的成员赋值，但可以只给前面若干个成员赋初值，后面未赋初值的成员中，数值型和字符型的数据，系统自动赋值零。

8.1.4　结构体变量的引用

由于结构体类型的特殊构造，结构体变量的引用也较为特殊。

定义了结构体变量之后就可以引用这个变量，但应遵守以下规则：

（1）C 语言不允许将一个结构体变量作为一个整体进行输入、输出，只能对结构体变量中的各个成员分别输入、输出。例如不能这样引用：

```
printf("%s,%ld,%c,%d,%s",std1);
```

引用结构体变量中成员的形式如下：

```
结构体变量名.成员名
```

其中，“.”是成员运算符。

例如用 scanf 对上面定义的结构体变量 std1 进行赋值：

```
scanf("%s",std1.num);
scanf("%s",std1.name);
scanf("%c",std1.sex);
scanf("%d",std1.age);
scanf("%f",std1.score);
scanf("%s",std1.addr);
```

这里，由于成员 name 和 address 是字符数组名，本身代表地址，所以不应再用“&”运算符。

用 printf 输出结构体变量 std1 的数据：

```
printf ("%s\n",std1.num);
printf ("%s\n",std1.name);
printf ("%c\n",std1.sex);
printf ("%d\n",std1.age);
printf ("%f\n",std1.score);
printf ("%s\n",std1.addr);
```

（2）如果成员本身又属于一个结构体类型，则要用若干个成员运算符，一级一级地找到最低一级的成员，只能对最低级的成员进行引用和操作。

假设有如下定义：

```
struct person
{
    char num[20];
    char name[20];
    char sex;
    struct date
    {
        int day;
        int month;
        int year;
    };
    float score;
    char addr[30];
} std1;
```

则：std1.code 引用结构体变量 std1 中的成员 code，std1.birthday.day 引用结构体变量 std1 中结构体变量 birthday 中的成员 day。

（3）允许将一个结构体变量直接整体赋值给另一个具有相同结构的结构体变量。如果有：

```
struct student
{
    char num[20];
    char name[20];
    char sex;
    int age;
    float score;
```

```
    char addr[30];
}std1={"201500001", "zhaoxiaohong", 'M',18, 456.0,"Chongqing"},std2;
```

则以下操作是合法的：

```
std2=std1;
```

（4）结构体变量的成员可以像基本变量一样进行各种运算，例如统计 sex 为 M 的人数（求和）、对 age 求平均值等。

8.1.5 结构体变量应用举例

【例 8-1】输入一个学生的信息（学号，姓名，性别，年龄，成绩，住址），将信息定义在一个结构体中，然后输出到屏幕上，每个信息换行显示。

分析：

（1）这里要将若干个不同数据类型的数据项（学号，姓名，性别，年龄，成绩，住址）组织在一起，形成一条信息，需要使用结构体类型。

（2）本题是结构体变量的输入、输出。程序由哪几部分构成？如何编写程序？请思考。

（3）算法为：先定义结构体类型和定义结构体变量，再输入。

（4）输出换行显示。

程序：

```
#include "stdio.h"
main( )
{
    struct student
    {
        char num[20];
        char name[20];
        char sex;
        int age;
        float score;
        char addr[30];
    }std1={"201500001", "zhaoxiaohong", 'M',18, 456.0,"Chongqing"},std2;
        printf ("num: =%s\n",std1.num);
        printf ("name: =%s\n",std1.name);
        printf ("sex: =%c\n",std1.sex);
        printf ("age: =%d\n",std1.age);
        printf ("score: =%f\n",std1.score);
        printf ("addr: =%s\n",std1.addr);
}
```

运行结果如下：

```
num=201500001
name= zhaoxiaohong
sex=M
age=18
score=456.0
addr= Chongqing
```

本程序的结构体类型和结构体变量的定义位于 main 函数内部，它们的定义也可以位于 main 函数外部，或只是结构体类型的定义位于 main 函数外部。

8.2 结构体数组

单个的结构体类型变量在解决实际问题时作用不大，一般是以结构体类型数组的形式出现。如果用数组替换结构体变量，则称其为结构体数组。

8.2.1 结构体数组的定义

结构体数组的定义与结构体变量的定义类似，有三种方法。下面举例说明。

第一种方法：

```
struct student
{
    char num[20];
    char name[20];
    char sex;
    int age;
    float score;
    char addr[30];
};
struct student std[2];
```

第二种方法：

```
struct student
{
    char num[20];
    char name[20];
    char sex;
    int age;
    float score;
    char addr[30];
}std[2];
```

第三种方法：

```
struct
{
    char num[20];
    char name[20];
    char sex;
    int age;
    float score;
    char addr[30];
}std[2];
```

8.2.2 结构体数组的初始化

对结构体数组进行初始化，除了要遵循数组初始化的规则，还要把每个数组元素的初值数据用花括弧括起来。下面举例说明。

```
struct student
{
    char num[20];
    char name[20];
    char sex;
```

```
    int age;
    float score;
    char addr[30];
};
struct student std[2]={{"201500001", "zhaoxiaohong", 'M',18, 456.0,"Chongqing"},
                       {"201500002", "wangxiaoli", 'F',19 , 486.0,"Sichuan"}};
```

或者：

```
struct student
{
    char num[20];
    char name[20];
    char sex;
    int age;
    float score;
    char addr[30];
} std[2]={{"201500001", "zhaoxiaohong", 'M',18, 456.0,"Chongqing"},
          {"201500002", "wangxiaoli", 'F',19 , 486.0,"Sichuan"}};
```

或者：

```
struct
{
    char num[20];
    char name[20];
    char sex;
    int age;
    float score;
    char addr[30];
} std[2]={{"201500001", "zhaoxiaohong", 'M',18, 456.0,"Chongqing"},
          {"201500002", "wangxiaoli", 'F',19 , 486.0,"Sichuan"}};
```

在输入全部数组元素时，可以省略元素个数（这里为“2”），例如：

```
struct student
{
    char num[20];
    char name[20];
    char sex;
    int age;
    float score;
    char addr[30];
};
struct student std[ ]={{"201500001", "zhaoxiaohong", 'M',18, 456.0,"Chongqing"},
                       {"201500002", "wangxiaoli", 'F',19 , 486.0,"Sichuan"}};
```

系统会自动确定元素个数。

8.2.3 结构体数组的应用

结构体数组引用的一般形式如下：

```
数组名[下标].成员名
```

例如：

```
std[0].num
std[0].name
```

还允许将一个结构体数组元素整体赋给同一个结构体数组的另一个元素，或赋给同一类型的变量。例如：

```
std[1]=std[0];
```

【例 8-2】利用结构体数组的已知信息，输出这些学生信息（学号，姓名，性别，年龄，成绩，住址），并计算输出这些学生的平均成绩。

程序：

```
#include "stdio.h"
#define N 2
struct student
{
    char num[20];
    char name[20];
    char sex;
    int age;
    float score;
    char addr[30];
};
struct student std[N]= {{"201500001", "wang", 'M',18, 456.0,"Chongqing"},
                        {"201500002", "yang", 'F',19, 486.0,"Sichuan"}};
main()
{
    int i,sum=0;
    float aver_ score;
    for(i=0;i<N;i++)
          sum=sum+std[i]. score;
    aver_ score =(float) sum/N;
    printf("Num\tName\tSex\tAge\t Score\Addr\n");
    for(i=0;i<N;i++)
    {
        printf ("%s\t",std[i].num);
        printf ("%s\t",std[i].name);
        printf ("%c\t",std[i].sex);
        printf ("%d\t",std[i].age);
        printf ("%f\t",std[i].score);
        printf ("%s\n",std[i].addr);
    }
    printf("The average score =%f\n", aver_ score);
}
```

运行结果：

```
NUM         Name        Sex     Age     Score       Addr
201500001   wang        M       18      456.0       Chongqing
201500002   yang        F       19      486.0       Sichuan
The average score =471.000000
```

本程序的结构体类型和结构体变量的定义位于 main 函数外部。

本程序在定义结构体变量时赋初值，比例 8-1 运行程序时输入初值要简化些。

8.3　结构体指针

结构体指针是指指向结构体的指针，包括指向结构体变量的指针和指向结构体数组的指针。一个结构体变量的指针就是该变量在内存中占有的存储单元的起始地址。设一个指针变量，用来指向一个结构体变量，这时该指针变量的值就是结构体变量的起始地址。指针变量也可以指向结构体数组中的元素。

8.3.1　指向一个结构体变量的指针

定义结构体类型的指针变量与定义结构体变量类似，有三种方法。其第一种方法为：

```
struct 结构体名 *指针变量名;
```

其他两种方法可以仿此写出。

若定义了基类型为结构体类型的指针变量，可以用成员运算符“.”和指向成员运算符“->”两种方式引用。

形式如下：

```
(*指针变量名).成员名
指针变量名->成员名
```

它们与前面介绍的：

```
结构体变量名.成员名
```

的引用方式等价。

假设有如下语句：

```
struct person std1,*pstd;
pstd=&std1;
```

则引用结构体变量 std1 的成员 code，可写成：

```
 (*pstd).code
pstd->code
```

当然也可以用：

```
std1.code
```

来引用，这种方式没有用到指针。

再强调一下，对嵌套的结构体，若要引用内层结构体的成员，必须从最外层开始，逐层使用成员名定位。例如，对结构体变量 std1 中出生年份 year 的引用可写成：

```
(*pstd).birthday.year
pstd->birthday.year
std1.birthday.year
```

下面举一个指向结构体变量的指针的例子。

【例 8-3】把例 8-1 的程序修改为利用指向结构体变量的指针输出已知信息。

```
#include "stdio.h"
main()
{
   struct student
  {
     char num[20];
     char name[20];
     char sex;
```

```
    int age;
    float score;
  char addr[30];
  } std1;
  struct student *p;
  p=&std1;
  strcpy(std1.num,"201500001");
  strcpy(std1.name,"wangxiaoming");
  std1.sex='M';
  std1.age=18;
  std1. score =456.0;
  strcpy(std1.addr,"Chongqing");
  printf("num: =%s\n",std1.num);
  printf("name: =%s\n",std1.name);
  printf("sex: =%c\n",std1.sex);
  printf("age: =%d\n",std1.age);
  printf("score: =%f\n",std1.score);
  printf("addr: =%s\n",std1.addr);
}
```

运行结果如下：

```
num=201500001
name= wangxiaoming
sex=M
age=18
score=456.0,
addr= Chongqing
```

显然，“(*指针变量名).成员名”和“指针变量名->成员名”两种引用方式等价。本程序的运行结果与例 8-1 也相同，表明它们也与“结构体变量名.成员名”的引用方式等价。

本程序把从键盘输入数据改成了赋初值方式。

要明确以下几种运算：

p->n　　得到 p 指向的结构体变量中的成员 n 的值；

p->n++　　得到 p 指向的结构体变量中的成员 n 的值，用完该值后再使它加 1；

++p->n　　得到 p 指向的结构体变量中的成员 n 的值加 1，然后再使用它。

8.3.2 指向一个结构体数组的指针

下面举一个指针变量指向结构体数组的例子。

【例 8-4】把例 8-2 的程序修改为利用指向结构体数组的指针完成要求的任务。

```
#include "stdio.h"
#define N 2
struct student
{
   char num[20];
   char name[20];
   char sex;
   int age;
   float score;
   char addr[30];
```

```
};
struct student std[N]= { {"201500001", "wang", 'M',18, 456.0,"Chongqing"},
                         {"201500002", "yang", 'F',19 , 486.0,"Sichuan"}};
main()
{
    struct student *p;
    int i,sum=0;
    float aver_ score;
    for(p=std;p<std+N;p++)
    sum=sum+p->score;
    aver_ score =(float) sum/N;
    printf("Num\tName\tSex\tAge\tScore\Addr\n");
    for(p=std;p<std+N;p++)
    {
        printf("%s\t",p->num);
        printf("%s\t",p->name);
        printf("%c\t",p->sex);
        printf("%d\t",p->age);
        printf("%f\t",p->score);
        printf("%s\n",p->addr);
    }
    printf("The average score =%f\n", aver_ score);
}
```

运行结果：

```
NUM          Name         Sex     Age     Score        Address
201500001    wang         M       18      456.0        Chongqing
201500002    yang         F       19      486.0        Shichuan
The average score =471.000000
```

本程序的运行结果与例 8-2 相同。

这里，p 是指向 struct student 结构体类型数据的指针变量。在第二个 for 语句中，先使 p 的初值为 std，即数组 std 的起始地址，也就是&std[0]，在第一次循环中输出 std[0]的各个成员值。然后执行 p++，使 p 自加 1，p+1 意味着 p 所增加的值为结构体数组元素 std 的 1 个元素所占的字节数，即 p 向后移动 1 个结构体数组元素。执行 p++后 p 的值等于 std+1，p 指向 std[1]的起始地址，在第二次循环中输出 std[1]的各个成员值。再次执行 p++后，p 的值等于 std+2，已经不再小于 std+2，因而结束循环。

注 意

（1）如果 p 的初值为 std，即指向第一个结构体数组元素，则 p+1 后 p 就指向下一个结构体数组元素的起始地址。例如：

(++p)->num 先使 p 自加 1，然后指向它指向的元素中的 num 成员值（即 201500001）。

(p++)->num 先得到 p->num 的值（即 201500002），然后使 p 自加 1，指向 std[1]。

（2）p 定义为指向 struct student 类型的数据，它只能指向一个 struct student 类型的数据，而不应指向 std 数组元素中的某一个成员。例如，下面的用法是错误的：

```
p=std[1].num;
```

8.4 共 用 体

在进行某些算法的 C 语言编程的时候，需要使几种不同类型的变量存放到同一段内存单元中。也就是使用覆盖技术，几个变量互相覆盖。这种几个不同的变量共同占用一段内存的结构，在 C 语言中，被称作“共用体”类型结构，简称共用体。

8.4.1 共用体类型的定义

共用体类型定义的一般形式是：

```
union 共用体名
{
    类型名 1        共用体成员名 1;
    类型名 2        共用体成员名 2;
    ……
    类型名 n        共用体成员名 n;
};
```

其中 union 是关键字，共用体名和共用体成员名都是用户定义的标识符，共用体中的成员可以是简单变量，也可以是数组、指针、结构体和共用体。

例如：

```
union intchar
{
    int i;
    char ch[3];
};
```

8.4.2 共用体变量的定义

共用体变量的定义和结构体变量相似，可以先定义共用体类型，再定义变量，也可以在类型定义的同时定义变量，还可以直接定义共用体变量。

例如第一种定义方法为：

```
union intchar
{
    int i;
    char ch[3];
};
union intchar v,*pv,t;
```

第二种定义方法为：

```
union intchar
{
    int i;
    char ch[3];
}v,*pv,t;
```

第三种定义方法为：

```
union
{
    int i;
    char ch[3];
}v,*pv,t;
```

这里变量 v 的存储结构如图 8-2 所示。

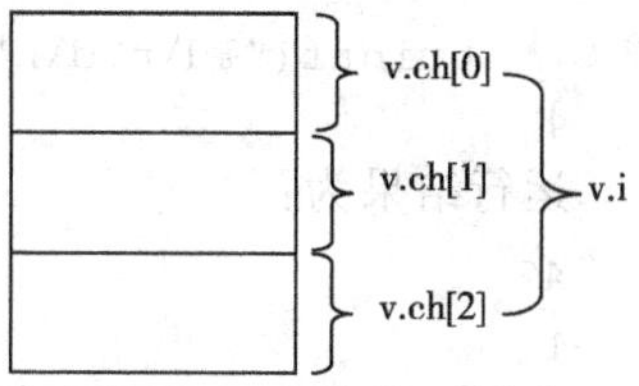

图 8-2　共用体变量 v 的存储结构

从图 8-2 不难看出，由于共用同一段内存区，而该段内存同一时刻只能存放共用体变量中某个成员的值，所以共用体变量中各成员值不能同时存在，即某一时刻只有一个成员的值起作用；共用体变量中起作用的成员值是最近一次存入的成员变量的值，向共用体变量中存入一个新成员的值后，原有成员的值将被覆盖。

共用体变量也可以在定义时进行初始化，但只能给出第一个成员的初值。例如：

```
union intchar
{
  int i;
  char ch[3];
}v={3};
```

初值必须放到{ }中。

8.4.3　共用体的特点

（1）同一个内存段可以用来存放几种不同类型的成员，但是在每一瞬间只能存放其中的一种，而不是同时存放几种。换句话说，每一瞬间只有一个成员起作用，其他的成员不起作用，即不是同时都在存在和起作用。

（2）共用体变量中起作用的成员是最后一次存放的成员，在存入一个新成员后，原有成员就失去作用。

（3）共用体变量的地址和它的各成员的地址都是同一地址。

（4）不能对共用体变量名赋值，也不能企图引用变量名来得到一个值。

（5）共用体类型可以出现在结构体类型的定义中，也可以定义共用体数组。反之，结构体也可以出现在共用体类型的定义中，数组也可以作为共用体的成员。

（6）共用体变量的初始化。

① `union data a=b;`　　　　//把共用体变量初始化为另一个共用体

② `union data a={123};`　　　　//初始化共用体为第一个成员

③ `union data a={.ch='a'};`　　//指定初始化项目，按照 C99 标准

（7）共用体变量也可以作为函数的参数和返回值。

8.4.4　共用体应用举例

【例 8-5】下列程序的运行结果是什么？注意观察。

```
#include <stdio.h>
void main()
{
    union zj
    {
        int a;
        char ch[2];
    }au;
    au.a = 298;au.ch[0] = 42;au.ch[1] = 1;
```

```
    printf("%d\n%d\n",au.ch[0],au.ch[1]);
}
```

运行结果为：

```
42
1
```

分析：我们对共用体中的成员 b 进行了赋值，结果我们输出的是成员 a，b 的值，所以证明它们是公用地址的。

8.5 枚　举

如果一个变量只有若干种可能的值，则可以定义为枚举类型。所谓“枚举”是指将变量的所有值一一列出，变量的值只限于列举出来的值的范围内。枚举是在程序运行之后才起作用的，枚举常量存储在数据段的静态存储区里。

8.5.1 枚举类型的定义

枚举类型定义的一般形式是：

```
enum 枚举名 {枚举表};
```

例如：

```
enum color{red,blue,black,pink,white,yellow};
```

定义了一个枚举类型 enum color。

可以看出，枚举表是由若干用户定义的标识符（如 red、blue）组成，这些符号通常称为枚举元素。

需要说明的是，各枚举元素是有确定整型值的常量，又称为枚举常量。除非进行了初始化，否则第一个枚举元素的值为 0，第二个为 1，并依次类推。在上面的定义中，red 的值是 0，blue 的值是 1，……，yellow 的值是 5。

可以用初始化方式指定一个或几个枚举元素的值，这可以通过在该枚举元素后面加一个等号和一个整型量来实现。但要注意初始化后的各个枚举元素所赋的值必须大于原先的初始值。例如：

```
enum color{ red,blue,black,pink=5,white,yellow };
```

现在，这些枚举元素的值为：

```
red     blue    black   pink    white   yellow
 0       1        2       5       6       7
```

可见各枚举元素仅是某个整型值的名字，它可以出现在任何整型表达式中。从这个意义上说，枚举类型是被命名的整型常数的集合。

8.5.2 枚举变量的定义

枚举变量的定义和结构体变量、共用体变量相似，可以先定义枚举类型，再定义变量，也可以在类型定义的同时定义变量，还可以直接定义枚举变量。

例如第一种定义方法为：

```
enum color{red,blue,black,pink,white,yellow};
enum color c;
```

定义了一个枚举变量 c，其值只能是 red 到 yellow 六个值之一。

第二种定义方法为：

```
enum color{red,blue,black,pink,white,yellow}c;
```

第三种定义方法为：

```
enum {red,blue,black,pink,white,yellow}c;
```

8.5.3　枚举变量的引用

在 enum color{red,blue,black,pink,white,yellow}c;的定义中，red 的值为 0，blue 的值为 1，……，yellow 的值为 5。

如果有赋值语句：

```
c=black;
```

则 c 变量的值为 2。这个值可以输出，例如执行 printf("%d", c);，将输出 2。

一个整数不能直接赋给一个枚举变量。例如：

```
c=4;
```

是错误的。它们属于不同的类型。应先进行强制类型转换再赋值。例如：

```
c=(enum color)4;
```

它相当于将顺序号为 4 的枚举元素赋给 c，相当于：

```
c=white;
```

枚举变量的取值范围只能是其定义时所列出的枚举元素或枚举常量（即枚举元素的值）。例如，下面的赋值语句是错误的：

```
c=(enum color)20;
```

因为 20 不在枚举范围内。

【例 8-6】考虑程序运行结果，体会枚举类型的用法。

```
enum week{sunday,Monday,Tuesday, Wednesday,Thursday,Friday,saturday};
main( )
{
    enum week w;
    for(w=sunday;w<=saturday;w++)
    printf("%4d",w);
}
```

运行结果：

```
0   1   2   3   4   5   6
```

【例 8-7】考虑程序运行结果，理解枚举类型的用法。

```
main( )
{
    enum colors{ red, yellow,blue, };
    enum colors color1,color2;
    color1=yellow;
    color2=(enum colors)1;
    printf("color1=%d\n",color1);
    printf("color2=%d\n",color2);
    if (color1==color2)
      printf("Yes!color1==color2.\n");
    else
      printf("No!color1!=color2.\n");
}
```

运行结果：

```
color1=1
color2=1
Yes! color1==color2.
```

8.5.4 枚举应用

【例 8-8】利用枚举类型，编写一个程序，输入一年中各月的月收入，输出年收入。

```
main( )
{
    enum allmonth{ Jan=1,Feb,Mar,Apr,May,Jun,Jul,Aug,Sep,Oct,Nov,Dec };
    enum allmonth month;
    float yearearn,monthearn;
    yearearn=0;
    for(month=Jan;month<=Dec;month++)
    {  printf("Input the monthly earning for ");
       switch(month)
       {  case Jan: printf("January:\n"); break;
          case Feb: printf("February:\n"); break;
          case Mar: printf("March:\n"); break;
          case Apr: printf("April:\n"); break;
          case May: printf("May:\n"); break;
          case Jun: printf("June:\n"); break;
          case Jul: printf("July:\n"); break;
          case Aug: printf("August:\n"); break;
          case Sep: printf("September:\n"); break;
          case Oct: printf("October:\n"); break;
          case Nov: printf("November:\n"); break;
          case Dec: printf("December:\n"); break;
       }
       scanf("%f",&monthearn);
       yearearn= yearearn+ monthearn;
    }
    printf("yearearn=%.2f \n", yearearn);
}
```

运行结果：

```
Input the monthly earning for  January:
3000↙
Input the monthly earning for  February:
3000.5↙
Input the monthly earning for  March:
3010↙
Input the monthly earning for  April:
3020↙
Input the monthly earning for  May:
3045↙
Input the monthly earning for  June:
```

```
3055↙
Input the monthly earning for  July:
3089↙
Input the monthly earning for  August:
3088↙
Input the monthly earning for  September:
3098↙
Input the monthly earning for  October:
3100.5↙
Input the monthly earning for  November:
3100.6↙
Input the monthly earning for  December:
2998.5↙
yearearn=36605.10
```

8.6　结构体应用实例

【例 8-9】每个成员都从键盘接收数据，然后对结构中的浮点数求和，并显示运算结果。

```
#include <stdio.h>
main()
{
   struct{
         char name[8];
         int age;
         char sex[4];
         char depart[20];
         float wage1,wage2,wage3;
      }a;
      float wage;
      char c=\'Y\';
      while(c==\'Y\'||c==\'y\')                    /*判断是否继续循环*/
      {
         printf(\"\\nName:\");
         scanf(\"%s\", a.name);                   /*输入姓名*/
         printf(\"Age:\");
         scanf(\"%d\", &a.wage);                  /*输入年龄*/
         printf(\"Sex:\");
         scanf(\"%s\", a.sex);
         printf(\"Dept:\");
         scanf(\"%s\", a.depart);
         printf(\"Wage1:\");
         scanf(\"%f\", &a.wage1);                 /*输入工资*/
         printf(\"Wage2:\");
         scanf(\"%f\", &a.wage2);
         printf(\"Wage3:\");
         scanf(\"%f\", &a.wage3);
         wage=a.wage1+a.wage2+a.wage3;
         printf(\"The sum of wage is %6.2f\\n\", wage);
         printf(\"Continue?<Y/N>\");
```

```
            c=getche();
        }
}
```

【例 8-10】用结构指针改写加密程序。

```
#include "stdio.h"
struct table
{
    char input, output;
};
struct table translate[ ]={ 'a', 'd', 'b', 'w', 'c', 'k', 'd', ';', 'e',
'i','i', 'a', 'k', 'b', ';', 'c', 'w', 'e'};
            /* 建立加密对照表 */
main()
{
    char ch;
    struct table *p, *pend;        /* p 和 pend 为指向结构 table 的指针 */
    pend = & translate[ sizeof(translate)/sizeof(struct table)-1 ];
    /* pend 指向结构数组 translate 的最后一个元素 */
    while((ch=getchar())!='\n')
    {
        for(p=translate; p->input!=ch&&p!=pend;p++);
        if(p->input==ch)
            putchar(p->output);
        else
            putchar(ch);
    }
}
```

【例 8-11】可用一个结构表示学生的学号和成绩，编写程序，对班中 30 名学生按成绩进行排序，并输出排序后的学号、成绩和全班平均分。

```
#include <stdio.h>
#define STNUM 30                    /* 全班同学人数 */
struct stuinf
{
    int stid;                       /* 学生学号 */
    int score;                      /* 学生成绩 */
} stu[STNUM];                       /* stu: 结构数组 */
main ( )
{
    struct stuinf *ptemp,           /* ptemp:指向结构的指针, 临时变量 */
    *p[STNUM];                      /* p:指向结构的指针构成的指针数组 */
    int i,j,k,sum=0;                /* i,j,k:临时变量; sum:分数累计 */
    for(i=0;i<=STNUM-1;i++)         /* 输入学生的学号和成绩 */
    {
        scanf("%d%d", &stu[i].stid, &stu[i].score); /* 输入学生的学号和成绩 */
        p[i]=&stu[i];
        /* 指针数组 p[i]的第 i 个指针(元素)指向结构数组的第 i 个元素 */
        sum+=stu[i].score;          /* 累计学生的分数 */
    }
        for(i=0;i<=STNUM-2;i++) /* 排序操作 */
```

```
    {
    k=i;                /* k:在第 i 次循环中,指向当前最高分的指针在指针数组 p 中的下标 */
    for(j=i;j<=STNUM-1;j++)
    if(p[k]->score<p[j]->score)k=j;
    /* 查找当前最大值, k 中存放最大值对应的指针在指针数组 p 中的下标 */
    if(k!=i)            /* 当 k 不等于 i 时, 交换两个指向结构的指针 */
    {
        ptemp=p[i];
        p[i]=p[k];
        p[k]=ptemp;
    }
    }
    for(i=0;i<=STNUM-1;i++)                    /* 按排序顺序输出学号和成绩 */
    printf("%d,%d\n",(*p[i]).stid, p[i]->score);
    printf("average score = %d\n", sum/STNUM); /* 输出平均分 */
}
```

第9章 C语言应用

9.1 常用算法

算法（algorithm）是指对解题方案准确而完整的描述，是一系列解决问题的清晰指令，算法代表着用系统的方法描述解决问题的策略机制。也就是说，能够对具有一定规范的输入，在有限时间内获得所要求的输出。如果一个算法有缺陷，或不适合于某个问题，执行这个算法将不会解决这个问题。不同的算法可能用不同的时间、空间或效率来完成同样的任务。一个算法的优劣可以用空间复杂度与时间复杂度来衡量。

算法中的指令描述的是一个计算，当其运行时能从一个初始状态和（可能为空的）初始输入开始，经过一系列有限而清晰定义的状态，最终产生输出并停止于一个终态。一个状态到另一个状态的转移具有不确定性。包括随机化算法在内的一些算法，包含了一些随机输入。

形式化算法的概念部分源自尝试解决希尔伯特提出的判定问题，并在其后尝试定义有效计算性或者有效方法中成形。这些尝试包括库尔特·哥德尔、Jacques Herbrand和斯蒂芬·科尔·克莱尼分别于1930年、1934年和1935年提出的递归函数，阿隆佐·邱奇于1936年提出的λ演算，1936年Emil Leon Post的Formulation 1和艾伦·图灵1937年提出的图灵机。即使在当前，依然常有直觉想法难以定义为形式化算法的情况。

9.1.1 排序算法

1. 希尔排序

希尔排序（Shell Sort）是插入排序的一种，也称缩小增量排序，是直接插入排序算法的一种更高效的改进版本。希尔排序是把记录按下标的一定增量分组，对每组使用直接插入排序算法排序；随着增量逐渐减少，每组包含的关键词越来越多，当增量减至1时，整个文件恰被分成一组，算法便终止。希尔排序的实质就是分组插入排序，是一种非常稳定的排序算法，因DL. Shell于1959年提出而得名。

希尔排序原理：先将整个待排元素序列分割成若干个子序列（由相隔某个“增量”的元素组成的）分别进行直接插入排序，然后依次缩减增量再进行排序，待整个序列中的元素基本有序（增量足够小）时，再对全体元素进行一次直接插入排序。因为直接插入排序在元素基本有序的情况下（接近最好情况），效率是很高的，因此希尔排序在时间效率上比前两种方法有较大提高。

以n=10的一个数组49, 38, 65, 97, 26, 13, 27, 49, 55, 4为例

第一次：gap = 10 / 2 = 5

49　38　65　97　26　13　27　49　55　4
1A　　　　　　　　1B
　　2A　　　　　　　　2B
　　　　3A　　　　　　　　3B
　　　　　　4A　　　　　　　　4B
　　　　　　　　5A　　　　　　　　5B

1A,1B，2A,2B 等为分组标记，数字相同的表示在同一组，大写字母表示是该组的第几个元素，每次对同一组的数据进行直接插入排序。即分成了五组(49, 13) (38, 27) (65, 49) (97, 55) (26, 4) 这样每组排序后就变成了(13, 49) (27, 38) (49, 65) (55, 97) (4, 26)，下同。

第二次：gap= 5/2 = 2

排序后

13　27　49　55　4　49　38　65　97　26
1A　　　1B　　　1C　　　1D　　　1E
　　2A　　　2B　　　2C　　　2D　　　2E

第三次 gap = 2/2 = 1

4　26　13　27　38　49　49　55　97　65
1A　1B　1C　1D　1E　1F　1G　1H　1I　1J

第四次 gap = 1/2 = 0 排序完成得到数组：

4　13　26　27　38　49　49　55　65　97

【例 9-1】希尔排序源程序。

```
void shellsort1(int a[], int n)
{
        int i,j,gap;
        for(gap=n/2;gap>0;gap/=2)                  //步长
                for(i=0;i<gap;i++)                 //按组排序
                {
                        for(j=i+gap;j<n;j+=gap)
                        {
                                if(a[j]<a[j-gap])
                                {
                                        int temp=a[j];
                                        int k=j-gap;
                                        while(k>=0&&a[k]>temp)
                                        {
                                                a[k+gap]=a[k];
                                                k-=gap;
                                        }
                                        a[k+gap]=temp;
                                }
                        }
                }
}
```

很明显，上面的 shellsort1 代码虽然对直观地理解希尔排序有帮助，但代码量太大了，不够简洁清晰。因此需要进行改进和优化，以第二次排序为例，原来是每次从 1A 到 1E，从 2A 到

2E，可以改成从 1B 开始，先和 1A 比较，然后取 2B 与 2A 比较，再取 1C 与前面自己组内的数据比较……。这种每次从数组第 gap 个元素开始，每个元素与自己组内的数据进行直接插入排序显然也是正确的。

```
void shellsort2(int a[],int n)
{
      int j,gap;

      for(gap=n/2;gap>0;gap/=2)
            for(j=gap;j<n;j++)                    //从数组第 gap 个元素开始
                  if(a[j]<a[j-gap])               //每个元素与自己组内的数据进行
                                                   直接插入排序
                  {
                        int temp=a[j];
                        int k=j-gap;
                        while(k>=0&&a[k]>temp)
                        {
                              a[k+gap]=a[k];
                              k-=gap;
                        }
                        a[k+gap]=temp;
                  }
}

#include<stdio.h>
/*
```

设数组为 a[0…n-1]。

（1）初始时，a[0]自成 1 个有序区，无序区为 a[1…n-1]。

（2）令 i=1，将 a[i]并入当前的有序区 a[0…i-1]中形成 a[0…i]的有序区间。

（3）i++并重复第二步直到 i==n-1。排序完成。

由小到大排序 O（n*n）,稳定,关键是：一直跟比它大的直接交换，直到遇到小的才不换直接跳出（这时其实已经位置对了，不用换），此时已经排好，关键时用个临时变量，将 a[i]存储起来就可以了,这样就可以让出这个 a[j+1]的空位置令数组向后移，最后把关键字插入。

```
*/
//升序排序
void insertSort(int a[],int length)
{
    for(int i=1;i<length;i++)
    {
            if(a[i]<a[i-1])    //加个判断，减少交换次数
            {
               int temp=a[i]; //temp 记录左要插入的值，所以直接向后移就 OK 了
               int j=i-1;
                   while(temp<a[j]&&j>=0)//凡是比它大的，向后移
                   {
                            a[j+1]=a[j];
                            j--;
                   }
```

```
                a[j+1]=temp;         //最后将关键字插入 j j+1 a[j+1]
            }
        }
    }
    void shellsort1(int a[], int n)
    {
        int i,j,gap;
        for(gap=n/2; gap>0; gap/=2)      //步长
        for(i=0;i<gap;i++)               //按组排
    {
        for(j=i+gap;j<n;j+=gap)
        {
            // if(a[j]<a[j-gap])
            //{
                int temp=a[j];
                int k=j-gap;
                while (k>=0&&a[k]>temp)
                {
                    a[k+gap]=a[k];
                    k-=gap;
                }
                a[k+gap]=temp;
            //}
        }
    }
    }
    int main()
    {
        int a[10]={8,2,6,12,1,9,5,5,10,7};
        insertSort(a,10);
        // shellsort1(a,10);
        for(int i=0;i<10;i++)
        printf("%d ",a[i]);
        getchar();
        return 0;
    }
```

2. 二分插入法

二分查找又称折半查找，优点是比较次数少，查找速度快，平均性能好；其缺点是要求待查表为有序表，且插入删除困难。因此，折半查找方法适用于不经常变动而查找频繁的有序列表。首先，假设表中元素是按升序排列，将表中间位置记录的关键字与查找关键字比较，如果两者相等，则查找成功；否则利用中间位置记录将表分成前、后两个子表，如果中间位置记录的关键字大于查找关键字，则进一步查找前一子表，否则进一步查找后一子表。重复以上过程，直到找到满足条件的记录，使查找成功，或直到子表不存在为止，此时查找不成功。

【例 9-2】二分插入法。

```
void HalfInsertSort(int a[], int len)
{
```

```
    int i,j,temp;
    int low,high,mid;
    for (i=1;i<len;i++)
    {
    temp=a[i];                      /* 保存当前元素 */
    low=0;
    high=i-1;
    while(low<=high)                /* 在a[low...high]中折半查找有序插入的位置 */
    {
        mid=(low+high) / 2;         /* 找到中间元素 */
        /* 如果中间元素比当前元素大，当前元素要插入到中间元素的左侧 */
        if (a[mid]>temp)
        {
            high=mid-1;
        }
        else /* 如果中间元素比当前元素小，当前元素要插入到中间元素的右侧 */
        {
            low=mid+1;
        }
    }/* 找到当前元素的位置，在low和high之间 */
        for (j=i-1;j>high;j--)      /* 元素后移 */
        {
            a[j+1]=a[j];
        }
        a[high+1]=temp;             /* 插入 */
    }
}
```

3．直接插入法

在日常生活中，经常碰到这样一类排序问题：把新的数据插入到已经排好的数据列中。例如：一组从小到大排好顺序的数据列{1,2,3,4,5,6,7,9,10}，通常称为有序列，我们用序号1,2,3，…表示数据的位置，欲把一个新的数据8插入到上述序列中。完成这个工作的步骤：

（1）确定数据“8”在原有序列中应该占有的位置序号。数据“8”所处的位置应满足小于或等于该位置右边所有的数据，大于其左边位置上所有的数据。

（2）将这个位置空出来，将数据“8”插进去。

直接插入排序（straight insertion sort）的做法是：

每次从无序表中取出第一个元素，把它插入到有序表的合适位置，使有序表仍然有序。

第一趟比较前两个数，然后把第二个数按大小插入到有序表中；第二趟把第三个数据与前两个数从后向前扫描，把第三个数按大小插入到有序表中；依次进行下去，进行了(n-1)趟扫描以后就完成了整个排序过程。

直接插入排序是由两层嵌套循环组成的。外层循环标识并决定待比较的数值。内层循环为待比较数值确定其最终位置。直接插入排序是将待比较的数值与它的前一个数值进行比较，所以外层循环是从第二个数值开始的。当前一数值比待比较数值大的情况下继续循环比较，直到找到比待比较数值小的，并将待比较数值置入其后一位置，结束该次循环。

插入排序的基本方法是：每步将一个待排序的记录按其关键字的大小插到前面已经排序的

序列中的适当位置，直到全部记录插入完毕为止。

【例 9-3】直接插入法

```
#include<stdio.h>
void InsertionSort(int input[],int len)
{
    int i,j,temp;
    for (i=1;i<len;i++)
    {
        temp = input[i];                /* 操作当前元素，先保存在其他变量中 */
        /* 从当前元素的上一个元素开始查找合适的位置 */
        for (j=i-1;j>-1&&input[j]>temp;j--)
        {
            input[j+1]=input[j];        /* 一边找一边移动元素 */
            input[j]=temp;
        }
    }
}
int main()
{
    int a[10]={8,2,6,12,1,9,5,5,10,7};
    InsertionSort (a,10);
    for(int i=0;i<10;i++)
    printf("%d ",a[i]);
    getchar();
    return 0;
}
```

4. 带哨兵的直接排序法

带哨兵的直接插入排序,数组的第一个元素不用于存储有效数据；将 ar[0]作为哨兵，可以避免判定 ar[j]中，数组是否越界；因为在 j--的过程中，当 j 减小到 0 时,变成了 ar[0]与 ar[0]；自身进行比较，很明显这个时候说明位置 i 之前的数字都比 ar[i]小；位置 i 上的数字不需要移动，直接进入下一轮的插入比较。

【例 9-4】带哨兵的直接排序法。

```
#include<stdio.h>
void With_Sentry_Sort(int ar[],int len)   //带哨兵排序
{
    int i,j,temp;
    for(i=2;i<len;i++)
    {
        ar[0]=ar[i];                    //数组的第一个元素用来做监视哨兵
        //插入排序法,当 j 减小到 0 时便会跳出循环,不会出现 j<0 的情况
        for(j=i-1;ar[j]>ar[0];j--)
        {
            ar[j+1]=ar[j];
            ar[j]=ar[0];
        }
    }
}
int main(void)
```

```
{
    int i,n;
    puts("Input the number of elements to the array:");
       scanf("%d",&n);
    int ar[n];
    puts("Input n numbers:");
    for(i=0;i<n;i++)                                //读取数组元素
       scanf("%d",&ar[i]);
    With_Sentry_Sort(ar,n);
    printf("ar[%d] = ",n);
    for(i=0;i<n;i++)                                //逐个打印数组元素
       printf("%d  ",ar[i]);
    putchar('\n');
    return 0;
}
```

5. 冒泡排序法

冒泡排序（bubble sort）是计算机科学领域一种比较简单的排序算法。名字的由来是因为越大的元素会经由交换慢慢“浮”到数列的顶端。它重复地走访过要排序的数列，一次比较两个元素，如果他们的顺序错误就把他们交换过来。走访数列的工作是重复地进行直到没有再需要交换，也就是说该数列已经排序完成。

冒泡排序原理：

（1）比较相邻的元素。如果第一个比第二个大，就交换他们两个。

（2）对每一对相邻元素作同样的工作，从开始第一对到结尾的最后一对。在这一点，最后的元素应该会是最大的数。

（3）针对所有的元素重复以上的步骤，除了最后一个。

（4）持续每次对越来越少的元素重复上面的步骤，直到没有任何一对数字需要比较。

算法分析：

若文件的初始状态是正序的，一趟扫描即可完成排序。所需的关键字比较次数 C 和记录移动次数 M 均达到最小值：$C_{min}=n-1$, $M_{min}=0$。

所以，冒泡排序最好的时间复杂度为 $O(n)$,若初始文件是反序的，需要进行 $n-1$ 趟排序。每趟排序要进行 $n-i$ 次关键字的比较($1\leqslant i\leqslant n-1$)，且每次比较都必须移动记录三次来达到交换记录位置。在这种情况下，比较和移动次数均达到最大值：

$$C_{max}=\frac{n(n-1)}{2}=O(n^2)$$

$$M_{max}=\frac{3n(n-1)}{2}=O(n^2)$$

冒泡排序的最坏时间复杂度为 $O(n^2)$。

综上，因此冒泡排序总的平均时间复杂度为 $O(n^2)$。

冒泡排序稳定性：冒泡排序就是把小的元素往前调或者把大的元素往后调。是相邻的两个元素之间进行比较，交换也发生在这两个元素之间。所以，如果两个元素相等，是不用再把他们俩交换一下的；如果两个相等的元素没有相邻，那么即使通过前面的两两交换把两个相邻起来，这时候也不会交换，所以相同元素的前后顺序并没有改变，所以冒泡排序是一种稳定排序算法。

【例 9-5】冒泡排序法。

```
#include<stdio.h>
void Print(int *num,int n)
{
    int i;
    for(i=0;i<n;i++)
        printf("%d ", num[i]);
    puts("\n");
    return;
}
void Bubble_Sort(int *num,int n)
{
    int i, j;
    for(i=0;i<n;i++)                    /* 气泡法要排序 n 次*/
    {
        /* 值比较大的元素沉下去后，只把剩下的元素中的最大值再沉下去*/
        for(j=0;i+j<n-1;j++)
        {
            if(num[j]>num[j+1])         /* 把值比较大的元素沉到底 */
            {
                int temp=num[j];
                num[j]=num[j+1];
                num[j+1]=temp;
            }
            Print(num,n);
        }
    }
    return;
}
int main()
{
    int num[8]={87,12,56,45,78};
    Bubble_Sort(num,5);
    return 0;
}
```

6. 选择排序法

选择排序（selection sort）是一种简单直观的排序算法。它的工作原理是每一次从待排序的数据元素中选出最小（或最大）的一个元素，存放在序列的起始位置，直到全部待排序的数据元素排完。选择排序是不稳定的排序方法（比如序列[5, 5, 3]第一次就将第一个[5]与[3]交换，导致第一个 5 挪动到第二个 5 后面）。

基本思想：n 个记录的文件的直接选择排序可经过 n–1 趟直接选择排序得到有序结果。

（1）初始状态：无序区为 R[1…n]，有序区为空。

（2）第 1 趟排序：在无序区 R[1…n]中选出关键字最小的记录 R[k]，将它与无序区的第 1 个记录 R[1]交换，使 R[1…1]和 R[2…n]分别变为记录个数增加 1 个的新有序区和记录个数减少 1 个的新无序区。

……

（3）第 i 趟排序：第 i 趟排序开始时，当前有序区和无序区分别为 R[1…i–1]和 R(i…n)。该趟排序从当前无序区中选出关键字最小的记录 R[k]，将它与无序区的第 1 个记录 R 交换，使 R[1…i]和 R 分别变为记录个数增加 1 个的新有序区和记录个数减少 1 个的新无序区。

通俗的解释：对比数组中前一个元素跟后一个元素的大小，如果后面的元素比前面的元素小则用一个变量 k 来记住他的位置，接着第二次比较。前面“后一个元素”现变成了“前一个元素”，继续跟他的“后一个元素”进行比较，如果后面的元素比他要小则用变量 k 记住它在数组中的位置(下标)，等到循环结束的时候，我们应该找到了最小的那个数的下标了，然后进行判断，如果这个元素的下标不是第一个元素的下标，就让第一个元素跟他交换一下值，这样就找到整个数组中最小的数了。然后找到数组中第二小的数，让他跟数组中第二个元素交换一下值，以此类推。

【例 9-6】选择排序（版本一）。

```
#include<stdio.h>
#include<stdlib.h>
 void swap(int*a,int*b)
{
        int temp;
       temp=*a;
    *a=*b;
    *b=temp;
}
void select_sort(int A[],int n)
{
       register int i,j,min,m;
       for(i=0;i<n-1;i++)
       {
           min=i;                //查找最小值
           for(j=i+1;j<n;j++)
           {
                if(A[min]>A[j])
                  {
                      min=j;
                  }
           }
           if(min!=i)
           {
                  swap(&A[min],&A[i]);
                  printf("第%d趟排序结果为:\n",i+1);
                  for(m=0;m<n;m++)
                  {
                      if(m>0)
                      {
                          printf("");
                      }
                       printf("%d",A[m]);
                  }
                  printf("\n");
```

```
            }
        }
}
int main(void)
{
    int n;
    /* VS2013 等版本中需使用 scanf_s()，VC6.0 中使用 scanf() */
      while(scanf("%d",&n)!=EOF)
    {
          int  i;
          int *A=(int*)malloc(sizeof(int)*n);
          for(i=0;i<n;i++)
          {
                scanf("%d",&A[i]);
          }
           select_sort(A,n);
           printf("最终排序结果为:\n");
          for(i=0;i<n;i++)
          {     if(i>0){
                      printf("");
                }
                printf("%d",A[i]);
          }
           printf("\n");
    }
      return 0;
}
```

【例 9-7】选择排序（版本二）。

```
#include <stdio.h>
#include <math.h>
#define MAX_SIZE 101
#define SWAP(x,y,t)  ((t)=(x),(x)=(y),(y)=(t))
void sort(int[],int);                /* selection sort */
void main(void)
{
    int i,n;
    int list[MAX_SIZE];
    printf("Enter the number of numbers to generate: ");
    scanf_s("%d",&n);
    if(n<1||n>MAX_SIZE){
          fprintf(stderr,"Improper value of n\n");
           exit(1);
      }
      for(i=0;i<n;i++){                /* randomly generate numbers */
           list[i]=rand()*1000;
           printf("%d ",list[i]);
      }
      sort(list,n);
      printf("\n Sorted array:\n");
```

```
        for(i=0;i<n;i++)                    /* print out sorted numbers */
        printf("%d ", list[i]);
        printf("\n");
}
 void sort(int list[], int n)
{
        int i,j,min,temp;
        for (i=0;i<n-1;i++){
            min=i;
            for(j=i+1;j<n;j++)
            if(list[j]<list[min])
                min=j;
            SWAP(list[i],list[min],temp);
        }
}
```

7. 快速排序

快速排序（quicksort）是对冒泡排序的一种改进。快速排序由 C. A. R. Hoare 在 1962 年提出。它的基本思想是：通过一趟排序将要排序的数据分割成独立的两部分，其中一部分的所有数据都比另外一部分的所有数据都要小，然后再按此方法对这两部分数据分别进行快速排序，整个排序过程可以递归进行，以此达到整个数据变成有序序列。

设要排序的数组是 A[0]…A[N−1]，首先任意选取一个数据（通常选用数组的第一个数）作为关键数据，然后将所有比它小的数都放到它前面，所有比它大的数都放到它后面，这个过程称为一趟快速排序。值得注意的是，快速排序不是一种稳定的排序算法，也就是说，多个相同的值的相对位置也许会在算法结束时产生变动。

快速排序算法原理：

（1）设置两个变量 i、j，排序开始的时候：i=0，j=N−1；

（2）以第一个数组元素作为关键数据，赋值给 key，即 key=A[0]；

（3）从 j 开始向前搜索，即由后开始向前搜索(j−−)，找到第一个小于 key 的值 A[j]，将 A[j]和 A[i]互换；

（4）从 i 开始向后搜索，即由前开始向后搜索(i++)，找到第一个大于 key 的 A[i]，将 A[i]和 A[j]互换；

（5）重复第 3、4 步，直到 i=j； 在第 3,4 步中，没找到符合条件的值，即第 3 步中 A[j]不小于 key,第 4 步中 A[i]不大于 key 的时候改变 j、i 的值，使得 j=j−1，i=i+1，直至找到为止。找到符合条件的值，进行交换的时候 i、j 指针位置不变。另外，i=j 这一过程一定正好是 i+或 j−完成的时候，此时令循环结束。

【例 9-8】快速排序。

```
void sort(int *a,int left,int right)
{
    if(left>=right)
    /*如果左边索引大于或者等于右边的索引就代表已经整理完成一个组了*/
    {
        return;
    }
    int i=left;
```

```
    int j=right;
    int key=a[left];
    while(i<j)          /*控制在当组内寻找一遍*/
    {
        while(i<j&&key<=a[j])
        /* 1.找到一个小于或者大于 key 的数（大于或小于取决于你想升序还是降序）
        2.没有符合条件 1 的，并且 i 与 j 的大小没有反转*/
        {
            j--;        /*向前寻找*/
        }
        a[i]=a[j];
        /*找到一个这样的数后就把它赋给前面的被拿走的 i 的值
        （如果第一次循环且 key 是 a[left]，那么就是给 key）*/
        while(i<j&&key>=a[i])
        /*这是 i 在当组内向前寻找，同上，不过注意与 key 的大小关系停止循环和上
        面相反， 因为排序思想是把数往两边扔，所以左右两边的数大小与 key 的关
        系相反*/
        {
            i++;
        }
        a[j]=a[i];
    }
    a[i]=key;               /*当在当组内找完一遍以后就把中间数 key 回归*/
    sort(a,left,i-1);       /*最后用同样的方式对分出来的左边的小组进行同上的做法*/
    sort(a,i+1,right);      /*用同样的方式对分出来的右边的小组进行同上的做法*/
                    /*当然最后可能会出现很多分左右，直到每一组的 i = j 为止*/
}
```

8. 堆排序

堆排序（heapsort）是指利用堆积树（堆）这种数据结构所设计的一种排序算法，它是选择排序的一种。可以利用数组的特点快速定位指定索引的元素。堆分为大根堆和小根堆，是完全二叉树。大根堆的要求是每个节点的值都不大于其父节点的值，即 A[PARENT[i]] >= A[i]。在数组的非降序排序中，需要使用的就是大根堆，因为根据大根堆的要求可知，最大的值一定在堆顶。

堆排序利用了大根堆（或小根堆）堆顶记录的关键字最大（或最小）这一特征，使得在当前无序区中选取最大（或最小）关键字的记录变得简单。

用大根堆排序的基本思想：

（1）先将初始文件 R[1…n]建成一个大根堆，此堆为初始的无序区；

（2）再将关键字最大的记录 R[1]（即堆顶）和无序区的最后一个记录 R[n]交换，由此得到新的无序区 R[1…n−1]和有序区 R[n]，且满足 R[1…n−1].keys≤R[n].key；

（3）由于交换后新的根 R[1]可能违反堆性质，故应将当前无序区 R[1…n−1]调整为堆。然后再次将 R[1…n−1]中关键字最大的记录 R[1]和该区间的最后一个记录 R[n−1]交换，由此得到新的无序区 R[1…n−2]和有序区 R[n−1…n]，且仍满足关系 R[1…n−2].keys≤R[n−1…n].keys，同样要将 R[1…n−2]调整为堆。

……

直到无序区只有一个元素为止。

大根堆排序算法的基本操作：

（1）建堆：建堆是不断调整堆的过程，从 len/2 处开始调整，一直到第一个节点，此处 len 是堆中元素的个数。建堆的过程是线性的过程，从 len/2 到 0 处一直调用调整堆的过程，相当于 o(h1)+o(h2)⋯+o(hlen/2)，其中 h 表示节点的深度，len/2 表示节点的个数，这是一个求和的过程，结果是线性的 O(n)。

（2）调整堆：调整堆在构建堆的过程中会用到，而且在堆排序过程中也会用到。利用的思想是比较节点 i 和它的子节点 left(i),right(i)，选出三者最大(或者最小)者，如果最大（小）值不是节点 i 而是它的一个子节点，那边交互节点 i 和该节点，然后再调用调整堆过程，这是一个递归的过程。调整堆的过程时间复杂度与堆的深度有关系，是 lgn 的操作，因为是沿着深度方向进行调整的。

（3）堆排序：堆排序是利用上面的两个过程来进行的。首先是根据元素构建堆。然后将堆的根节点取出(一般是与最后一个节点进行交换)，将前面 len−1 个节点继续进行堆调整的过程，然后再将根节点取出，这样一直到所有节点都取出。堆排序过程的时间复杂度是 O(nlgn)。因为建堆的时间复杂度是 O(n)（调用一次）；调整堆的时间复杂度是 lgn，调用了 n−1 次，所以堆排序的时间复杂度是 O(nlgn)。

【例 9-9】 堆排序程序。

```
#include <stdio.h>
//array 是待调整的堆数组，i 是待调整的数组元素的位置，nlength 是数组的长度
//本函数功能是：根据数组 array 构建大根堆
void  HeapAdjust(int array[],int i,int nLength)
{
    int nChild;
    int nTemp;
    for(;2*i+1<nLength;i=nChild)
    {
        //子结点的位置=2*（父结点位置）+1
        nChild=2*i+1;
        //得到子结点中较大的结点
        if(nChild<nLength-1&&array[nChild+1]>array[nChild])++nChild;
        //如果较大子结点大于父结点那么把较大的子结点往上移动，替换它的父结点
        if(array[i]<array[nChild])
        {
            nTemp=array[i];
            array[i]=array[nChild];
            array[nChild]=nTemp;
        }
        else break;                   //否则退出循环
    }
}
//堆排序算法
void HeapSort(int array[],int length)
{
    int i;
    //调整序列的前半部分元素，调整完之后第一个元素是序列的最大的元素
    //length/2-1 是最后一个非叶节点，此处"/"为整除
    for(i=length/2-1;i>=0;--i)
    HeapAdjust(array,i,length);
```

```
    //从最后一个元素开始对序列进行调整，不断地缩小调整的范围直到第一个元素
    for(i=length-1;i>0;--i)
    {
        //把第一个元素和当前的最后一个元素交换，
        //保证当前的最后一个位置的元素都是在现在的这个序列之中最大的
        array[i]=array[0]^array[i];
        array[0]=array[0]^array[i];
        array[i]=array[0]^array[i];
        //不断缩小调整 heap 范围，每一次调整完毕保证第一个元素是当前序列最大值
        HeapAdjust(array,0,i);
    }
}
int main()
{
    int i;
    int num[]={9,8,7,6,5,4,3,2,1,0};
    HeapSort(num,sizeof(num)/sizeof(int));
    for(i=0;i<sizeof(num)/sizeof(int);i++)
    {
        printf("%d ",num[i]);
    }
    printf("\nok\n");
    return 0;
}
```

9.1.2 常用运算

1. 求两个数的和

【例 9-10】输入两个整数，求这两个整数的和。

样例输入： 4 5
样例输出： 9

```
#include <stdio.h>
#include <stdlib.h>
int main (void)
{
    int sum,m,n;
    scanf("%d%d",&m,&n);
    sum=m+n;
    printf("%d\n",sum);
    return 0;
}
```

2. 多个数的求和、平均、最大值、最小值

【例 9-11】输入 10 个整数，求出 10 个整数的最大值、最小值、平均值、和值。

```
#include <stdio.h>
#include <stdlib.h>
int main()
{
    int a[10],sum,max,min,i;
    float ave;
```

```
    printf("please input 10 integer:\n");
    for(i=0;i<10;i++)
    {
        scanf("%d",&a[i]);
    }
    sum=a[0];
    max=a[0];
    min=a[0];
    for(i=1;i<10;i++)
    {
        sum+=a[i];
        if(a[i]<min)
        {
            min=a[i];
        }
        else if(a[i]>max)
        {
            max=a[i];
        }
    }
    ave=1.0*sum/10;
    printf("max=%d,min=%d,sum=%d,ave=%.2f\n",max,min,sum,ave);
    return 0;
}
```

3. 计算 n 的阶乘及其求和

【例 9-12】计算某一个数的阶乘。

```
#include <stdio.h>
int main()
{
    int n,i;
    scanf("%d",&n);
    for(i=n-1;i>0;i--)
    {
        n=n*i;
    }
    printf("%d",n);
    return 0;
}
```

【例 9-13】计算 1! +2! +3! +...+10!。

```
#include <stdio.h>
int  main()
{
    int a,b,c;
    int sum=0;
    for(a=1;a<=10;a++)          //控制1～10个数字
    {
    for(b=1,c=1;b<=a;b++)     //控制每个数的阶乘
    {
        c=b*c;
```

```
        }
        sum+=c;                      //把结果累加在sum中
    }
    printf("%d",sum);
    return 0;
}
```

4. 最大公因数、最小公倍数、因式分解

（1）最大公因数、最小公倍数

最大公因数使用辗转相除法来求，最小公倍数则由下面这个公式来求：

$$GCD * LCM = 两数乘积$$

解法最大公因数可以使用递回与非递回求解，因式分解基本上就是使用小于输入数的数值当作除数，去除以输入数值，如果可以整除就视为因数，比较快的解法就是求出小于该数的所有质数，并试试看是不是可以整除，求质数的问题是另一个课题，请参考 Eratosthenes 筛选求质数。

【例 9-14】 求输入两个数的最大公因数、最小公倍数。

```
#include <stdio.h>
#include <stdlib.h>
int main(void)
{
    int m,n,r;
    int s;
    printf("输入两数: ");
    scanf("%d %d", &m, &n);
    s=m*n;
    while(n!=0)
    {
     r=m%n;
        m=n;
        n=r;
    }
    printf("GCD: %d\n", m);
    printf("LCM: %d\n", s/m);
    return 0;
}
```

（2）因式分解

【例 9-15】 输入一个数，分解因式。

① 不用质数表

```
#include <stdio.h>
#include <stdlib.h>
int main(void)
{
    int i,n;
    printf("请输入整数: ");
    scanf("%d", &n);
    printf("%d=",n);
    for(i=2;i*i<=n;)
    {
```

```
        if(n%i==0)
        {
            printf("%d*",i);
            n/=i;
        }
        else
            i++;
    }
    printf("%d\n",n);
    return 0;
}
```

② 使用质数表

```
#include <stdio.h>
#include <stdlib.h>
#define N 1000
int prime(int*);                // 求质数表
void  factor(int*,int);         // 求 factor
int  main(void)
{
    int ptable[N+1]={0};
    int count,i,temp;
    count=prime(ptable);
    printf("请输入一数: ");
    scanf("%d",&temp);
    factor(ptable,temp);
    printf("\n");
    return 0;
}
int  prime(int* pNum)
{
    int i,j;
    int prime[N+1];
    for(i=2;i<=N;i++)
        prime[i]=1;
    for(i=2;i*i<=N;i++) {
        if(prime[i]==1) {
            for(j=2*i;j<=N;j++) {
                if(j%i==0)
                    prime[j]=0;
            }
        }
    }
    for(i=2,j=0;i<N;i++) {
        if(prime[i]==1)
            pNum[j++]=i;
    }
    return j;
}

void  factor(int*table,int num)
```

```
{
    int i;
    for(i=0; table[i]*table[i]<=num;) {
        if(num%table[i]==0) {
            printf("%d*", table[i]);
            num/=table[i];
        }
        else
            i++;
    }
    printf("%d\n",num);
}
```

5. 排列组合

【例 9-16】将一组数字、字母或符号进行排列，以得到不同的组合顺序。

例如：1 2 3 这三个数的排列组合有：1 2 3、1 3 2、2 1 3、2 3 1、3 1 2、3 2 1。

解法可以使用递回将问题切割为较小的单元进行排列组合，例如 1 2 3 4 的排列可以分为 1 [2 3 4]、2 [1 3 4]、3 [1 2 4]、4 [1 2 3]进行排列，这边利用旋转法，先将旋转间隔设为 0，将最右边的数字旋转至最左边，并逐步增加旋转的间隔，例如：

```
1 2 3 4 -> 旋转 1 -> 继续将右边 2 3 4 进行递回处理
2 1 3 4 -> 旋转 1 2 变为 2 1-> 继续将右边 1 3 4 进行递回处理
3 1 2 4 -> 旋转 1 2 3 变为 3 1 2 -> 继续将右边 1 2 4 进行递回处理
4 1 2 3 -> 旋转 1 2 3 4 变为 4 1 2 3 -> 继续将右边 1 2 3 进行递回处理
#include <stdio.h>
#include <stdlib.h>
#define N 4
void perm(int*,int);
int main(void)
{
    int num[N+1],i;
    for(i=1;i<=N;i++)
        num[i]=i;
    perm(num,1);
    return 0;
}

void perm(int* num,int i)
{
    int j,k,tmp;
    if(i<N){
        for(j=i;j<=N;j++){
            tmp=num[j];
            // 旋转该区段最右边数字至最左边
            for(k=j;k>i;k--)
                num[k]=num[k-1];
            num[i]=tmp;
            perm(num,i+1);
            // 还原
```

```
            for(k=i;k<j;k++)
                num[k]=num[k+1];
            num[j]=tmp;
        }
    }
    else {  // 显示此次排列
        for(j=1;j<=N;j++)
            printf("%d ",num[j]);
        printf("\n");
    }
}
```

6. 字串搜索

一些高级程序语言对于字串的处理支援越来越强大（例如 Java、Perl 等），不过字串搜寻本身仍是个值得探讨的课题，字串搜寻本身不难，使用暴力法也可以求解，但如何快速搜寻字串就不简单了，传统的字串搜寻是从关键字与字串的开头开始比对，字串核对改由关键字的后面开始核对字串，并制作前进表，如果比对不符合则依前进表中的值前进至下一个核对处，假设是 p 好了，然后比对字串中 p-n+1 至 p 的值是否与关键字相同。

如果关键字中有重复出现的字元，则前进值就会有两个以上的值，此时则取前进值较小的值，如此就不会跳过可能的位置。例如 texture 这个关键字，t 的前进值应该取后面的 3 而不是取前面的 7。

【例9-17】搜寻关键字。

```
#include <stdio.h>
#include <stdlib.h>
#include <string.h>
void  table(char*);                          // 建立前进表
int  search(int, char*,char*);               // 搜寻关键字
void  substring(char*,char*,int,int);        // 取出子字串
int  skip[256];
int  main(void)
{
  char str_input[80];
  char str_key[80];
  char tmp[80]={'\0'};
  int m,n,p;
  printf("请输入字串: ");
  gets(str_input);
  printf("请输入搜寻关键字: ");
  gets(str_key);
  m=strlen(str_input);                       // 计算字串长度
  n=strlen(str_key);
  table(str_key);
  p=search(n-1,str_input,str_key);
  while(p!=-1)
  {
      substring(str_input,tmp,p,m);
```

```
        printf("%s\n", tmp);
        p=search(p+n+1,str_input,str_key);
      }
      printf("\n");
      return 0;
  }
  void  table(char *key)
  {
      int k,n;
      n=strlen(key);
      for(k=0; k<=255; k++)
      skip[k]=n;
      for(k=0; k<n-1; k++)
      skip[key[k]]=n-k-1;
  }

  int  search(int p,char* input,char* key)
  {
      int  i,m,n;
      char  tmp[80]={'\0'};
      m=strlen(input);
      n=strlen(key);
      while(p<m)
      {
         substring(input,tmp,p-n+1,p);
         if(!strcmp(tmp,key))                    // 比较两字串是否相同
         return p-n+1;
         p+=skip[input[p]];
      }
      return -1;
  }

  void  substring(char *text,char* tmp,int s,int e)
  {
      int i,j;
      for(i=s,j=0;i<=e;i++,j++)
      mp[j]=text[i];
      tmp[j]='\0';
  }
```

7. 求闰年

闰年（leap year）是为了弥补因人为历法规定造成的年度天数与地球实际公转周期的时间差而设立的。补上时间差的年份为闰年，闰年包括在公历（格里历）或夏历中有闰日或闰月的年份，闰年有 366 天。闰年按照以下的计算规则：

最根本的原因是：地球绕太阳运行周期为 365 天 5 小时 48 分 46 秒（合 365.24219 天）即一回归年（tropical year）。公历的平年只有 365 日，比回归年短约 0.2422 日，所余下的时间约为每 4 年累计一天，故第 4 年于 2 月末加 1 天，使当年的长度为 366 日，这一年就为闰年。现行公历中每 400 年有 97 个闰年。按照每 4 年一个闰年计算，平均每年就要多算出 0.0078 天，这样经过四百年就会多算出大约 3 天来。因此每四百年中要减少三个闰年。所以公历规定：年份是整百数

时，必须是 400 的倍数才是闰年；不是 400 的倍数的年份，即使是 4 的倍数也不是闰年。

通常所说的：四年一闰，百年不闰，四百年再闰。闰年应能被 4 整除（如 2004 年是闰年，而 2001 年不是闰年），但不是所有被 4 整除的年份都是闰年。在能被 100 整除的年份中，又同时能被 400 整除的年份才是闰年（如 2000 年是闰年），能被 100 整除而不能被 400 整除的年份（如 1800、1900、2100）不是闰年。

这是国际公认的规则，因此只说“能被 4 整除的年份就是闰年”是不准确的。

【例9-18】请输入年份求闰年。

```
#include <stdio.h>
int  main()
{
    int a;
    printf("请输入年份\n");
    scanf("%d",&a);
    if(a%100==0&&a%400==0)
    //如果判断是百年，则判断年份能否被 400 整除
    printf("%d 年是闰年\n",a);
    else if(a%100!=0&&a%4==0)         //如果判断不是百年，则判断年份能否被 4 整除
        printf("%d 年是闰年\n",a);
    else
        printf("%d 年不是闰年\n",a);
    system("pause");
    return 0;
}
```

9.1.3 矩阵运算

现有两个矩阵，这两个矩阵的行数和列数都一样，将它们设为矩阵 A 与 B，他们的行数与列数分别设为 n 与 m，再设矩阵 C 为它们的和，所以就有：

（1）矩阵加减法

矩阵加法定义:设 $A=[a_{ij}]_{m\times n}$,$B=[b_{ij}]_{sxp}$ 是 $n\times n$ 矩阵，则矩阵的和为 C，如下所示：

$$C=\begin{bmatrix} a_{11}+b_{11}+\cdots+a_{1n}+b_{1n} \\ \vdots \\ a_{m1}+b_{m1}+\cdots+a_{mn}+b_{mn} \end{bmatrix}$$

C 为 A 与 B 的和，记作：

（由此可定义，只有行数和列数分别相同的两个矩阵，才能作为加法运算。）

同理，矩阵减法：D=A−B=$[a_{ij}-b_{ij}]$

（2）矩阵乘法

矩阵乘法定义：设 $A=[a_{ij}]$是一个 $n\times s$ 矩阵，$B=[b_{ij}]$是一个 $s\times n$ 矩阵，则称 $n\times n$ 矩阵 $C=[a_{ij}]$ 为矩阵 A 与 B 的乘积，记作 C=AB，其中：

$$C_{ij}=a_{11}b_{1j}+a_{12}b_{2j}+\cdots+a_{1i}b_{ij}=\sum_{k=1}^{s}a_{ik}b_{kj}=(i=1,2,\cdots,m;\ j=1,2,\cdots,m)$$

（3）矩阵的除法

分成两种：①A\B=inverse(A)*B，②B/A=B*inverse(A)，理解上可能有误，不过是按照这两

种方式来运算的。

（4）矩阵的除法

分成两种：①A\B=inverse(A)*B，②B/A=B*inverse(A)，理解上可能有误，不过是按照这两种方式来运算的。

（5）矩阵的转置

把矩阵 A 的行换成相应的列，得到的新矩阵称为 A 的转置矩阵，记作 A^T 或 A。通常矩阵的第一列作为转置矩阵的第一行，第一行作为转置矩阵的第一列。

① 对称矩阵：其转置等于自身的方块矩阵称为对称矩阵；就是说 A 是对称的，则有 A'=A

② 正交矩阵：

其转置也是它的逆矩阵的方块矩阵叫做正交矩阵；就是说 A 是正交的，则有 AA'=A'A=E（E 为单位矩阵）。

③ 斜对称矩阵：其转置等于它的负矩阵的方块矩阵叫做斜对称矩阵；就是 A 是斜对称的，则有 A'=-A。

（6）矩阵的求逆运算

设 A 是数域上的一个 n 阶方阵，若在相同数域上存在另一个 n 阶矩阵 B，使得：AB=BA=E。则我们称 B 是 A 的逆矩阵，而 A 则被称为可逆矩阵。

如果矩阵 A 可逆，则 $A^{-1}=\dfrac{A^*}{|A|}$，其中 A 是的伴随矩阵。

【例 9-19】 矩阵常用运算

```
#include<stdio.h>
#define M 20
#define N 20
float A[M][N];
float B[M][N];
float C[M][N];
int i,j,m,n,p,q;
float y=1.0;
void main()
{
    printf(" ###########################################\n");
    printf(" ##### 欢迎您使用矩阵函数包系统。 ######\n");
    printf(" ##### 系统功能: ######\n");
    printf(" ##### 计算两个矩阵相加,相减; ######\n");
    printf(" ##### 数乘矩阵; 矩阵转置;求逆 ######\n");
    printf(" ##### 矩阵 ######\n");
    printf(" ###########################################\n");
    printf("请选择您需要的运算, 按【Enter】键结束\n");
    printf("************************************************************\n");
    printf("1, 矩阵相加\n");
    printf("2, 矩阵相减\n");
    printf("3, 数乘矩阵\n");
    printf("4, 矩阵转置\n");
    printf("5, 逆矩阵 \n");
    printf("6, 退出 \n");
    printf("************************************************************\n");
```

```
    int x;
    scanf("%d",&x);
    switch (x)
    {
        case 1:
        {
            printf("请输入矩阵A的行数和列数(用逗号隔开):");
            scanf("%d,%d",&i,&j);
            printf("请输入矩阵B的行数和列数(用逗号隔开):") ;
            scanf("%d,%d",&m,&n);
            if(i!=m||j!=n)
                printf("***对不起, 您输入的两个矩阵不能相加, 请重试.***\n");
            else printf("请输入矩阵A:\n");
            for(p=0;p<i;p++)
                for(q=0;q<j;q++)
                    scanf("%f",&A[p][q]);
                printf("输出矩阵A:\n");
            for(p=0;p<i;p++)
                for(q=0;q<j;q++)
                {
                    printf("%10.2f",A[p][q]);
                    if((q+1)%j==0)
                        printf("\n");
                }
                printf("请输入矩阵B:\n");
            for(p=0;p<i;p++)
                for(q=0;q<j;q++)
                    scanf("%f",&B[p][q]);
                printf("输出矩阵B: \n");
            for(p=0;p<i;p++)
                for(q=0;q<j;q++)
                {
                    printf("%10.2f",B[p][q]);
                    if((q+1)%j==0)
                    printf("\n");
                }
                printf("矩阵A+矩阵B为:\n");           //计算两个矩阵相加
            for(p=0;p<i;p++)
                for(q=0;q<j;q++)
                    C[p][q]=A[p][q]+B[p][q];
                for(p=0;p<i;p++)
                    for(q=0;q<j;q++)
                    {
                        printf("%10.2f",C[p][q]);
                        if((q+1)%j==0)
                        printf("\n");
                    }
                }
                break;
            case 2:
```

```
{
    printf("请输入矩阵A的行数和列数(用逗号隔开):");
    scanf("%d,%d",&i,&j);
    printf("请输入矩阵B的行数和列数(用逗号隔开):") ;
    scanf("%d,%d",&m,&n);
    if(i!=m||j!=n)
       printf("***对不起, 您输入的两个矩阵不能相减, 请重试.***\n");
    else printf("请输入矩阵A:\n");
    for(p=0;p<i;p++)
       for(q=0;q<j;q++)
          scanf("%f",&A[p][q]);
       printf("输出矩阵A:\n");
    for(p=0;p<i;p++)
       for(q=0;q<j;q++)
       {
          printf("%10.2f",A[p][q]);
          if((q+1)%j==0)
          printf("\n");
       }
       printf("请输入矩阵B:\n");
    for(p=0;p<i;p++)
       for(q=0;q<j;q++)
          scanf("%f",&B[p][q]);
       printf("输出第矩阵B:\n");
    for(p=0;p<i;p++)
       for(q=0;q<j;q++)
       {
          printf("%10.2f",B[p][q]);
          if((q+1)%j==0)
             printf("\n");
          }
       printf("矩阵A-矩阵B为: \n");        //计算两个矩阵相减
    for(p=0;p<i;p++)
       for(q=0;q<j;q++)
          C[p][q]=A[p][q]-B[p][q];
    for(p=0;p<i;p++)
       for(q=0;q<j;q++)
       {
          printf("%10.2f",C[p][q]);
          if((q+1)%j==0)
          printf("\n");
       }
}
    break;
case 3:
{
    float k;
    printf("请输入矩阵A的行数和列数(用逗号隔开):");
    scanf("%d,%d",&i,&j);
    printf("请输入矩阵A\n");
    for(p=0;p<i;p++)
```

```
            for(q=0;q<j;q++)
                scanf("%f",&A[p][q]);
            printf("输出矩阵 A\n");
        for(p=0;p<i;p++)
            for(q=0;q<j;q++)
            {
                printf("%10.2f",A[p][q]);
                if((q+1)%j==0)
                printf("\n");
            }
            printf("请输入一个实数:\n");
            scanf("%f",&k);
        for(p=0;p<i;p++) //数乘矩阵
            for(q=0;q<j;q++)
                B[p][q]=k*A[p][q];
            printf("输出 k 乘矩阵 A 的结果\n");
        for(p=0;p<i;p++)
            for(q=0;q<j;q++)
            {
                printf("%10.2f",B[p][q]);
                if((q+1)%j==0)
                printf("\n");
        }
    }
    break;
case 4:
{
    printf("请输入矩阵 A 的行数和列数(用逗号隔开):");
    scanf("%d,%d",&i,&j);
    printf("请输入矩阵 A:\n");
    for(p=0;p<i;p++)
        for(q=0;q<j;q++)
            scanf("%f",&A[p][q]);
        printf("输出矩阵 A\n");
    for(p=0;p<i;p++)
        for(q=0;q<j;q++)
        {
            printf("%10.2f",A[p][q]);
            if((q+1)%j==0)
            printf("\n");
        }
    for(p=0;p<i;p++) //转置
        for(q=0;q<j;q++)
                B[q][p]=A[p][q];
        printf("输出矩阵 A 的转置矩阵:\n");
    for(p=0;p<j;p++)
        for(q=0;q<i;q++)
        {
            printf("%10.2f",B[p][q]);
            if((q+1)%i==0)
                printf("\n");
```

```
            }
    }
        break;
    case 5:
        float a[M][2*M];
        float b[N][2*N];
        float t,x;
        int k,T;
        printf("输入方阵的维数: \n");          //请输入方阵，即行和列相等的矩阵。
        scanf("%d",&T);
        printf("请输入矩阵:\n");
        for(i=0;i<T;i++)
            for (j=0;j<T;j++)
                scanf("%f",&b[i][j]);
        printf("原矩阵为: \n");
        for (i=0;i<T;i++)
        {
            for (j=0;j<T;j++)
                printf("%10.3f",b[i][j]);
            printf("\n");
        }
        for(i=0;i<T;i++)
            for(j=0;j<(2*T);j++)
            {
                if (j<T)
                    a[i][j]=b[i][j];
                else if (j==T+i)
                    a[i][j]=1.0;
                else
                    a[i][j]=0.0;
            }
    for(i=0;i<T;i++)
    {
        for(k=0;k<T;k++)
        {
            if(k!=i)
            {
                t=a[k][i]/a[i][i];
                for(j=0;j<(2*T);j++)
                {
                    x=a[i][j]*t;
                    a[k][j]=a[k][j]-x;
                }
            }
        }
    }
    for(i=0;i<T;i++)
    {
        t=a[i][i];
        for(j=0;j<(2*T);j++)
```

```
                a[i][j]=a[i][j]/t;
            }
            for(i=0;i<T;i++)
                y=y*a[i][i];
                if(y==0)
                    printf("对不起，您输入的矩阵没有逆矩阵，请重新输入。\n");
                else
                {
                    for(i=0;i<T;i++)
                        for(j=0;j<T;j++)
                            b[i][j]=a[i][j+T];
                        printf("逆矩阵为：\n");
                    for (i=0;i<T;i++)
                    {
                        for (j=0;j<T;j++)
                            printf("%10.3f",b[i][j]);
                            printf("\n");
                    }
                }
            break;
        case 6:
            break;
        default:
            printf("\n********您选择错误，请重试.********\n");
            break;
        }
        printf("#########再次感谢您使用本系统,合作愉快！############");
        printf("\n");
        printf("*************************************************************\n);
    }
```

9.1.4 其他运算

1. 改进欧拉法

（1）改进欧拉法是对欧拉算法进行改进的方法

微分方程的本质特征是方程中含有导数项，数值解法的第一步就是设法消除其导数值，这个过程称为离散化。实现离散化的基本途径是用向前差商来近似代替导数，这就是欧拉算法实现的依据。欧拉（Euler）算法是数值求解中最基本、最简单的方法，但其求解精度较低，一般不在工程中单独进行运算。

所谓数值求解，就是求问题的解 y(x)在一系列点上的值 y(x(i))的近似值 y(i)。对于常微分方程：

$$\frac{\mathrm{d}y}{\mathrm{d}x}=f(x,y),\quad x\in[a,b]$$

$$y(a)=y_0$$

可以将区间[a,b]分成 n 段，那么方程在第 x(i)点有 y'(x(i))=f(x(i),y(x(i)))，再用向前差商近似代替导数则为：(y(x(i+1))−y(x(i)))/h= f(x(i),y(x(i)))，其中，h 是步长，即相邻两个结点间的距离。因此可以根据 x(i)点和 y(i)点的数值计算出 yi+1 来：

y(i)+1= y(i)+h*f(x(i) ,y(i))，i=0,1,2,⋯,L

这就是欧拉公式，若初值 y(i+1)是已知的，则可依据上式逐步算出数值解 y1,y2,yL。

为简化分析，人们常在 y(i)为准确即 y(i)=y(x(i))的前提下估计误差 y(x(i)+1)−y(i)+1，这种误差称为局部截断误差。

如果一种数值方法的局部截断误差为 O(h^（p+1）)，则称它的精度是 p 阶的，或称为 p 阶方法。欧拉格式的局部截断误差为 O(h^2)，由此可知欧拉格式仅为一阶方法。

（2）欧拉公式

y(x(i+1))=y(i)+h*f(x(i),y(i)) 且 x(i)=x0+i*h (i=0,1,2,⋯,n−1)，局部截断误差是 O(h^2)。

（3）改进的算法

先用欧拉法求得一个初步的近似值，称为预报值，然后用它替代梯形法右端的 y(i+1)再直接计算 f(i+1)，得到校正值 y(i+1)，这样建立的预报-校正系统称为改进的欧拉格式：

预报值　　y～i+1=yi + h*f(x(i),y(i))

校正值　　y(i+1) =y(i)+(h/2)*[f(x(i),y(i))+f(x(i+1),y～i+1)]

它有下列平均化形式：

yp=y(i)+h*f(x(i),y(i))

且　　y(c)=y(i)+h*f(x(i+1),y(p))

且　　y(i+1)=(y(p)+y(c))/2

它的局部截断误差为 O(h^3)，可见，改进欧拉格式较欧拉格式提高了精度，其截断误差比欧拉格式提高了一阶。

注 意

欧拉法用差商 [y(x(i+1))-y(x(i))]/h 近似代替 y(x(i))的导数，局部截断误差较大；改进欧拉法先用欧拉法求出预报值，再利用梯形公式求出校正值，局部截断误差比欧拉法低了一阶，较大程度地提高了计算精度。

【例 9-20】 改进欧拉法求解常微分方程的初值问题。

```
#include<math.h>
#include<stdio.h>
#include<stdlib.h>
#define f(x,y) (y-2*x/y)
void main()
{
   FILE *fp1;                  /*依次输入初值、步长、下限、上限*/
   float x,h,l,f0,f1,f2;
   if((fp1=fopen("in.txt","r"))==NULL)
   {
      printf("Can't open this file!\n");
      exit(0);
   }
   fscanf(fp1,"%f%f%f%f",&f0,&h,&x,&l);
   fclose(fp1);
   FILE *fp2;
   if((fp2=fopen("out.txt","w"))==NULL)
   {
       printf("Can't open this file!\n");
       exit(0);
   }
```

```
    while(x<=1)                                /*改进欧拉法算法*/
    {
        f1=f0+h*f(x,f0);
        x=x+h;
        f2=f0+h*f(x,f1);
        f0=0.5*(f1+f2);
        fprintf(fp2,"x=%f,f=%f\n",x,f0);      /*输出运算结果*/
    }
    fclose(fp2);
}
```

2. 龙格-库塔法

龙格-库塔(Runge-Kutta)方法是一种在工程上应用广泛的高精度单步算法，用于数值求解微分方程。由于此算法精度高，采取措施对误差进行抑制，所以其实现原理也较复杂。该算法是构建在数学支持的基础之上的。

对于一阶精度的拉格朗日中值定理有：

对于微分方程：

$$y'=f(x,y)$$

$$y(i+1)=y(i)+h*K1$$

$$K1=f(x(i),y(i))$$

当用点 xi 处的斜率近似值 K1 与右端点 x(i+1)处的斜率 K2 的算术平均值作为平均斜率 K*的近似值，那么就会得到二阶精度的改进拉格朗日中值定理：

$$y(i+1)=y(i)+[h*(K1+ K2)/2]$$

$$K1=f(x(i),y(i))$$

$$K2=f(x(i)+h,y(i)+h*K1)$$

依次类推，如果在区间[x(i),x(i+1)]内多预估几个点上的斜率值 K1、K2、……Km，并用他们的加权平均数作为平均斜率 K*的近似值，显然能构造出具有很高精度的高阶计算公式。经数学推导、求解，可以得出四阶龙格－库塔公式，也就是在工程中应用广泛的经典龙格－库塔算法：

$$y(i+1)=y(i)+h*(K1+ 2*K2 +2*K3+ K4)/6$$

$$K1=f(x(i),y(i))$$

$$K2=f(x(i)+h/2,y(i)+h*K1/2)$$

$$K3=f(x(i)+h/2,y(i)+h*K2/2)$$

$$K4=f(x(i)+h,y(i)+h*K3)$$

通常所说的龙格-库塔法是指四阶而言的，我们可以仿二阶、三阶的情形推导出常用的标准四阶龙格-库塔法公式。

龙格-库塔法具有精度高、收敛、稳定（在一定条件下），计算过程中可以改变步长，不需要计算高阶导数等优点，但仍需计算在一些点上的值，如四阶龙格-库塔法每计算一步需要计算四次的值，这给实际计算带来一定的复杂性，因此，多用来计算“表头”。

【例 9-21】龙格-库塔法

```
#include<stdio.h>
#include<math.h>
#define f(x,y)  (-1*(x)*(y)*(y))
void main(void)
{
```

```
double a,b,x0,y0,k1,k2,k3,k4,h;
int n,i;
printf("input a,b,x0,y0,n:");
scanf("%lf%lf%lf%lf%d",&a,&b,&x0,&y0,&n);
printf("x0\ty0\tk1\tk2\tk3\tk4\n");
for(h=(b-a)/n,i=0;i!=n;i++)
{
    k1=f(x0,y0);
    k2=f(x0+h/2,y0+k1*h/2);
    k3=f(x0+h/2,y0+k2*h/2);
    k4=f(x0+h,y0+h*k3);
    printf("%lf\t%lf\t",x0,y0);
    printf("%lf\t%lf\t",k1,k2);
    printf("%lf\t%lf\n",k3,k4);
    y0+=h*(k1+2*k2+2*k3+k4)/6;
    x0+=h;
}
printf("xn=%lf\tyn=%lf\n",x0,y0);
}
```

运行结果:

```
input a,b,x0,y0,n:0 5 0 2 20
x0 y0 k1 k2 k3 k4
0.000000 2.000000 -0.000000 -0.500000 -0.469238 -0.886131
0.250000 1.882308 -0.885771 -1.176945 -1.129082 -1.280060
0.500000 1.599896 -1.279834 -1.295851 -1.292250 -1.222728
0.750000 1.279948 -1.228700 -1.110102 -1.139515 -0.990162
1.000000 1.000027 -1.000054 -0.861368 -0.895837 -0.752852
1.250000 0.780556 -0.761584 -0.645858 -0.673410 -0.562189
1.500000 0.615459 -0.568185 -0.481668 -0.500993 -0.420537
1.750000 0.492374 -0.424257 -0.361915 -0.374868 -0.317855
2.000000 0.400054 -0.320087 -0.275466 -0.284067 -0.243598
2.250000 0.329940 -0.244935 -0.212786 -0.218538 -0.189482
2.500000 0.275895 -0.190295 -0.166841 -0.170744 -0.149563
2.750000 0.233602 -0.150068 -0.132704 -0.135399 -0.119703
3.000000 0.200020 -0.120024 -0.106973 -0.108868 -0.097048
3.250000 0.172989 -0.097256 -0.087300 -0.088657 -0.079618
3.500000 0.150956 -0.079757 -0.072054 -0.073042 -0.066030
3.750000 0.132790 -0.066124 -0.060087 -0.060818 -0.055305
4.000000 0.117655 -0.055371 -0.050580 -0.051129 -0.046743
4.250000 0.104924 -0.046789 -0.042945 -0.043363 -0.039833
4.500000 0.094123 -0.039866 -0.036750 -0.037072 -0.034202
4.750000 0.084885 -0.034226 -0.031675 -0.031926 -0.029571
xn=5.000000 yn=0.076927
```

9.2　文件操作

9.2.1　文件

一般说来，文件是有序数据的集合。程序文件是程序代码的有序集合，数据文件是一组数据的有序集合。文件是被存放在外部存储设备中的信息。对文件的处理过程就是面向文件的输入和输出过程。文件的输入过程是从文件中读出信息，文件的输出过程是往文件中写入信息，文件的输入的过程使用读函数，实现文件输出的过程使用写函数。文件的读写函数是实现文件操作的主要函数。

C 语言文件被称为流式文件，其特点是不分记录或块，将文件看成是信息“流”或看成是一个字符流（文本文件），或看成是一个二进制流（二进制文件）。文件的存取是以字符（字节）为单位的，读写数据流的开始和结束受程序控制。任何一个文件都是以 EOF 结束，最简单的文件是只有结束符的空文件。

C 语言文件包含有设备文件和磁盘文件，例如，键盘是一种输入信息的文件，显示器屏幕和打印机是输出信息的文件，它们都属于设备文件。将内存的信息放到磁盘上保存，需要时再从磁盘上装入内存，这就要使用磁盘文件，磁盘文件是计算机中常用的文件。

C 语言文件按存放设备分设备文件和磁盘文件；按数据的组织形式分为文本文件（ASCII 码文件）和二进制文件。文本文件是按一个字节存放一个字符的 ASCII 码来存放的；二进制文件是将数据在内存中的存储形式存储到磁盘上的。例如，有一个整数 10000 在内存中按二进制形式存放，占 2 个字节，将它放在磁盘上如按文本文件形式存放，占 5 个字节，每个数位占一个字节。两种存放方式各有利弊。以文本文件形式输出便于对字符进行处理，也便于输出字符，但是占用存储空间较多，并且要花费转换时间。以二进制文件形式输出可节省存储空间和转换时间，但是不能直接输出字符形式。

9.2.2 读写字符

C 语言提供 fgetc 和 fputc 函数对文本文件进行字符的读写，其函数的原型存于 stdio.h 头文件中，格式为：

```
int fgetc(FILE *stream);
```

fgetc()函数从输入流的当前位置返回一个字符，并将文件指针指示器移到下一个字符处，如果已到文件尾，函数返回 EOF，此时表示本次操作结束，若读写文件完成，则应关闭文件。

```
int fputc(int ch,FILE *stream);
```

fputc()函数完成将字符 ch 的值写入所指定的流文件的当前位置处，并将文件指针后移一位。fputc()函数的返回值是所写入字符的值，出错时返回 EOF。

【例 9-22】将存放于磁盘的指定文本文件按读写字符方式逐个地从文件读出，然后再将其显示到屏幕上。采用带参数的 main( )，指定的磁盘文件名由命令行方式通过键盘给定。

```
#include<stdio.h>
main(argc,argv)
int argc;
char *argv[];
{
    char ch;
    FILE *fp;
    int i;
    if((fp=fopen(argv[1],"r"))==NULL)   /*打开一个由 argv[1]所指的文件*/
    {
        printf("not open");
        exit(0);
    }
    while ((ch=fgetc(fp))!=EOF)          /*从文件读一字符，显示到屏幕*/
```

```
        putchar(ch);
    fclose(fp);
}
```

程序是一带参数的 main()函数，要求以命令行方式运行，其参数 argc 是用于记录输入参数的个数，argv 是指针数组，用于存放输入参数的字符串，串的个数由 argc 描述。

9.2.3 文件指针

文件指针是一种用来指向某个文件的指针。如果说某个文件指针指向某个文件，则是该文件指针指向某个文件存放在内存中的缓冲区的首地址。

每一个被使用的文件都要在内存中开辟一个区域，用来存放有关信息，包括文件名字、文件状态和文件当前位置等。这些信息被保存在一个结构变量中，该结构变量所对应结构模式被系统定义为 FILE，它被放在，stdio.h 文件中。有些版式的 FILE 被定义如下：

```
type struct
{
    int fd;            /*文件号*/
    int cleft          /*缓冲区内剩余的字符*/
    int mode;          /文件操作模式*/
    char * mexic;      /*下一个字符位置*/
    char * huff;       /*文件缓冲区位置*/
}FILE;
```

在文件操作的程序中，要使用 FILE 来定义文件指针，并且将打开的文件缓冲区的首地址赋给文件指针，让它指向该文件。例如：

```
FILE  *fp;
```

其中，fp 是一个指向文件的指针。打开文件函数格式如下：

```
fp=fopen("(文件名)",(打开方式))
```

其中，fopen 是打开文件函数的名字，该函数有两个参数，一个是（文件名），该参数是一个字符串，需用双撇号（""）括起，文件名要包含路径名和扩展名。另一个是（打开方式），它也要用双撇号括起。打开方式的选择如下方式，详细使用方式及含义见表 9-1：

r　　表示读方式
w　　表示写方式
a　　表示追加写方式
r+w　　表示读写方式，也可写成 r+
rb　　表示二进制文件读方式
wb:　　表示二进制文件写方式
ab;　　表示二进制文件追加写方式
br+　　表示二进制文件读写方式

表 9-1　文件使用方式及其含义

使 用 方 式	含　　义
r（只读）	以只读方式打开一个文本文件，如果文件不存在，则返回空指针 NULL
w（只写）	以只写方式打开一个空文本文件。如果指定的文件已存在，则其中的内容将被删去，否则新创建一个文件
a（追加写）	以追加写方式打开一个文件，即向文件尾增加数据，如果指定的文件不存在，则新创建一个文件

续表

使用方式	含　义
r+（读写）	以读写方式打开一个文本文件，指定的文件必须存在
w+（读写）	以读写方式打开一个文本文件，如果指定的文件已存在，则其内容将被删除
a+（读和追加写）	以读和追加写打开一个文件，如果指定的文件不存在，则新创建一个文件。如果文件已存在，位置指针移到文件尾，可向文件写数据，也可读数据
rb（只读）	以只读方式打开一个二进制文件
wb（只写）	以只写方式打开一个二进制文件
ab（追加写）	以追加写方式打开一个二进制文件
rb+（读写）	以读写方式打开一个二进制文件
wb+（读写）	以读写方式生成一个二进制文件
ab+(读和追加写)	以读和追加写方式打开一个二进制文件

fp=fopen〔"abc.txt","r"〕，给 fp 赋值，使它指向 abc.txt 文件。于是，fp 便是一个指向 abc.txt 文件的指针。有了文件指针以后，对文件的操作（读、写和关闭等）都使用文件指针，而不使用文件名。

该函数如果成功地打开了指定的文件，则返回该文件的内存缓冲区的首地址，将它赋给一个被定义为文件指针的变量，于是该指针将指向这个被打开的文件，直到被关闭为止；如果该函数没有成功地打开文件，则返回值为 NULL。因此，在执行打开文件的操作后，总要判断一下返回值是否为 NULL，如果返回值为 NULL，则说明文件打开失败，一般应退出该程序，检查失败的原因。因此，打开文件异常时常用以下程序段进行处理：

```
if(fp==NULL)
 {
   Printf("file can't open!\n");
   exit(0);
 }
```

其中，fp 是文件指针，用它来接收 fopen()函数的返回值。Exit(0)是一个退出当前的执行的程序的函数，当文件没有被打开时，一般应退出程序。

函数只有被成功的打开后才可以对它进行读写操作。一旦文件的读写操作完成后，应该及时地将它关闭。关闭文件函数的格式如下：

```
fclose(fp)
```

其中，fclose 是关闭文件函数的函数名。fp 是要关闭文件的文件指针。使用该函数可以将一个被打开的函数关闭，同时释放它所占用的内存缓冲区。当不使用该函数关闭打开的文件时，当该程序执行完后，也会将打开的文件关闭。

【例 9-23】 从一个文本文件 test1.txt 中读出字符串，再写入另一个文件 test2.txt。

```
#include<stdio.h>
#include<string.h>
main( )
{
FILE  *fp1,*fp2;
char str[128];
```

```
if((fp1=fopen("test1.txt","r"))==NULL)
{                               /*以只读方式打开文件 1*/
   printf("cannot open file\n");
   exit(0);
   }
   if((fp2=fopen("test2.txt","w"))==NULL)
{                               /*以只写方式打开文件 2 */
   printf("cannot open file\n");
      exit(0);
   }
   while ((strlen(fgets(str,128,fp1)))>0)
   /*从文件中读回的字符串长度大于 0 */
   {
      fputs(str,fp2 );      /*从文件 1 读字符串并写入文件 2 */
      printf("%s",str);     /*在屏幕显示*/
   }
}
```

运行该程序，从键盘输入长度不超过 127 个字符的字符串，写入文件。如串长为 0，即空串，程序结束。

```
输入: Hello!
How do you do
Good-bye!
```

【例 9-24】从键盘输入字符，存到磁盘文件 test.txt 中。

```
#include <stdio.h>
main()
{
   FILE fp;                                    / *定义文件变量指针*/
   char ch;
   if((fp=fopen("test.txt","w"))==NULL)     /*以只写方式打开文件*/
   {
      printf("cannot open file!\n");
      exit(0);
   }
   while ((ch=fgetchar())!='\n')            /*只要输入字符非回车符* /
      fputc(ch,fp)                          /*写入文件一个字符*/
   fclose(fp);
}
```

程序通过从键盘输入一以回车结束的字符串，写入指定的流文件 test.txt，文件以文本只写方式打开，所以流文件具有可读性，能支持各种字符处理工具访问。简单地说，我们可以通过 DOS 提供的 type 命令来列表显示文件内容。

运行程序：

```
I love china!
```

9.3 图 形 编 程

9.3.1 屏幕设置

计算机图形学是一门实践性很强的课程。通过程序设计来完成图形的绘制，对深刻理解课程的内容和相关概念非常重要。程序设计语言是进行计算机绘图的基础，现在大多数高级语言都具有基本绘图功能。

本节介绍用C语言进行图形程序设计的基本方法和C语言的图形功能，使大家对C语言的图形应用有一个较深刻的理解。

在屏幕上进行图形绘制，一般要按以下几个步骤执行：

（1）把屏幕设置为图形模式；

（2）选择背景与显示实体的颜色；

（3）计算图形显示坐标；

（4）调用绘图语句绘制实体。

屏幕显示模式与坐标系。

在屏幕上只能显示字符的方式称为文本模式。在文本模式下，屏幕上可以显示的最小单位是字符。为了能在指定的位置显示每个字符，C语言提供了字符坐标系。

字符坐标系是以屏幕的左上角为坐标原点，水平方向为X轴，垂直方向为Y轴，如图9-1所示。

图9-1　分辨率为640*480的视口像素点的定位

由于显示模式的不同，所显示的字符的列数和行数以及颜色也不相同。C支持以下6种不同的显示方式。

（1）BW40：黑白40列方式。显示25行文本，其中每行40个字符，以黑白两色显示。

（2）C40：彩色40列方式。可显示40列25行彩色字符。

（3）BW80：黑白80列方式。可显示80列25行字符。

（4）C80：彩色80列25行显示方式。

（5）MONO：单色80列25行显示方式。

（6）C4350：一种特殊的彩色文本方式，适和EGA和VGA两种适配器。若用EGA适配器，显示80列43行；若用VGA适配器，则显示80列50行。

在不同的显示模式下，屏幕所显示的字符数量也不一样。

X方向一般为40列或80列，Y方向一般为25行，但EGA和VGA适配器可达43行或50行。

在文本模式下，屏幕最多可显示 80×50=4000 个字符，至少可显示 40×25=1000 个字符。显示字符越多，每个字符尺寸越小，反之越大　。

显示模式不同，屏幕坐标的构成也不相同。比如：

（1）在 BW40 方式下，最大坐标位置为（25，40）；

（2）在 C4350 方式下，最大坐标位置为（50，80）；

视口是在图形屏幕状态下的概念，用户可访问的最小单位是一个像素（像素这一术语最初用来指显示器上最小的、单独的发光点单元。然而现在，其含义拓宽为图形显示器上的最小可访问点）。文本与图形都可以在视口上显示。

图形视口的左上角坐标为（0,0）。显示器在图形模式下工作时，显示的单位是像素点，通过控制各像素点的颜色和灰度等级来形成图形。因此绘图的第一步是进行图形模式的初始化，系统进入绘图模式。

initgraph() 图形初始化函数

用法：HWND initgraph(

```
int width,
int height,
int flag = NULL
);
```

示例：以下局部代码创建一个尺寸为 640×480 的绘图环境：

```
initgraph(640, 480);
```

【例 9-25】调用 initgraph()设置 640*480 的图形模式，在屏幕中央显示如下的图形。

```
#include<graphics.h>
#include <conio.h>
int  main()
{
        initgraph(640,480);
        line(200,240,440,240);
        line(320,120,320,360);
        getch();
        closegraph();
        return 0;
}
```

【例 9-26】更进一步，打印出分辨率，并在屏幕中央显示如下的图形。

```
#include <stdio.h>
#include<graphics.h>
#include <conio.h>
#define WIDTH   150                /*矩形的宽度*/
#define HEIGHT  100                /*矩形的高度*/
int startX,startY;                 /*矩形的左上角坐标*/
int maxX;
int maxY;
void init();                       /*图形模式的初始化*/
void showText();                   /*显示文本*/
void drawK();                      /*画图形*/
int  main()
```

```
{
        init();
        showText();
        drawK();
        closegraph();
        return 0;
}
void init()
{
        initgraph(640,480);
        maxX = getmaxx();
        maxY = getmaxy();
        setbkcolor(BLACK);                      /*设置背景色为黑色*/
        cleardevice();                          /*清屏*/
}
void showText()
{
    char str[50];
    sprintf(str,"(%d,%d)",maxX,maxY);       /*将要显示的分辨率以字符串形式保存
到str*/
        outtextxy(maxX/4,maxY/4,str);       /*在指定位置显示字符串str*/
}
void drawK()
{
        startX = (maxX-WIDTH)/2;
        startY = (maxY-HEIGHT)/2;
        setcolor(WHITE);
        rectangle(startX,startY,startX+WIDTH,startY+HEIGHT);
        setcolor(YELLOW);
        line(startX,startY,startX+WIDTH,startY+HEIGHT);
        line(startX+WIDTH,startY,startX,startY+HEIGHT);
        setcolor(RED);
        circle(maxX/2,maxY/2,30);
        getch();                                //暂停，任意健继续
}
```

9.3.2 学会更多的绘图函数

1. 常用的绘图函数

（1）画点、画线

```
putpixel(x,y,c);                        // 画点(x,y)，颜色c
line(x1,y1,x2,y2);                      // 画直线 (x1,y1)-(x2,y2)，都是整型
```

（2）画（空心）圆、椭圆、矩形、画弧、多边形等

```
circle(x,y,r);                          // 画圆，圆心为(x,y)，半径为r
ellipse(left,top,right,bottom);         //画椭圆，参数为外切矩形的左上、右下角的坐标
rectangle(left,top,right,bottom);       //画矩形，参数为矩形的左上、右下角的坐标
arc(int left,int top,int right,int bottom,double stangle,double endangle);
                                        //画椭圆弧
…
```

（3）画（实心）圆、椭圆、矩形等

```
fillcircle(x,y,r);                                    //画填充圆（有边框）。
fillellipse(left,top,right,bottom);                   //画填充的椭圆（有边框）。
fillrectangle(left,top,right,bottom));                //画填充矩形（有边框）。
solidcircle(x,y,r);                                   //画填充圆（无边框）。
solidellispe(left,top,right,bottom);                  //画填充的椭圆（无边框）。
soliderectangle (left,top,right,bottom);              //画填充圆（无边框）。
…
```

还有很多绘图函数，请参考绘图帮助文件。

2. 设置画线颜色

```
void setlinecolor(COLORREF color);                    // 设置画线颜色
```

（1）常用的颜色常量可以用：

BLACK	黑	DARKGRAY	深灰
BLUE	蓝	LIGHTBLUE	亮蓝
GREEN	绿	LIGHTGREEN	亮绿
CYAN	青	LIGHTCYAN	亮青
RED	红	LIGHTRED	亮红
MAGENTA	紫	LIGHTMAGENTA	亮紫
BROWN	棕	YELLOW	黄
LIGHTGRAY	浅灰	WHITE	白

（2）配出更多的颜色

颜色除了前面写的 16 种以外，还可以自由配色。

格式：RGB(r, g, b)

r / g / b 分别表示红色、绿色、蓝色，范围都是 0～255。

例如，RGB(255,0,0) 表示纯红色。

红色和绿色配成黄色，因此 RGB(255, 255, 0) 表示黄色。

嫌调色麻烦可以试用画笔里面的调色，调好了以后直接将数值抄过来即可。

例如，画两条红色浓度为 200 的直线，可以这么写：

```
setlinecolor(RGB(200,0,0));
line(100,100,200,100);
line(100,120,200,120);
```

（3）用数字表示颜色

除了用 RGB(r,g,b)方式外，还可以用 16 进制表示颜色，格式：0xbbggrr。

例如，setlinecolor(0x0000ff) 和 setlinecolor(RGB(255, 0, 0)) 是等效的。

【例 9-27】编程实现红色、蓝色交替画线。

```
#include<graphics.h>
#include <stdio.h>
#include <conio.h>
int  main()
{
      initgraph(640,480);
      for(int y=100;y<200;y+=10)       {
           if(y/10%2==1)                  // 判断奇数行偶数行
                 setcolor(RGB(255,0,0));
           else
```

```
            setcolor(RGB(0,0,255));
        line(100,y,300,y);
    }
    getch();
    closegraph();
    return 0;
}
```

【例 9-28】画一个圆形的渐变色。

```
#include <graphics.h>
#include <conio.h>
#include <math.h>
#define PI 3.14
int main()
{
        initgraph(640,480);
        int c;
        double a;
        int x,y,r=200;
        for(a=0;a<PI*2;a+=0.0001)
        {
                x=(int)(r*cos(a)+320+0.5);
                y=(int)(r*sin(a)+240+0.5);
                c=(int)(a*255/(2*PI)+0.5);
                setcolor(RGB(c,0,0));
                line(320,240,x,y);
        }
        getch();
        closegraph();
        return 0;
}
```

3. 设置填充色和填充样式

```
void setfillcolor(COLORREF color);
void setfillstyle(int style,long hatch = NULL,IMAGE* ppattern = NULL);
```

4. 任意封闭图形的填充

```
void floodfill(int x,int y,COLORREF border);
```

参数：

x,y

待填充区域内任意点的 x，y 坐标。

border

待填充区域的边界颜色，填充动作在该颜色围成的封闭区域内填充。

9.3.3 实现简单动画

所谓动画，其实是连续显示一系列图形而已。

方法一：利用绘图函数和延时 Sleep()函数相互配合，先画一幅图形，让它延迟一段时间(视觉暂留)，然后擦除图像，在新位置再画另一幅，如此反复，形成动态效果。

算法：

```
while(1)
{
      在新位置绘制图像;
      延时;
      擦除图像;
}
```

延时函数：void Sleep(int　n);

功能：产生 n 毫秒的延时，程序暂停。例如延时 3 秒，可以用 Sleep(3000);

【例 9-29】实现一条直线从上到下移动。

```
#include <graphics.h>
#include <conio.h>
void main()
{
       initgraph(640,480);
       for(int y=0;y<480;y++)
       {
            setcolor(GREEN);              // 绘制绿色直线
                line(0,y,639,y);
                Sleep(10);                // 延时
                setcolor(BLACK);          // 绘制黑色直线（即擦掉之前画的绿线）
                line(0,y,639,y);
       }
       closegraph();
}
```

【例 9-30】实现一个从左向右移动的圆。

```
#include <graphics.h>
#include <conio.h>
void main()
{
       initgraph(640,480);
       for(int x=100;x<540;x+=20)
       {
              setcolor(YELLOW);           // 绘制黄线、绿色填充的圆
              setfillcolor(GREEN);
              fillcircle(x,100,20);
              Sleep(500);                 // 延时
              setcolor(BLACK);            // 绘制黑线、黑色填充的圆
              setfillcolor(BLACK);
              fillcircle(x,100,20);
       }
       closegraph();
}
```

【例 9-31】绘制一个沿 45° 移动的球，碰到窗口边界后反弹。

方法一：

```
#include <graphics.h>
#include <conio.h>
typedef struct
{
```

```
        int x;                                          //球心坐标
        int y;
        int r;                                          //球半径
        int dx;                                         //x方向上的偏移
        int dy;                                         //y方向上的偏移
}Ball;                                                  //定义一个球类型
 void initBall(Ball *ball,int x,int y,int r)
{                                                       //初始化一个球
        ball->x = x;
        ball->y = y;
        ball->r = r;
        ball->dx = 3;
        ball->dy = 3;
}
void draw(Ball ball)
{                                                       //画一个实心球
        setcolor(YELLOW);
        setfillcolor(RED);
        fillcircle(ball.x,ball.y,ball.r);
}
void clear(Ball ball)
{                                                       //擦除球
        setcolor(BLACK);
        setfillcolor(BLACK);
        fillcircle(ball.x,ball.y,ball.r);
}
void move(Ball *ball,int W,int H)
{                                                       //调整球的位置，即新球设置一个新位置
        ball->x+=ball->dx;
        ball->y+=ball->dy;
        if(ball->x<ball->r || ball->x>W-ball->r)
                                                        //x方向上边界检查，超出则换方向
        ball->dx=-ball->dx;
        if(ball->y<ball->r || ball->y>H-ball->r)
                                                        //y方向上边界检查，超出则换方向
        ball->dy=-ball->dy;
}
void main()
{
        initgraph(640,480);
        Ball ball;
        initBall(&ball,50,50,20);
        while(!kbhit())
        {
        draw(ball);
        Sleep(10);
        clear(ball);
        move(&ball,640,480);
        }
        closegraph();
}
```

点评：对复杂的图案如果要移动，每次都重新绘制显然效率很低，移动的时候会出现严重的屏幕闪烁。而 getimage/putimage 的效率十分高，我们可以将复杂的图案用 getimage 保存下来，然后再逐步 putimage 实现复杂图案的移动。

方法二：利用屏幕图像存储再放的方法实现。同制作幻灯片一样，将整个动画过程变成一个个片断，然后存到显示缓冲区内，当把它们按顺序重放到屏幕上时，就出现了动画效果，这可以用 getimage()和 putimage()函数来实现

9.3.4　捕获按键——动画的简单控制

最常用的一个捕获按键的函数：char　getch(void);

```
char  ch = getch();
```

不过程序执行到 getch()是会阻塞的，直到用户有按键才能继续执行。可游戏中总不能因为等待按键而停止游戏执行吧？所以，要有一个函数，判断是否有用户按键。

int kbhit(void) 这个函数判断当前是否有用户按键，如果有，返回为真，没有键按下，返回为假。

kbhit()和 getch()配合使用，先判断是否有键按下，如有键按下再用 getch() 获取即可，这样是不会阻塞的。

【例 9-32】编程实现，如果有按键，就输出相关按键，否则，输出“.”。每隔 100 ms 输出一次，按【Esc】键退出。

```
#include <graphics.h>
#include <stdio.h>
#include <conio.h>
#define ESC 27
void main()
{
   char c=0;
   while(1)
   {
      if(kbhit())
      {
         c=getch();
         if(c==ESC) break;
      }
      else  c='.';
      printf("%c", c);
      Sleep(100);
   }
}
```

【例 9-33】结合前面的简单动画，就可以做出来靠按键移动的图形了，看以下代码，实现 a、s 键控制球的左右移动：

算法如下：

```
char ch;
显示球;
while(1)
{
   if(kbhit())
   {
```

```
        ch = getch();
        擦除球;
        根据按键不同，设置球的新位置;
        显示球;
    }
void main()
{
        initgraph(640, 480);
        Ball ball;
        initBall(&ball,300,200,20);
        draw(ball);
        while(true)
        {
                if(kbhit())
                {
                char ch = getch();
                        if(ch==27)      break;  //ESC键的ASCII码值为27
                        else
                {
                        clear(ball);
move(&ball,640,480,ch);
                        draw(ball);
                }
                }
        }
        closegraph();
}
void move(Ball *ball,int W,int H,char dir)
{                                       //调整球的位置，即新球设置一个新位置
        if(dir=='a')    ball->x-=ball->dx;
        if(dir=='s')  ball->x+=ball->dx;
        if(ball->x<ball->r || ball->x>W-ball->r)
                                        //x方向上边界检查，超出则换方向
        ball->dx=-ball->dx;
        if(ball->y<ball->r || ball->y>H-ball->r)
                                        //y方向上边界检查，超出则换方向
        ball->dy=-ball->dy;
}
```

getch() 可以返回用户输入的字符，当 getch() 返回 0 或 0xE0 时，就表示用户按了功能键，这时候需要再调用一次 getch()。第二次 getch() 返回的值表示功能键，比如：

72 表示 上（UP）
80 表示 下（DOWN）
75 表示 左（LEFT）
77 表示 右（RIGHT）

更多的功能键码，可以自己试验得出。

【例 9-34】通过功能键（上、下、左、右键）来控制图形的运动。

```
#define LEFT  75
#define RIGHT 77
#define UP    72
#define DOWN  80
```

```
#define ESC  27
int getKey()
{                //新增函数，用于获取用户的按键，并返回
       int c = getch();
       if(c==0 ||c==0xE0)
       c = getch();
       return  c;
}
void main()
{
       initgraph(640,480);
       Ball ball;
       initBall(&ball,300,200,20);
       draw(ball);
       while(true)
       {
            if(kbhit())
       {
            int  c = getKey();
            if(c==ESC)  break;
            else
            {
                clear(ball);
                move(&ball,640,480,c);
                draw(ball);
            }
       }
}
       closegraph();
}
void move(Ball *ball,int W,int H,int dir)
{                //调整球的位置，即新球设置一个新位置
       if(dir==LEFT)
       ball->x-=ball->dx;
       else if(dir==RIGHT)
       ball->x+=ball->dx;
       else if(dir==UP)
       ball->y-=ball->dy;
       else if(dir==DOWN)
       ball->y+=ball->dy;
       if(ball->x<ball->r || ball->x>W-ball->r)
                                           //x 方向上边界检查，超出则换方向
       ball->dx=-ball->dx;
       if(ball->y<ball->r || ball->y>H-ball->r)
                                           //y 方向上边界检查，超出则换方向
       ball->dy=-ball->dy;
}
```

【例 9-35】画一个 8*8 的国际象棋盘，在棋盘某一位置上放一棋子，并让它按从左到右的方向自动一格一格运动，用户可以使用光标键调整棋子运动的方向。

步骤一：画一个 8*8 的棋盘：

```
/*---------------------------------------------------
main.cpp-----------------------------------------*/
#include <graphics.h>
#include <conio.h>
#define ROW 8                              /*表示棋盘的行数*/
#define COL 8                              /*表示棋盘的列数*/
#define W 40                               /*表示一个方块的宽度*/
#define H 40                               /*表示一个方块的高度*/
#define ORGX 50                            /*表示棋盘在屏幕上的起始 x 坐标*/
#define ORGY 50                            /*表示棋盘在屏幕上的起始 y 坐标*/
void drawBlock(int i,int j)
{   /*参数代表小方块在棋盘上的第 i 行，第 j 列逻辑位置*/
    int      x0,y0,x1,y1;
    x0 = ORGX+j*W;
    y0 = ORGY+i*H;
    x1 = x0+W-1;
    y1 = y0+H-1;
    setcolor(WHITE);
    rectangle(x0,y0,x1,y1);
    setfillcolor(LIGHTGRAY);               /*设置小方块的填充色*/
    fillrectangle(x0,y0,x1,y1);            /*填充该方块*/
    //以下代码增加方块的立体感
    setcolor(WHITE);                       /*将矩形的上方和左方的边线设为白色*/
    line(x0,y0,x1,y0);
    line(x0,y0,x0,y1);
    setcolor(BLACK);                       /*将矩形的下方和打开方的边线设为黑色*/
    line(x1,y0,x1,y1);
    line(x0,y1,x1,y1);
}
void drawChess(void)
{
    int i,j;
    for(i=0;i<ROW;i++)
    {
        for(j=0;j<COL;j++)
        {
            drawBlock(i,j);                /*画小方块*/
        }
    }
 }
int main()
{
    initgraph(640,480);                    /*图形模式初始化*/
```

```
    drawChess();                          /*画棋盘*/
    getch();
    closegraph();
    return 0;
}
```

运行效果如图 9-2 所示。

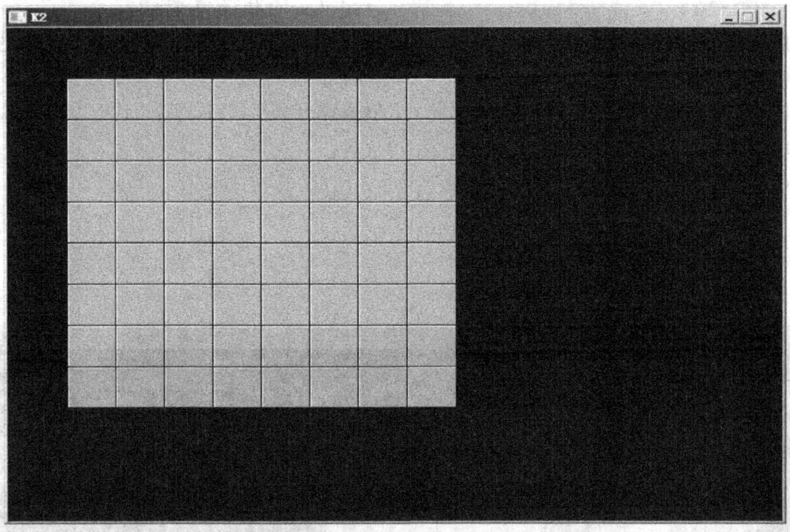

图 9-2 8*8 国际象棋盘图

步骤二：定义一个棋子数据结构，并实现与其相关的函数：

在 main.cpp 中增加下列代码：

```
typedef struct
{
    int r,c;                              /*棋子在棋盘上的的行，列坐标*/
    int d;                                /*棋子的直径*/
}Ball;
void initBall(Ball *ball,int rol,int col, int diameter ); /*棋子初始化*/
void drawBall(Ball ball);                                 /*画棋子*/
void initBall(Ball *ball,int rol,int col, int diameter )
{
    ball->r = rol;
    ball->c = col;
    ball->d = diameter;
}
void drawBall(Ball ball)
{
    int x0,y0;                            /*圆心取小方块的中心*/
    x0 = ORGX+ball.c*W+W/2;               /*计算圆心坐标(在小方块的中心)*/
    y0 = ORGY+ball.r*H+H/2;
    setcolor(RED);
    setfillcolor(RED);
    fillcircle(x0,y0,ball.d/2);
}
```

步骤三：画棋盘和一个棋子：

修改 main.cpp

```
…
int main()
{
    initgraph(640,480);                /*图形模式初始化*/
    Ball myBall;                       /*定义一个棋子变量*/
    initBall(&myBall,2,3,30);          /*初始化一个棋子，位置第 2 行第 3 列*/
    drawChess();                       /*画棋盘*/
    drawBall(myBall);                  /*画棋子*/
    getch();
    closegraph();
    return 0;
}
```

运行效果如图 9-3 所示。

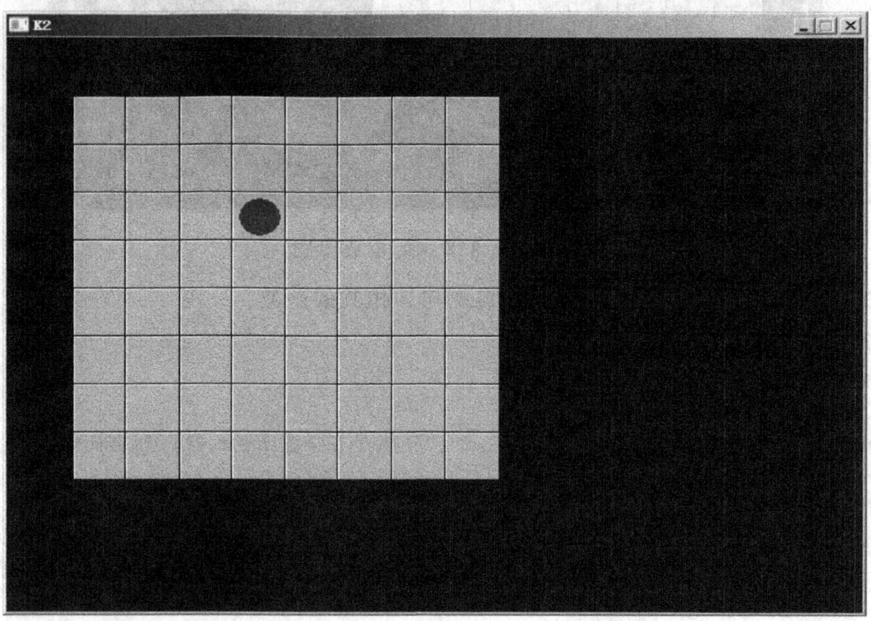

图 9-3　8*8 国际象棋盘增加一个棋子图

步骤四：让棋子动起来：

重新定义棋子的结构，为其增加运动方向的属性，及其与运动相关的函数

```
typedef enum
{
    UP,
    DOWN,
    LEFT,
    RIGHT
}Direction;                  /*定义四种运动方向*/
typedef struct
{
```

```
    int r,c;                                          /*棋子在棋盘上的行、列坐标*/
    int d;                                            /*棋子的直径*/
    Direction dir;                                    /*运动方向*/
}Ball;
void initBall(Ball *ball,int r,int c,int d);          /*棋子初始化*/
void drawBall(Ball ball );                            /*画棋子*/
void clearBall(Ball ball);                            /*清除棋子*/
void changeDir(Ball *ball,Direction dir);             /*调整运动的方向*/
void move(Ball *ball,int rols,int cols);              /*棋子移动，参数 rols,cols 棋盘
                                                      的总行列数*/
void initBall(Ball *ball,int rol,int col, int diameter )
{                                                     /*棋子初始化*/
    ball->r = rol;
    ball->c = col;
    ball->d = diameter;
    ball->dir = RIGHT;
}
void drawBall(Ball ball)
{   /*画棋子*/
    int x0,y0;                                        /*圆心取小方块的中心*/
    x0=ORGX+ball.c*W+W/2;                         /*计算圆心坐标(在小方块的中心)*/
    y0=ORGY+ball.r*H+H/2;
    setcolor(RED);
    setfillcolor(RED);
    fillcircle(x0,y0,ball.d/2);
}
void clearBall(Ball ball)
{    /*清除棋子*/
    int x0,y0;                                    /*圆心取小方块的中心*/
    x0=ORGX+ball.c*W+W/2;                         /*计算圆心坐标(在小方块的中心)*/
    y0=ORGY+ball.r*H+H/2;
    setcolor(LIGHTGRAY);
    setfillcolor(LIGHTGRAY);
    fillcircle(x0,y0,ball.d/2);
}
void move(Ball *ball,int rols,int cols)
{   /*棋子移动到下一合法位置，加边界判断*/
    switch(ball->dir)
    {
        case UP: ball->r--;
            if(ball->r<0)         ball->r = rols-1;
               break;
        case DOWN:   ball->r++;
            if(ball->r==rols)     ball->r=0;
            break;
        case LEFT:   ball->c--;
            if(ball->c<0)         ball->c = cols-1;
            break;
        case RIGHT:  ball->c++;
            if(ball->c==cols)     ball->c=0;
```

```
        break;
    }
}
void  changeDir(Ball *ball,Direction dir)
{
    ball->dir=dir;
}
```

修改 main.cpp

```
/*----------------------------------------------------------
main.cpp-----------------------------------------*/
…
#define KEY_LEFT  75
#define KEY_RIGHT 77
#define KEY_UP    72
#define KEY_DOWN  80
#define KEY_ESC   27
…
int getKey()
{   //新增函数，用于获取用户的按键，并返回
    int c=getch();
    if(c==0||c==0xE0)
        c = getch();
    return c;
}
int main()
{
    Ball myBall;
    initgraph(640,480);                    /*图形模式初始化*/
    drawChess();                           /*画棋盘*/
    initBall(&myBall,2,3,30);
    drawBall(myBall);
    while(true)
{
    if(!kbhit())
    {     /*如没有按键，棋子按预定方向运动*/
        Sleep(200);                        /*延时 0.2 秒*/
        clearBall(myBall);                 /*清除当前位置的棋子*/
        move(&myBall,ROW,COL);             /*棋子移动到新位置*/
        drawBall(myBall);                  /*在新位置画棋子*/
    }
    else
    {
        int c=getKey();                    /*捕获按键*/
        switch(c)
        {
            case KEY_UP: changeDir(&myBall,UP);  break;
            case KEY_DOWN:   changeDir(&myBall,DOWN);  break;
            case KEY_LEFT:   changeDir(&myBall,LEFT);       break;
            case KEY_RIGHT:  changeDir(&myBall,RIGHT);  break;
            case KEY_ESC:exit(0);
```

```
            }
        }
    }
    getch();
    closegraph();
    return  0;
}
```

9.4 键盘操作

首先有必要介绍一下计算机是如何处理键盘的输入数据，键盘里面有一个微处理器，用来扫描和检测每个键的按下或者抬起的状态，然后向主机传送一个字节的键盘扫描码，键盘扫描码翻译成对应的 ASCⅡ码。

作为编程来说，只要知道每个按键都有对应的 ASCⅡ码。由于 ASCⅡ码不能将键盘上所有的按键全部包括，因此有些控制键如【Ctrl】【Alt】【End】【Home】和【Delete】等用扩充的 ASCⅡ码表示。至于每个按键所对应的 ASCⅡ码到底是什么，这里介绍可以实现该功能的一个函数。

9.4.1 键盘函数 bioskey

```
int bioskey(int n)
```

该函数声明在 bios.h 头文件中，所以调用之前需要在程序开始的位置写#include<bios.h>,（以后如果第一次碰到的函数可以在 TC 根目录下的 include 文件夹中的头文件中查找，可以用记事本打开）。参数 n 用来确定该函数的三个功能，具体见表 9-2。

表 9-2 bioskey 的三个功能

参数 n 的具体数值	实现的功能
0	bioskey(0) 返回按键的键值——两个字节的整型数据。若没有键按下，该函数一直等待，直到有键按下（这种情况有时会影响效率，在之后的例 2 中会看到有一种方法可以实现：在一定时间内没有按键就去执行下面的代码）。 当按下时，返回该键所对应的 ASCⅡ码或其扩展的 ASCⅡ码。
1	bioskey(1) 查询是否有键按下。 若没有键按下，返回 0；若有键按下，返回非零值。
2	bioskey(2) 将返回一些控制键是否被按过，按过的状态由该函数返回的值来表示，具体见表 9-3。

如选参数 n 为 2 时，当某位为 1 时，表示相应的键已按，或相应的控制功能已有效，若 key 值为 0x09，那么从表 9-3 中可以得知右【Shift】键和【Alt】键被按下，因为只有 0x01 和 0x08 相加和为 0x09。若该函数还是无法理解也不影响最后编小游戏，故此处不做详细介绍。

表 9-3 其 他 功 能

字节位	对应的 16 进制数	含　义	字节位	对应的 16 进制数	含　义
0	0x01	右【Shift】键被按下	4	0x10	Scroll Lock 已打开
1	0x02	左【Shift】键被按下	5	0x20	Num Lock 已打开
2	0x04	【Ctrl】键被按下	6	0x40	Caps Lock 已打开
3	0x08	【Alt】键被按下	7	0x80	Inset 已打开

【例 9-36】按下键盘，并显示键值。

```
#include<bios.h>
int main ( )
{
    int key;
    key=bioskey(0);
    printf("%x",key);
}
```

/* 该例子中，若按下键盘上的【↑】键，屏幕会显示 4800（16 进制），用 16 进制是一种习惯，在表 9-3 中也体现了这种习惯的合理性。*/

【例 9-37】判断是否有按键被按下。

```
#include<stdio.h>
#include<bios.h>
int main()
{
    int  i,s;
    for(i=0;i<5000;i++)
    {
        delay(1);                    /*delay()函数用于延时*/
        if(bioskey(1)!=0)
        {
            s=1;
            break;
        }
    }
    Printf("hello");
}
```

/*该例中用了一个 5000 次的循环，每次延时 1，每次去判断是否有按键被按下，如果有，则跳出循环*/

9.4.2 键盘函数 kbhit

```
int kbhit(void);
```

该函数声明在 conio.h 头文件中，所以调用之前需要在程序开始的位置写上#include <conio.h>，若按了键盘，该函数返回 1，否则返回 0。

【例 9-38】kbhit 函数应用。

```
#include<stdio.h>
#include<stdlib.h>
#include<conio.h>
int main(void)
{
    cprintf("Press any key to continue:");
    while (!kbhit())     /* do nothing */
    cprintf("\r\nA key was pressed...\r\n");
    return 0;
}
```

下面的代码，如果没有键盘输入程序一直输 Hello World，直到用户按 Esc 结束。

```
#include <conio.h>
#include <stdlib.h>
int main(void)
{
    char ch;
    while(!kbhit())
    {
        cprintf("Hello World\n");
        if(kbhit())
        {
            ch = getch();
            if(27==ch)    break;
        }
    }
    cprintf("End!\n");
    system("pause");
    return 0;
}
```

C 语言也可以实现鼠标的操作，但由于这种方法效率低，现在的面向对象的编程都不采用 C 语言的鼠标操作方法。并且，本课程的一些例子中，也可以不用鼠标的操作，一般只用键盘就可以实现所需要的功能，因此，这里就不作介绍。

9.5 C 语言常用算法

串行接口（serial port）又称“串口”，也称串行通信接口（通常指 COM 接口），是采用串行通信方式的扩展接口。常见的有普通计算机应用的 RS-232（使用 25 针或 9 针连接器）和工业计算机应用的半双工 RS-485 与全双工 RS-422。

串行接口 Serial Interface 是指数据一位一位地顺序传送，其特点是通信线路简单，只要一对传输线就可以实现双向通信，并可以利用电话线，从而大大降低了成本，特别适用于远距离通信，但传送速度较慢。一条信息的各位数据被逐位按顺序传送的通信方式称为串行通信。串行通信的特点是：数据按位顺序进行顺序传送，最少只需一根传输线即可完成；成本低但传送速度慢。串行通信的距离可以从几米到几千米。

9.5.1 串口通信分类

根据信息的传送方向，串行通信可以进一步分为单工、半双工和全双工三种。

串口通信的两种最基本的方式：同步串行通信方式和异步串行通信方式。

同步串行是指 ISP（interface serial peripheral）的缩写，顾名思义就是串行外围设备接口。ISP 总线系统是一种同步串行外设接口，它可以使 MCU 与各种外围设备以串行方式进行通信以交换信息，TRM450 是 ISP 接口。

异步串行是指 UART(universal asynchronous receiver/transmitter),通用异步接收/发送。UART 是一个并行输入成为串行输出的芯片,通常集成在主板上。UART 包含 TTL 电平的串口和 RS232 电平的串口。TTL 电平是 3.3V 的,而 RS232 是负逻辑电平,它定义+5～+12V 为低电平,而-12～

-5V 为高电平，MDS2710、MDS SD4、EL805 等是 RS232 接口，EL806 有 TTL 接口，节点通是串行通信行家。

串行接口按电气标准及协议来分包括 RS-232-C、RS-422、RS485 等。RS-232-C、RS-422 与 RS-485 标准只对接口的电气特性做出规定，不涉及接插件、电缆或协议。

1. RS-232

RS-232 也称标准串口，是最常用的一种串行通信接口。它是在 1970 年由美国电子工业协会（EIA）联合贝尔系统、调制解调器厂家及计算机终端生产厂家共同制定的用于串行通信的标准。它的全名是“数据终端设备（DTE）和数据通信设备（DCE）之间串行二进制数据交换接口技术标准”。传统的 RS-232-C 接口标准有 22 根线，采用标准 25 芯 D 型插头座（DB25），后来使用简化为 9 芯 D 型插座（DB9），现在应用中 25 芯插头座已很少采用。

RS-232 采取不平衡传输方式，即所谓单端通信。由于其发送电平与接收电平的差仅为 2V 至 3V 左右，所以其共模抑制能力差，再加上双绞线上的分布电容，其传送距离最大为约 15 m，最高速率为 20 kb/s。RS-232 是为点对点（即只用一对收、发设备）通信而设计的，其驱动器负载为 3～7 kΩ。所以 RS-232 适合本地设备之间的通信。

2. RS-422

RS-422 的标准全称是“平衡电压数字接口电路的电气特性”，它定义了接口电路的特性。典型的 RS-422 是四线接口。实际上还有一根信号地线，共 5 根线。其 DB9 连接器引脚定义。由于接收器采用高输入阻抗和发送驱动器比 RS232 更强的驱动能力，故允许在相同传输线上连接多个接收节点，最多可接 10 个节点。即一个主设备（master），其余为从设备（slave），从设备之间不能通信，所以 RS-422 支持点对多的双向通信。接收器输入阻抗为 4 kΩ，故发端最大负载能力是 10×4 kΩ+100 Ω（终接电阻）。RS-422 四线接口由于采用单独的发送和接收通道，因此不必控制数据方向，各装置之间任何必须的信号交换均可以按软件方式（XON/XOFF 握手）或硬件方式（两对单独的双绞线）实现。

RS-422 的最大传输距离为 1219 m，最大传输速率为 10 Mb/s。其平衡双绞线的长度与传输速率成反比，在 100 kb/s 速率以下，才可能达到最大传输距离。只有在很短的距离下才能获得最高速率传输。一般 100 m 长的双绞线上所能获得的最大传输速率仅为 1 Mb/s。

3. RS-485

RS-485 是从 RS-422 基础上发展而来的，所以 RS-485 的许多电气规定与 RS-422 相仿。如都采用平衡传输方式、都需要在传输线上接终接电阻等。RS-485 可以采用二线与四线方式，二线制可实现真正的多点双向通信，而采用四线连接时，与 RS-422 一样只能实现点对多的通信，即只能有一个主（master）设备，其余为从设备，但它比 RS-422 有改进，无论四线还是二线连接方式总线上可多接到 32 个设备。

RS-485 与 RS-422 的不同还在于其共模输出电压是不同的，RS-485 是-7 V 至+12 V 之间，而 RS-422 在-7 V 至+7 V 之间，RS-485 接收器最小输入阻抗为 12 kΩ、RS-422 是 4 kΩ；由于 RS-485 满足所有 RS-422 的规范，所以 RS-485 的驱动器可以用在 RS-422 网络中应用。

RS-485 与 RS-422 一样，其最大传输距离约为 1219 m，最大传输速率为 10 Mb/s。平衡双绞线的长度与传输速率成反比，在 100 kb/s 速率以下，才可能使用规定最长的电缆长度。只有在很短的距离下才能获得最高速率传输。一般 100 m 长双绞线最大传输速率仅为 1 Mb/s

9.5.2　串口通信电气连接

目前较为常用的串口有 9 针串口（DB9）和 25 针串口（DB25），通信距离较近时(<12m)，可以用电缆线直接连接标准 RS-232 端口(RS-422、RS-485 较远)，若距离较远，需附加调制解调器（MODEM）或其他相关设备。最为简单且常用的是三线制接法，即地、接收数据和发送数据三脚相连，下面涉及到最为基本的接法，且直接用 RS232 相连。

RS-232 串口通信接线方法（三线制），首先，串口传输数据只要有接收数据针脚和发送针脚就能实现：同一个串口的接收脚和发送脚直接用线相连，两个串口相连或一个串口和多个串口相连同一个串口的接收脚和发送脚，直接用线相连 9 针串口和 25 针串口，均是 2 与 3 直接相连两个不同串口（不论是同一台计算机的两个串口或分别是不同计算机的串口）。

常用的串口接头都可以分为公头和母头两大类。

公头：泛指所有针式的接头；

母头：泛指所有插槽式的接头。

所有接头的针脚有统一规定，在接头上都印好了的，连接时要注意查看。在接线时没有提及的针脚都悬空不管。

1．串行口常用信号脚说明

常用的 9 针串口（DB9）如图 9-4、图 9-5 所示，通信距离较近时（<12m）可以用电缆线直接连接标准 RS-232 端口(RS-422、RS-485 较远)，若距离较远，需附加 MODEM。标准 RS-232 串口 9 针、25 针串口信号定义如图 9-6、图 9-7 所示。

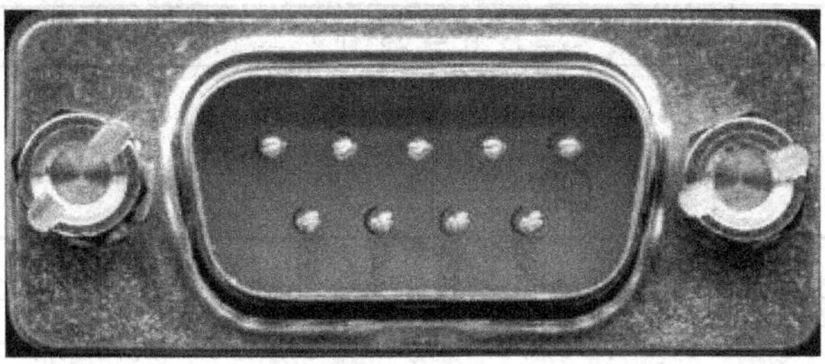

图 9-4　标准 RS-232 串口接头（公头）

图 9-5　标准 RS-232 串口接头（母头）

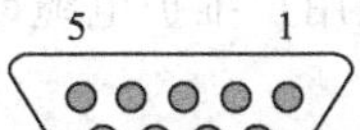

图 9-6　标准 RS-232 串口 9 针串口信号定义

图 9-7　标准 RS-232 串口 25 针串口信号定义

标准 RS-232 串口引脚接线关系见表 9-4。

表 9-4 串口引脚功能说明

9 针串口(DB9)			25 针串口(DB25)		
针 号	功 能 说 明	缩 写	针 号	功 能 说 明	缩 写
1	数据载波检测	DCD	8	数据载波检测	DCD
2	接收数据	RXD	3	接收数据	RXD
3	发送数据	TXD	2	发送数据	TXD
4	数据终端准备	DTR	20	数据终端准备	DTR
5	信号地	GND	7	信号地	GND
6	数据设备准备好	DSR	6	数据设备准备好	DSR
7	请求发送	RTS	4	请求发送	RTS
8	清除发送	CTS	5	清除发送	CTS

2. RS-232C 串口通信接线方法（三线制）

首先,串口传输数据只要有接收数据针脚和发送数据针脚就能实现，本机串口发送引脚和接收引脚短接可以实现本机数据收发；如果两个串口终端设备实现数据传输，一个设备串口的接收引脚和另外一个设备串口发送引脚直接用线相连，发送引脚与接收引脚相连接。连接关系详见表 9-5。

表 9-5 串口连接引脚关系表

9 针 - 9 针		25 针 - 25 针		9 针 - 25 针	
2	3	3	2	2	2
3	2	2	3	3	3
5	5	7	7	5	7

上面表格是对微机标准串行口而言的，还有许多非标准设备，如接收 GPS 数据或电子罗盘数据，只要记住一个原则：接收数据针脚(或线)与发送数据针脚(或线)相连，彼此交叉，信号地对应相接。

3. 串口调试中要注意的几点：

（1）不同编码机制不能混接，如 RS-232C 不能直接与 RS-422 接口相连，必须通过转换器才能连接。

（2）线路焊接要牢固，不然程序没问题，却因为接线问题误事。

（3）串口调试时，准备一个好的调试工具，如串口调试助手、串口精灵等，有事半功倍之效果。

（4）强烈建议不要带电插拨串口，插拨时至少有一端是断电的，否则串口易损坏。

所有接头的针脚有统一规定，在接头上都印好了的，连接时要注意查看。在接线时没有提及的针脚都悬空不管。下面给出串口，并口各针脚功能表以供高级用户维护电缆或接头时使用。

9.5.3 串口常用函数

```
//**********************************************************************
//函 数 名: byte GetByte (void)
//功 能: 从接收缓冲区取一个 byte
```

```
//说 明：如不想等待则在调用前检测 inbufsign 是否为 1
//参 数：无
//返 回 值：接收到的数据
//示 范：i=GetByte();
//*********************************************************************
byte GetByte (void)
{
    char c ;
    while(!inbufsign);                          //缓冲区空等待
    CLI();
    c=*getlast;                                 //取数据
    getlast ;                                   //最后取走的数据位置加 1
    inbufful=0;                                 //输入缓冲区的满标志清零
    if(getlast==inbuf ILEN) getlast=inbuf;      //地址到顶部回到底部
    if(getlast==inlast) inbufsign=0;            //置接收缓冲区标志为 0
    SEI();
    return(c);                                  //取回数据
}
//*********************************************************************
//函 数 名：void SerialSend_handler (void)
//功 能：串口发送中断处理
//说 明：
//参 数：
//返 回 值：
//*********************************************************************
void SerialSend_handler(void)
{
    UCSRA|=(1<<TXC);                            //清发送中断标志
    if(outbufsign)
    {
        UDR=*outlast;                           //未发送完继续发送
        outlast ;                               //最后传出去的字节位置加 1
        if(outlast==outbuf OLEN)    outlast=outbuf; //地址到顶部回到底部
        if(putlast==outlast) outbufsign=0;  //数据发送完后，置发送缓冲区标志为 0
    }
    else
    {
        outbufsign0=0;
    }
}
//*********************************************************************
//函 数 名：void SerialIncept_handler (void)
//功 能：串口接收中断处理
//说 明：
//参 数：
//返 回 值：
//*********************************************************************
void SerialIncept_handler (void)
```

```
{
    if(!inbufful)                                        //接收缓冲区未满
    {
        *inlast= UDR;                                    //放入数据
        inlast ;                                         //最后放入的位置加 1
        inbufsign=1;
        if(inlast==inbuf ILEN)    inlast=inbuf;  //地址到顶部回到底部
        if(inlast==getlast) inbufful=1;      //接收缓冲区满，置标志 1
    }
}
//*******************************************************************
//函 数 名: void SerialInit (unsigned long)
//功 能: 串口初始化
//说 明: 串口初始化固定波特率，打开接收和发送中断
//参 数: 需要初始化的波特率
//返 回 值: 无
//示 范: SerialInit (38400);
//*******************************************************************
*
void SerialInit (word baud)
{
    CLI();
    UCSRC&=(~(1<<URSEL));
    UBRRH=(byte)(baud>>8);
    UBRRL=(byte)baud;
    UCSRB=(1<<RXCIE)|(1<<TXCIE)|(1<<RXEN)|(1<<TXEN);
    //打开接收中断，打开发送中断，打开接收器和发送器
    UCSRC=(1<<URSEL)|(3<<UCSZ0);          //配置帧格式: 8 个数据位, 1 个停止位
    SEI();                                //开中断
}
```

9.5.4 串口程序

【例 9-39】 C 语言串口接收程序 receive.c。

```
#include <dos.h>
#include <fstream.h>
#include <conio.h>
#include <stdio.h>
#include <stdlib.h>
#include <math.h>
#define    RXD 0        //接收
#define    TXD 0        //发送
#define    LSB 0        //波特率调节低 8 位
#define    MSB 1        //波特率调节高 8 位
#define    IER 1        // 中断起用寄存器
#define    IIR 2        //中断标识寄存器
#define    LCR 3        //线路控制寄存器
#define    MCR 4        //调制解调器控制寄存器
#define    LSR 5        //线路状态寄存器
#define    MSR 6        //调制解调器状态寄存器
```

```
#define    IERV    1
#define    OUT2    0x08
#define    ERTS    2
#define    EDTR    1
#define    EMPTY   0X20
#define    READY   0X30
#define    ICREG   0X20
#define    IMASKREG    0X21
#define    EOI 0X20
#define    WAITCOUNT   5000
#define    BUFFLEN 2048              //用于存储字符的数组的界
#define    ALTE    0X12
#define    ALTQ    0X10
#define    SER_BAUD_1200   96
#define    SER_BAUD_2400   48
#define    SER_BAUD_9600   0x0C
#define    SER_BAUD_19200  6
#define    SER_STOP_1  0             /* 1 stop bit per character*/
#define    SER_STOP_2  4             /* 2 stop bits per character*/
#define    SER_BITS_5  0             /* send 5 bit characters*/
#define    SER_BITS_6  1             /* send 6 bit characters*/
#define    SER_BITS_7  2             /* send 7 bit characters*/
#define    SER_BITS_8  3             /* send 8 bit characters*/
#define    SER_PARITY_NONE  0        /* no parity*/
#define    SER_PARITY_ODD    8       /* odd parity*/
#define    SER_PARITY_EVEN     24    /* even parity*/
Int port;
int ComNum;
unsigned   portaddr;
unsigned   portf;
unsigned   int baudtable[]={0x180,0xc0,0x60,0x30,0x18,0x0c,0x06};
unsigned   char paritytable[]={0x08,0x18,0x00,0x28,0x38};
unsigned   char buffer[BUFFLEN];  //recv buf
int buffin=0;
int buffout=0;
int incount=0;
int outcount=0;
void    interrupt(*vect_com)(...);
void    putb(unsigned char ch) //write a char to the recvbuf 将中断得到的数
                                 据写到缓冲区
{
   int temp;
   temp=buffin;
   if(++buffin==BUFFLEN)
      buffin=0;
   if(buffin!=buffout)
   {
      buffer[buffin]=ch;
      // printf("bufferin[%d]=%c",buffer[buffin]);
      // getch();
```

```
    }
    else    buffin=temp;
    }
unsigned   char   getb()           //read a char from the recvbuf
{
    if(buffout!=buffin)
    {
        if(++buffout==BUFFLEN)
        buffout=0;
        //printf("bufferout[%d]=%c",buffout,buffer[buffout]);
        return(buffer[buffout]);
    }
    else    return(0xff);
}
/*unsigned char sender( unsigned char ch)
{
    outportb(portaddr2+TXD,ch);
    printf("\nsender outportdata=%c\n",ch);
    outcount++;
    return(1);
}; */
void interrupt receiver(...)
{
    unsigned char ch;
    ch=inportb(portaddr+RXD);
    putb(ch);
    incount++;                          //记录接收了多少个数据。
    outportb(ICREG,EOI);
}
void SerInit(int baud,int configuration)
{
    disable();
    outportb(portaddr+LCR,0x80);
    outportb(portaddr+LSB,baud);
    outportb(portaddr+MSB,0x00);
    outportb(portaddr+LCR,configuration);
    enable();
}
void SerOpen(void)
{
    vect_com=getvect(portf+8);
    disable();
    inportb(portaddr+RXD);
    inportb(portaddr+MSR);
    inportb(portaddr+LSR);
    inportb(portaddr+IIR);
    outportb(portaddr+IER,IERV);
    outportb(portaddr+MCR,OUT2|ERTS|EDTR);
    outportb(IMASKREG,inportb(IMASKREG)&(~(1<<portf)));
    setvect(portf+8,receiver);
```

```
    enable();
}
void SerClose(void)
{
    disable();
    outportb(portaddr+IER,0);
    outportb(portaddr+MCR,0);
    outportb(IMASKREG,inportb(IMASKREG)|(1<<portf));
    enable();
    setvect(portf+8,vect_com);
}
void Getportaddr(int port)
{
    switch (port)
    {
       case 0: portaddr=0x3F8;
          break;
       case 1: portaddr=0x2F8;
          break;
       case 2: portaddr=0x3E8;
          break;
       case 3: portaddr=0x2E8;
          break;
    }
    portf=(port==0)?4:3;
}
void Init()
{
    unsigned char key,key2;
    port=ComNum-1;
    if(peek(0x40,port*2)==0)
    {
       printf("have no special com .\n");
       exit(1);
    }
   else
    {
       printf("The used port is :COM%d\n",ComNum);
    }
    Getportaddr(port);                          // 得到串口地址
    SerInit(SER_BAUD_9600,SER_PARITY_EVEN| SER_BITS_8 | SER_STOP_1);
    //初始化串口，设置波特率等
    SerOpen();
    do{
       if(kbhit())
       {
          key2=getch();
          if(key2==27)
          {
             break;
```

```
            }
        }
        key=getb();
        if(key!=0xff)
        {
            printf("%x\t",key);
            FILE *fp;
            fp=fopen("C:\\Receivedata.dat","ab");
            //可选择接收数据的存放文件路径和文件名
            if(fp==NULL) printf("File open error!");
            // fputc(key,fp);
            fwrite(&key,sizeof(unsigned char),1,fp);
            fclose(fp);
        }
    }while (key2!=27);
    SerClose();
    // printf("%d char has been received\n",incount);
    // printf("%d char has been sended\n",outcount);
    //printf("\nsum=%d \n",sum);
}
void main() //com1 receive
{
    printf("Please input the receive COMnum:(1～4)\n");
    cin>>ComNum;
    printf("the current com set is:9600,even, data bits 8, stop 1,");
    Init();
    printf("\n\nOVER\n");
    exit(0);
}
```

【例 9-40】C 语言串口发送程序 send.c。

```
#include    <dos.h>
#include    <bios.h>
#include    <stdio.h>
#include    <math.h>
#include    <conio.h>
#include    <graphics.h>
#ifdef __cplusplus
#define __CPPARGS ...
#else
#define __CPPARGS
#endif
#define SER_RBF 0
#define SER_THR 0
#define SER_IER 1
#define SER_IIR 2
#define SER_LCR 3
#define SER_MCR 4
#define SER_LSR 5
#define SER_MSR 6
#define SER_DLL 0
```

```
#define SER_DLH 1
#define SER_BAUD_1200       96
#define     SER_BAUD_2400   48
#define SER_BAUD_9600       12
#define SER_BAUD_19200  6
#define     SER_GP02    8
#define COM_1   0x3F8
#define COM_2   0x2F8       /*/ base port address of port 1*/
#define     COM_3 0x3E8
#define COM_4 0x2E8
#define SER_STOP_1  0       /* 1 stop bit per character*/
#define SER_STOP_2  4       /* 2 stop bits per character*/
#define SER_BITS_5  0       /* send 5 bit characters*/
#define SER_BITS_6  1       /* send 6 bit characters*/
#define SER_BITS_7  2       /* send 7 bit characters*/
#define SER_BITS_8  3       /* send 8 bit characters*/
#define SER_PARITY_NONE     0           /* no parity*/
#define SER_PARITY_ODD      8           /* odd parity*/
#define     SER_PARITY_EVEN     24      /*even parity*/
#define SER_DIV_LATCH_ON    128  /*/ used to turn reg 0,1 into divisor latch*/
#define     PIC_IMR     0x21            /* pic's interrupt mask reg.*/
#define PIC_ICR     0x20                /* pic's interupt control reg.*/
#define INT_SER_PORT_0  0x0C            /* port 0 interrupt com 1 & 3*/
#define     INT_SER_PORT_1 0x0B         /* port 0 interrupt com 2 & 4*/
#define SERIAL_BUFF_SIZE    128         /*  current  size  of  circulating
receive buffer*/
void        interrupt far (*Old_Isr)(__CPPARGS);   /* holds old com port
interrupt handler*/
char        ser_buffer[SERIAL_BUFF_SIZE];          /* the receive buffer*/
int ser_end = -1,ser_start=-1;          /* indexes into receive buffer*/
int ser_ch, char_ready=0;           /* current character and ready flag*/
int old_int_mask;                   /* the old interrupt mask on the PIC*/
int open_port;                      /* the currently open port*/
int serial_lock = 0;                /* serial ISR semaphore so the buffer*/
/* isn't altered will it is being written*/
/* to by the ISR*/
/*-------------写串口-----------------*/
void interrupt far Serial_Isr(__CPPARGS)
{
    serial_lock = 1;
    ser_ch = inp(open_port + SER_RBF);
    if (++ser_end > SERIAL_BUFF_SIZE-1)
        ser_end = 0;
    ser_buffer[ser_end] = ser_ch;
    ++char_ready;
    outp(PIC_ICR,0x20);
    serial_lock = 0;
}
int Ready_Serial()
{
```

```
    return(char_ready);
}
/*--------------读串口--------------*/
int Serial_Read()
{
    int ch;
    while(serial_lock){}
    if (ser_end != ser_start)
    {
        if (++ser_start > SERIAL_BUFF_SIZE-1)
        ser_start = 0;
        ch=ser_buffer[ser_start];
        printf("%x",ch);
        if(char_ready > 0)
            --char_ready;
        return(ch);
    }
    else
        return(0);
}
/*--------------写串口----------------*/
Serial_Write(char ch)
{
    while(!(inp(open_port + SER_LSR) & 0x20)){}
    asm cli
    outp(open_port + SER_THR, ch);
    asm sti
}
/*-----------初始化串口--------------*/
Open_Serial(int port_base, int baud, int configuration)
{
    open_port = port_base;
    disable();
    outp(port_base + SER_LCR, SER_DIV_LATCH_ON);
    outp(port_base + SER_DLL, baud);
    outp(port_base + SER_DLH, 0);
    outp(port_base + SER_LCR, configuration);
    outp(port_base + SER_MCR, SER_GP02);
    outp(port_base + SER_IER, 1);
    if (port_base == COM_1 || port_base==COM_3)
    {
        Old_Isr = _dos_getvect(INT_SER_PORT_0);
        _dos_setvect(INT_SER_PORT_0, Serial_Isr);
        printf("\nOpening Communications Channel Com Port #1/3...\n");
    }
    else
    {
        Old_Isr = _dos_getvect(INT_SER_PORT_1);
        _dos_setvect(INT_SER_PORT_1, Serial_Isr);
        printf("\nOpening Communications Channel Com Port #2/4...\n");
```

```
    }
    old_int_mask = inp(PIC_IMR);
    outp(PIC_IMR, (port_base==COM_1) ? (old_int_mask & 0xEF) : (old_int_mask
& 0xF7 ));
    enable();
}
/*--------------关闭串口---------------*/
Close_Serial(int port_base)
{
    outp(port_base + SER_MCR, 0);
    outp(port_base + SER_IER, 0);
    outp(PIC_IMR,old_int_mask);
    if(port_base == COM_1)
    {
        _dos_setvect(INT_SER_PORT_0, Old_Isr);
        printf("\nClosing Communications Channel Com Port #1.\n");
    }
    else
    {
        _dos_setvect(INT_SER_PORT_1, Old_Isr);
        printf("\nClosing Communications Channel Com Port #2.\n");
    }
}
/*--------------发送应用-----------------*/
void main(int argc,char *argv[])
{
    char ch,press;
    int done=0;
    FILE *fp;
    argc=2;
    //argv[1]="c:\\comfile.c";
    if(argc<2)
    {
        printf("\nUsage:display filename.wav!!!");
        // exit(1);
    }
    if((fp=fopen(argv[1],"r+b"))==NULL)
    {
        printf("cannot open the file\n");
        //exit(0);
    }
    fseek(fp, 0, SEEK_SET);
    Open_Serial(COM_1,SER_BAUD_9600,
        SER_PARITY_EVEN|SER_BITS_8|SER_STOP_1);
    printf("com:1;bps:9600;parity:even;bits:8;stop bit:1");
    printf("press any key to begin sending");
    getch();
    //Serial_Write('');              //该语句可用于发送单个字符
    while(!done&&ch != EOF)          //发送文件开始
    {
```

```
            ch = fgetc(fp);
            //if(ch==EOF) Serial_Write(27);
            Serial_Write(ch);
            delay(30);
            if(kbhit())
            {
                press=getch();
                if(press==27)
                {
                    Serial_Write(27);
                    done=1;
                }
            }
        }
        Close_Serial(COM_1);
        fclose(fp);
    }
```

附录 A 全国计算机等级考试（二级 C 语言程序设计）模拟题

一、选择题（每小题 1 分，共 40 分）

1. 有以下程序

```
#include <stdio.h>
int mul(int val)
{   static int init=1;
    return init *=val;
}
main()
{   int i;
    for(i=1;i<=5;i++)
       Printf("%d,",mul(i));
}
```

程序运行后的输出结果是（　　）

A. 1,2,6,24,120　　B. 1,2,3,4,5

C. 1,1,1,1,1　　D. 1,2,4,6,8

2. 下列叙述中正确的是（　　）

A. 软件是程序、数据和文档　　B. 软件是程序和数据

C. 软件是算法和数据结构　　D. 软件是算法和程序

3. 语句 printf("%d\n，strlen("\t\"\065\xff\n")); 的输出结果是（　　）。

A. 5　　B. 14

C. 8　　D. 输出不合法，无正常输出

4. 函数 fun 的功能是在 a 所指的具有 *n* 个元素的数组中查找最大值并返回给调用函数，函数不完整。

```
int fun (int *a,int n)
{   int *p,*s;
    for(p=a,s=a;p-a<n;p++)
    if(__________) s=p;
    return *s;
}
```

在 if 语句下画线处应填入的选项是（　　）。

A. 0>s　　B. * p>*s　　C. a[p]>a[s]　　D. p−a>p−s

5. 若有语句：int a[3][4],P[3][4];P=a;，则以下选项中叙述错误的是（　　）。

A. 系统将开辟一个名为 P 的二维数组，P[0][0]中的值即为 a[0][0]中的值

B. P+1 代表 a[1][0]的地址

C. P中将存放a数组的首地址

D. P+2代表a数组最后一行的首地址

6. 有以下程序:

```
#include<stdio.h>
#include<string.h>
main()
{   chara[]="TEXT",*b="++",c[3]="1";
    printf("%d,%d,",strlen(a),sizeof(a));
    printf("%d,%d,",strlen(b),sizeof(b));
    printf("%d,%d,\n",strlen(c),sizeof(c));
}
```

程序运行后的输出结果是(　　)。

A. 4,5,2,4,1,3,　　B. 4,4,2,2,1,1,

C. 5,5,3,3,2,2,　　D. 4,4,2,2,1,3,

7. 若有定义:int a,b,C;,以下程序段的输出结果是(　)。

```
a=11;b=3;C=0;
pfinff("%d\n",c=(a/b,a%B.));
```

A. 2　　B. 0　　C. 3　　D. 1

8. 若有定义:double a,b,c;,能正确给a,b,c输入数据的语句是(　　)。

A. seanf("%lf%1f%1P'&a,&b,&C.):　　B. scanf(-t%f%f%f',&a,&b,&C):

C. scanf("%lf%lf%lf',a,b,C):　　D. scanf("%lf%lf%lf",&a,&b,&C):

9. 有以下程序段:

```
char str[4][12]={"aaa","bbb", "ccc", "ddd"|,*p[4];
int i;
for(i=0;i<4;i++)p[i]=str[i];
```

以下选项中不能正确引用字符串的是(　　)。

A. 3　　B. p[3]　　C. str[2]　　D. *P

10. 在最坏情况下,二分查找法的时间复杂度为(　　)。

A. $\frac{n}{2}\log_2 n$　　B. $\frac{n}{2}$　　C. $\log_2 n$　　D. n

11. 有以下程序:

```
#include<stdio.h>
struct tt
{   int x;struct tt *y;|s[2]={1,0,2,0};
main()
{   struct tt *p=s;
    p→y=s;
    printf("%d",++p→x);
}
```

程序运行后的输出结果是(　　)。

A. 2　　B. 0　　C. 1　　D. 3

12. 若有定义:

```
typedefint*T[10];T a;
```

则以下选项与上述定义中a的类型完全相同的是(　　)。

A. int*a[10]; B. int(*A.[10]; C. int a[10]; D. int(*a[10]);

13. 医生可以为病人开不同的药，而同一种药也可由不同医生开给病人，则实体医生和实体药之间的联系是（ ）。

A. 多对多 B. 一对一 C. 多对一 D. 一对多

14. 为了建立如图所示的存储结构(即每个结点含两个域，data 是数据域，next 是指向结点的指针域)则在（ ）处填入的选项是（ ）。

```
*struetlink{ehardata;( ) node;
```

A. struetlink*next; B. linknext; C. link$next; D. struetlinknext;

15. 有以下程序：

```
#include<stdio.h>
main()
{   char a,b,c,d;
    scanf("%c%c",&a,&b);
    c=getchar();
    d=getchar();
    printf("%c%c%c%c\n",a,b,c,d);
}
```

当执行程序时，按下列方式输入数据（从第 1 列开始，代表回车，注意：回车也是一个字符）1234 则输出结果是（ ）。

A. 123 B. 12 C. 1234 D. 12
34

16. 有以下程序：

```
#include<stdio.h>
main()
{   char ch='D';
    while(ch>'A')d|ch--
        putchar(ch);
        if(ch=='A') break;
        putchar(ch+1);
}
```

程序运行后的输出结果是（ ）。

A. CB B. BCA C. CCBB D. CDBCA

17. 有以下程序：

```
#include<stdio.h>
main()
{   int a=-2,b=2;
    For(;++a&&--b;)
      ;
    printf("%d,%d\n",a,b);
}
```

程序运行后的输出结果是（ ）。

A. 0，1 B. 0，0 C. 1，-1 D. 0，2

18. 有以下程序：

```
#include<stdio.h>
int fun(int a[],int n,int x)
```

```
{  int *p=a;
   while(p<a+n&&*p!=x) p++;
   if(p<a+n) return p-a;
   else return -1;
}
main()
{  int a[10]={1,2,3,4,5,6,7,8,9,10};
   printf("%d\\n",fun(a,10,10));
}
```

A. 9　　B. -1　　C. 10　　D. 0

19. 下列叙述中错误的是（　　）。

A. 数据结构中的数据元素不能是另一数据结构

B. 数据结构中的数据元素可以是另一数据结构

C. 空数据结构可以是线性结构也可以是非线性结构

D. 非空数据结构可以没有根结点

20. 以下选项中合法的C语言常量是（　　）。

A. ‚C—STR'　　B. 2014. 1　　C. "\1. 0　　D. 2EK

21. 有以下程序：

```
#include<stdio.h>
main()
{  int a=0,b=0,c=0,d=0;
   if(a=1) b=1;c=2;
   else d=3;
   printf("%d,%d,%d,%d\n",a,b,c,d);
}
```

程序输出（　　）。

A. 编译有错　　B. 0,0,0,3

C. 1,1,2,0　　D. 0,1,2,0

22. 有以下程序

```
#include<stdio.h>
int f(int x)
main()
{  int n=1,m;
   m=f(f(f(n)));printf("%d\n",m);
}
int f(int x)
{  return x*2;}
```

程序运行后的输出结果是（　　）。

A. 4　　B. 2　　C. 8　　D. 1

23. 软件生命周期是指（　　）。

A. 软件的定义和开发阶段

B. 软件的需求分析、设计与实现阶段

C. 软件的开发阶段

D. 软件产品从提出、实现、使用维护到停止使用退役的过程

24. 有以下程序：

```
#include<stdio.h>
#include<math.h>
int fun(int a[],int n,int x)
main()
{   double x,y,z;
    scanf("%lf%lf",&x,&y);
    z=x/y;
    while(1)
      if(fabs(z)>1.0)
      {x=y;y=z;z=x/y;}
      else break;
    printf("y=%f\n",y);
}
```

执行时输入：3. 6 2. 4<回车>，则输出结果是（　　）。

A. 2. 400000　　B. 1. 500000　　C. 1. 600000　　D. 2. 000000

25. 有以下程序：

```
#include<stdio.h>
#include<string.h>
struct computer
{   char CPU[10];};
main()
{   struct computer pc1,pc2;
    strcpy(pc1.CPU,"3.2G");
    strcpy(pc2.CPU,"????");
    pc1=pc2;
    printf("%s\n",pc1.CPU);
}
```

程序运行后的输出结果是（　　）。

A. ?　　B. 3. 2G　　C. ????　　D. 7. 2G

26. 有以下程序：

```
#include<stdio.h>
main()
{   int t;
    scanf("%d",&t);
    if(t++<6) printf("%d\n",t);
    else printf("%d\n",t--);
    printf("\n");
}
```

执行时输入：6<回车>，则输出结果是（　　）。

A. 6　　B. 8　　C. 7　　D. 5

27. 能从任意一个结点开始没有重复地扫描到所有结点的数据结构是（　　）。

A. 循环链表　　B. 双向链表　　C. 二叉链表　　D. 有序链表

28. 以下是正确C语言标识符的是（　　）。

A. &3　　B. #3　　C. j　　D. -3

29. 关于地址和指针，以下叙述正确的是（　　）。

A. 可以通过强制类型转换让 char 型指针指向 double 型变量

B. 函数指针 P 指向一个同类型的函数 f 时，必须写成：p=&f;

C. 指针 P 指向一个数组 f 时，必须写成：p=ecf;

D. 一个指针变量 P 可以指向自身

30. 有以下程序：

```
#include<stdio.h>
main()
{   int a=2,b;
   B=(a>>=1)+4;
   printf("%d,%d",a,b);
}
```

程序运行后的输出结果是（　　）。

A. 1,5　　B. 2,4　　C. 2,6　　D. 2,5

31. 有以下程序：

```
#include<stdio.h>
#define N3
void fun(int x[][N],int *rl,int *r2)
{   int i,j;
      *r1=*r2=0;
      for(i=0;i<N;i++)
      {   j=N-(i+1);
            if(x[*r1][*r2]<x[i][j];{*r1=i;*r2=j;}
      }
}
main()
{   int a[N][N]={1,5,7,9,2,6,4,3,8|,i,j;
   fun(a,&i,&j);
   printf("%d\n",a[i][j]);
}
```

程序运行后的输出结果是（　　）。

A. 8　　B. 6　　C. 7　　D. 9

32. 有以下程序：

```
#include<stdio.h>
int new_div(double a,double b)
{   return a/b+0.5;}
}
main()
{   printf("%d",new_div(7.8,3.1));}
```

程序运行后的输出结果是（　　）。

A. 1　　B. 2　　C. 3　　D. 0

33. 设 Z.X 树中共有 31 个结点，其中的结点值互不相同。如果该二叉树的后序序列与中序序列相同，该二叉树的深度为（　　）。

A. 31　　B. 16　　C. 17　　D. 5

34. 有以下程序：

```
#include<stdio.h>
main()
```

```
{   int a,b;
    for(a=0;a<3;a++)
      {   scanf("%d",&b);
          switch(b)
            {   default:printf("%d,",b+1);coutinue;
                case1:printf("%d,",b+1);
                case2:printf("%d,",b+1);
            }
      }
}
```

执行时输入：1 2 3<回车>，则输出结果是（　　）。

A. 2,2,4,4,　　B. 2,3,4,　　C. 2,2,3,4,　　D. 2,3,3,4,5,6,

35. 以下叙述错误的是（　　）。

A. 一个算法所包含的操作步骤应该是有限的

B. 任何能通过编译和运行的算法都一定能得到所期望的结果

C. 算法中每一条指令必须有确切的含义

D. 算法可以用各种描述方法来进行描述

36. 设栈的存储空间为S(1:m)，初始状态为top=m+1。经过一系列入栈与退栈操作后，top=1。现又要将一个元素进栈，栈顶指针top值变为（　　）。

A. 发生栈满的错误　　B. 2　　C. m　　D. 0

37. 有以下程序：

```
#include<stdio.h>
main()
{   int x=0x9;
    printf("%c\n",'A'+x);
}
```

程序运行后的输出结果是（　　）。

A. I　　B. J　　C. K　　D. H

38. 有以下程序：

```
#include<stdio.h>
main()
{   int m,n;
    scanf("%d%d",&m,&n);
    while(m!=n)
    {   while(m>n){m=m-n;}
        while(n>m){n=n-m;}
    }
    printf("%d\n",m);
}
```

该程序的功能是（　　）

A. 计算 *m* 和 *n* 的最小公倍数　　B. 计算 *m* 和 *n* 的最大公约数

C. 计算 *m* 和 *n* 的差值　　D. 找出 *m* 和 *n* 中的较大值

39. 有以下程序：

```
#include<stdio.h>
main()
```

```
{   int a[4], p,x,i;
    for(i=3;i>0;i--) a[i-1]=i*2-1;
    scanf("%d",&x);
    i=0;
    while(a[i]<x) i++;
    p=i;
    for(i=0;i<4;i++) printf("%3d",a[i]);
    printf("\\n");
}
```

执行时输入：2<回车>，则输出结果是（　　）。

A. 1 23 4　　B. 5 431　　C. 1235　　D. 32 1 4

40. 若要建立下图所示的存储结构，以下正确的程序段是（　　）。

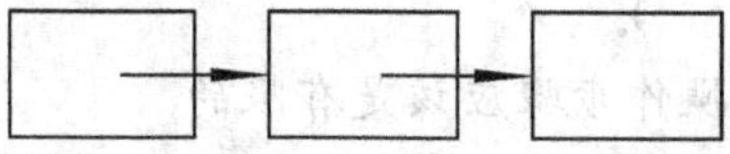

A. `char **q,*p,c;`
`p=&c;q=&p;`

B. `char **q,*p,c;`
`p=&c;q=*p;`

C. `char *q,*p,c;`
`P=&c;*q=p;`

D. `char *q,*p,c;`
`q=p;p=*c;`

二、程序填空题（共 18 分）

41. 给定程序中，函数 fun 的作用是：不断从终端读入整数，由变量 a 统计大于 0 的个数，用变量 c 来统计小于 0 的个数，当输入 0 时结束输入，并通过形参 pa 和 pb 把统计的数据传回主函数进行输出。

请在程序的下画线处填入正确的内容并把下画线删除，使程序得出正确的结果。注意：源程序存放在 BLANKl. C 中。

不得增行或删行，也不得更改程序的结构、试题程序.

```
#include<stdio.h>
void fun(int *px,int *py)
{
/**********found**********/
    int[1];
    scanf("%d",&k);
/**********found**********/
    while[2]
    {   if(k>0) a++;
        if(k<0) b++;
/**********found**********/
        [3];
    }
    *px=a;*py=b;
}
main()
{   int x,y;
    fun(&x,&y);
    printf("x=%d y=%d\n",x,y);
}
```

三、程序改错题（共24分）

42. 给定程序MODII.c中，函数fun的功能是判断整数n是否是“完数”。当一个数的因子之和恰好等于这个数本身时，就称这个数为“完数”。例如：6的因子包括1、2、3，而6=1+2+3，所以6是完数。如果是完数，函数返回值为1，否则函数返回值为0。数组a中存放的是找到的因子，变量k中存放的是因子的个数。请改正函数fun中指定部位的错误，使它能得出正确的结果。

注意：不要改动main函数，不得增行或删行，也不得更改程序的结构。

试题程序：

```
#include<stdio.h>
void fun(int n,int a[],int *k)
{   int m=0,i,t;
    t=n;
/**********found**********/
    for(i=0;i<n;i++)
      if(n%i=0)
        {a[m]=i;m++;t=t-i;}
/**********found**********/
    k=m;
/**********found**********/
    if(t=0) return 1;
    else return 0;
}
main()
{   int n,a[10],flag,i,k;
    printf("请输入一个整数: "); scanf("%d",&n);
    flag=fun(n,a,&k);
    if(flag)
    {  printf("%d是完数，其因子是: ",n);
        for(i=0;i<k;i++) print%d",a[i]);
        printf("\n");
    }
    else printf("%d不是完数。\n",n);
}
```

四、程序设计题（共18分）

43. 请编写函数fun，其功能是分别统计形参t所指二维数组中字母a和c的个数。

注意：部分源程序存在PROGl.c中，请勿改动主函数main和其他函数中的任何内容，仅在函数fun的花括号中填入所编写的若干语句。

试题程序：

```
#include<stdio.h>
#include<stdlib.h>
void NONO();
void fun(char(*t)[M],int *a,int *c){
}
void get(char(*s)[M]
{   int i,j;for(i=0;i<M;i++)
    {   for(j=0;j<M;j++)
```

```
        {   s[i][j]=65+rand()%12;printf("%c",s[i][j]);}
        printf("\n");
      }
}
main()
{  char a[M][M];
   int x,y;
     Get(a);
     fun(a,&x,&y);
     printf("A=%d C=%d\n",x,y);
        for(i=0;i<k;i++) print%d",a[i]);
        NONO("\n");
}
void NONO()
{/*本函数用于打开文件，输入数据，调用函数，输出数据，关闭文件。*/
   FILE *fp,*wf;
     int i,j,x,y;
     char a[M][M];
     fp=fopen("c:\test\in.dat","r");
     wf=fopen("c:\test\out.dat","w");
     for(i=0;i<M;i++)
     {   for(j=0;j<M;j++)
            {   fscanf(fp,"%c",&a[i][j]);}
     }
     fun(a,&x,&y);
     fprintf(wf,"A=%d\n",x);
     fprintf(wf,"C=%d\n",y);
     fclose(fp);
     fclose(fw);
}
```

附录 B　C 语言关键字

C 语言的关键字共有 32 个，根据关键字的作用，可分为数据类型关键字、控制语句关键字、存储类型关键字和其他关键字四类。

类　　型	关　键　字	功　　能
数据类型关键字	int	声明整型变量或函数
	short	声明短整型变量或函数
	long	声明长整型变量或函数
	float	声明浮点型变量或函数
	double	声明双精度变量或函数
	char	声明字符型变量或函数
	enum	声明枚举类型
	struct	声明结构体变量或函数
	union	声明共用体（联合）数据类型
	signed	声明有符号类型变量或函数
	unsigned	声明无符号类型变量或函数
	void	声明函数无返回值或无参数，声明无类型指针
控制语句关键字	for	带有初值、测试和增量的一种循环
	while	在 while 和 do…while 循环中语句的条件执行
	do	在 do…while 循环中的循环起始标记
	continue	结束当前循环，开始下一轮循环
	break	跳出当前循环
	if	条件语句
	else	条件语句否定分支（与 if 连用）
	goto	无条件跳转语句
	switch	从所有列出的动作中作出选择
	case	switch 语句中的情况选择
	default	switch 语句中其余情况标号
	return	子程序返回语句（可以带参数，也看不带参数）
存储类型关键字	auto	声明自动变量，一般不使用
	extern	声明变量是在其他文件中声明（也可以看做是引用变量）
	register	声明寄存器变量

续表

类　型	关 键 字	功　　能
存储类型关键字	static	声明静态变量
其他类型关键字	const	声明只读变量
	volatile	说明变量在程序执行中可被隐含地改变
	sizeof	计算数据类型长度
	typedef	用以给数据类型取别名

附录 C　C 语言运算符

优先级	运　算　符	运算符名称	结 合 方 向	举　　例
1	[]	数组符下标	左→右	数组名[常量表达式]
	()	圆括号		（表达式）或函数名（形参表）
	.	成员选择（对象）		对象.成员名
	→	成员选择（指针）		对象指针→成员名
2	-	取负	右→左	-表达式
	（类型）	强制类型转换		（数据类型）表达式
	++	自增		++变量名/变量名++
	--	自减		--变量名/变量名--
	*	指针		*指针变量
	&	取地址		&变量名
	!	逻辑非		！表达式
	～	按位取反		～表达式
	sizeof	取地址长度		Sizeof（表达式）
3	*	乘	左→右	表达式 1*表达式 2
	/	除		表达式 1/表达式 2
	%	求余（取模）		表达式 1%表达式 2
4	+	加		表达式 1+表达式 2
	-	减		表达式 1-表达式 2
5	<<	左移		变量<<表达式
	>>	右移		变量>>表达式
6	>	大于		表达式 1>表达式 2
	>=	大于等于		表达式 1>=表达式 2
	<	小于		表达式 1<表达式 2
	<=	小于等于		表达式 1<=表达式 2
7	==	等于		表达式 1==表达式 2
	!=	不等于		表达式 1!=表达式 2
8	&	按位与		表达式 1&表达式 2
9	^	按位异或		表达式 1^表达式 2
10	|	按位或		表达式 1|表达式 2

续表

优先级	运　算　符	运算符名称	结合方向	举　　例
11	&&	逻辑与		表达式 1&&表达式 2
12	||	逻辑或		表达式 1||表达式 2
13	?:	则，否则		表达式 1?表达式 2:表达式 3
14	=, +=, -=, *=, /=, %=, >>=, <<=，&=，^=，|=	赋值或算术赋值	右→左	变量=表达式；变量+=表达式（即变量=变量+表达式）；……
15	,	逗号（顺序求值）	左→右	表达式 1，表达式 2，……

附录 D ASCII 值对照表

ASCⅡ值			控制字符	ASCⅡ值			控制字符
十进制	八进制	十六进制		十进制	八进制	十六进制	
000	000	000	NUL 空字符	019	023	013	DC3 设备控制 3
001	001	001	SOH 标题开始	020	024	014	DC4 设备控制 4
002	002	002	STX 文本开始	021	025	015	NAK 拒绝接收
003	003	003	ETX 文本结束	022	026	016	SYN 同步空闲
004	004	004	EOT 传输结束	023	027	017	ETB 传输块结束
005	005	005	ENQ 请求	024	030	018	CAN 取消
006	006	006	ACK 确认回应	025	031	019	EM 介质中断
007	007	007	BEL 响铃	026	032	01A	SUB 替补
008	010	008	BS 退格	027	033	01B	ESC 溢出
009	011	009	HT 水平定位符号	028	034	01C	FS 文件分割符
010	012	00A	LF 换行键	029	035	01D	GS 分组符
011	013	00B	VT 垂直定位符号	030	036	01E	RS 记录分隔符
012	014	00C	FF 换页键	031	037	01F	US 单元分隔符
013	015	00D	CR 归位键	032	040	020	空格
014	016	00E	SO 取消变换	033	041	021	!
015	017	00F	SI 启用变换	034	042	022	“
016	020	010	DLE 跳出数据通讯	035	043	023	#
017	021	011	DC1 设备控制 1	036	044	024	$
018	022	012	DC2 设备控制 2	037	045	025	%

续表

ASCⅡ值			控制字符	ASCⅡ值			控制字符
十进制	八进制	十六进制		十进制	八进制	十六进制	
038	046	026	&	073	111	049	I
039	047	027	'	074	112	04A	J
040	050	028	(	075	113	04B	K
041	051	029	)	076	114	04C	L
042	052	02A	*	077	115	04D	M
043	053	02B	+	078	116	04E	N
044	054	02C	,	079	117	04F	O
045	055	02D	–	080	120	050	P
046	056	02E	.	081	121	051	Q
047	057	02F	/	082	122	052	R
048	060	030	0	083	123	053	S
049	061	031	1	084	124	054	T
050	062	032	2	085	125	055	U
051	063	033	3	086	126	056	V
052	064	034	4	087	127	057	W
053	065	035	5	088	130	058	X
054	066	036	6	089	131	059	Y
055	067	037	7	090	132	05A	Z
056	070	038	8	091	133	05B	[
057	071	039	9	092	134	05C	\
058	072	03A	:	093	135	05D	]
059	073	03B	;	094	136	05E	^
060	074	03C	<	095	137	05F	_
061	075	03D	=	096	140	060	`
062	076	03E	>	097	141	061	a
063	077	03F	?	098	142	062	b
064	100	040	@	099	143	063	c
065	101	041	A	100	144	064	d
066	102	042	B	101	145	065	e
067	103	043	C	102	6	066	f
068	104	044	D	103	7	067	g
069	105	045	E	104	150	068	h
070	106	046	F	105	151	069	i
071	107	047	G	106	152	06A	j
072	110	048	H	107	153	06B	k

续表

ASCⅡ值			控制字符	ASCⅡ值			控制字符
十进制	八进制	十六进制		十进制	八进制	十六进制	
108	154	06C	l	118	166	076	v
109	155	06D	m	119	167	077	w
110	156	06E	n	120	170	078	x
111	157	06F	o	121	171	079	y
112	160	070	p	122	172	07A	z
113	161	071	q	123	173	07B	{
114	162	072	r	124	174	07C	¦
115	163	073	s	125	175	07D	}
116	164	074	t	126	176	07E	～
117	165	075	u				

附录 E　C 语言标准库函数

1．数学函数

使用数学函数时，应该在该源文件中使用以下命令行：

`#include "math.h"或#include <math.h>`

函数名	函 数 形 式	功　　能	返回值类型
abs	int abs(int i)	求整数 i 的绝对值	int
fabs	fabs(double x)	返回浮点数的绝对值	double
floor	floor(double x)	向下舍入	double
fmod	fmod(double x, double y)	计算 x 对 y 的模，即 x/y 的余数	double
exp	exp(double x)	指数函数	double
log	log(double x)	常用对数函数 $\ln x$	double
$\log_{10}$	$\log_{10}$(double x)	对数函数 lg	double
labs	labs(long n)	取长整型绝对值	long
modf	modf(double value, double *iptr)	把数分为指数和尾数	double
pow	pow(double x, double y)	指数函数（x 的 y 次方）	double
sqrt	sqrt(double x)	计算平方根	double
sin	sin(double x)	正弦函数	double
asin	asin(double x)	反正弦函数	double
sinh	sinh(double x)	双曲正弦函数	double
cos	cos(double x);	余弦函数	double
acos	acos(double x)	反余弦函数	double
cosh	cosh(double x)	双曲余弦函数	double
tan	tan(double x)	正切函数	double
atan	atan(double x)	反正切函数	double
tanh	tanh(double x)	双曲正切函数	double

2．字符串函数

在使用字符串函数时要包含头文件“string.h”。

函数名	函 数 形 式	功　　能	返回值类型
strcat	strcat(char *dest,const char *src)	将字符串 src 添加到 dest 末尾	char
strchr	strchr(const char *s,int c)	检索并返回字符 c 在字符串 s 中第一次出现的位置	char

续表

函数名	函数形式	功　能	返回值类型
strcmp	strcmp(const char *s1,const char *s2)	比较字符串 s1 与 s2 的大小，并返回 s1-s2	int
stpcpy	stpcpy(char *dest,const char *src)	将字符串 src 复制到 dest	char
strdup	strdup(const char *s)	将字符串 s 复制到最近建立的单元	char
strlen	strlen(const char *s)	返回字符串 s 的长度	int
strlwr	strlwr(char *s)	将字符串 s 中的大写字母全部转换成小写字母，并返回转换后的字符串	char
strrev	strrev(char *s)	将字符串 s 中的字符全部颠倒顺序重新排列，并返回排列后的字符串	char
strset	strset(char *s,int ch)	将一个字符串 s 中的所有字符置于一个给定的字符 ch	char
strspn	strspn(const char *s1,const char *s2)	扫描字符串 s1，并返回在 s1 和 s2 中均有的字符个数	char
strstr	strstr(const char *s1,const char *s2)	扫描字符串 s2，并返回第一次出现 s1 的位置	char
strtok	strtok(char *s1,const char *s2)	检索字符串 s1，该字符串 s1 是由字符串 s2 中定义的定界符所分隔	char
strupr	strupr(char *s)	将字符串 s 中的小写字母全部转换成大写字母，并返回转换后的字符串	char

3. 字符函数

ANSI C 标准要求在使用字符函数时需包含头文件“ctype.h”。

函数名	函数形式	功　能	返回值类型
isalnum	int isalnum(int ch);	检查 ch 是否是字母（alpha）或数字（numeric）	是，返回 1； 否，返回 0
isalpha	int isalpha(int ch);	检查 ch 是否是字母	是，返回 1； 否，返回 0
iscntrl	int iscntrl (int ch);	检查 ch 是否控制字符（其 ASCII 码在 0 和 0x1F 之间）	是，返回 1； 否，返回 0
isdigit	int isdigit(int ch);	检查 ch 是否数字（0—9）	是，返回 1； 否，返回 0
isgraph	int isgraph(int ch);	检查 ch 是否可打印字符（其 ASCII 码在 0x21 和 0x7E 之间），不包括空格	是，返回 1； 否，返回 0
islower	int islower(int ch);	检查 ch 是否小写字母（a-z）	是，返回 1； 否，返回 0
isprint	int isprint(int ch);	检查 ch 是否可打印字符（包括空格），其 ASCII 码在 0x20 和 0x7E 之间	是，返回 1； 否，返回 0

续表

函数名	函数形式	功 能	返回值类型
ispunct	int ispunct(int ch);	检查 ch 是否标点符号（不包括空格），即除字母、数字、空格以外的所有可打印字符	是，返回 1；否，返回 0
isspace	int isspace(int ch);	检查 ch 是否空格、跳格符（制表符）或换行符	是，返回 1；否，返回 0
isupper	int isupper(int ch);	检查 ch 是否大写字母（A-Z）	是，返回 1；否，返回 0
isxdigit	int isxdigit(int ch);	检查 ch 是否一个 16 进制数学字符（即 0-9，或 A-F，或 a-f）	是，返回 1；否，返回 0
tolower	int tolower(int ch);	将 ch 字符转换为小写字母	返回 ch 所代表的字符的小写字母
toupper	int toupper(int ch);	将 ch 字符转换为大写字母	与 ch 相应的大写字母
isalnum	int isalnum(int ch);	检查 ch 是否是字母（alpha）或数字（numeric）	是，返回 1；否，返回 0

4. 输入/输出函数

凡用以下的输入/输出函数，要包含头文件“stdio.h”。

函数名	函数形式	功 能	返回值类型
getch	getch()	从控制台（键盘）读一个字符，不显示在屏幕上	int
putch	putch()	向控制台（键盘）写一个字符	int
getchar	getchar()	从控制台（键盘）读一个字符，显示在屏幕上	int
putchar	putchar()	向控制台（键盘）写一个字符	int
getc	getc(FILE *stream)	从流 stream 中读一个字符，并返回这个字符	int
putc	putc(int ch,FILE *stream)	向流 stream 写入一个字符 ch	int
getw	getw(FILE *stream)	从流 stream 读入一个整数，错误返回 EOF	int
putw	putw(int w,FILE *stream)	向流 stream 写入一个整数	int
fclose	fclose(handle)	关闭 handle 所表示的文件处理	FILE *
fgetc	fgetc(FILE *stream)	从流 stream 处读一个字符，并返回这个字符	int
fputc	fputc(int ch,FILE *stream)	将字符 ch 写入流 stream 中	int

续表

函数名	函数形式	功能	返回值类型
fgets	fgets(char *string,int n,FILE *stream)	流 stream 中读 *n* 个字符存入 string 中	char *
fopen	fopen(char *filename,char *type)	打开一个文件 filename,打开方式为 type，并返回这个文件指针，type 可为以下字符串加上后缀	FILE *
fputs	fputs(char *string,FILE *stream)	将字符串 string 写入流 stream 中	int
fread	fread(void *ptr,int size,int nitems,FILE *stream)	从流 stream 中读入 nitems 个长度为 size 的字符串存入 ptr 中	int
fwrite	fwrite(void *ptr,int size,int nitems,FILE *stream)	向流 stream 中写入 nitems 个长度为 size 的字符串,字符串在 ptr 中	int
fscanf	fscanf(FILE *stream,char *format[,argument,…])	以格式化形式从流 stream 中读入一个字符串	int
fprintf	fprintf(FILE *stream,char *format[,argument,…])	以格式化形式将一个字符串写给指定的流 stream	int
scanf	scanf(char *format[,argument…])	从控制台读入一个字符串，分别对各个参数进行赋值，使用 BIOS 进行输出	int
printf	printf(char *format[,argument,…])	发送格式化字符串输出给控制台(显示器)，使用 BIOS 进行输出	int

参 考 文 献

[1] 谭浩强. C 程序设计[M]. 4 版. 北京：清华大学出版社，2010.
[2] 萨日那，孙欢，刘洋. C 语言程序设计教学做一体化教程[M]. 北京：北京交通大学出版社，2015.
[3] 王侠，陈祥章. C 语言程序设计项目化教程[M]. 北京：冶金工业出版社，2009.
[4] 戴水贵，熬志刚，俞海英. C 程序设计教程[M]. 北京：机械工业出版社，2010.
[5] 许洪军，王巍. C 语言程序设计技能教程[M]. 北京：中国铁道出版社，2011.